Sven Rosenkranz

Einführung in die Logik

Mit Übungsaufgaben von Helen Bohse

Verlag J. B. Metzler Stuttgart · Weimar

Die Autoren

Sven Rosenkranz, geb. 1969, Promotion 1999, Habilitation 2004, Heisenberg-Stipendiat, Associate Research Fellow, Arché, AHRC Research Centre, University of St. Andrews und Privatdozent an der Freien Universität Berlin.
Helen Bohse, geb. 1976, Magister Artium an der Freien Universität Berlin 2003.

Bibliografische Information Der Deutschen Bibliothek
Die Deutsche Bibliothek verzeichnet diese Publikation in der Deutschen Nationalbibliografie; detaillierte bibliografische Daten sind im Internet über <http://dnb.ddb.de> abrufbar.

Gedruckt auf säure- und chlorfreiem, alterungsbeständigem Papier

ISBN-13: 978-3-476-02150-2
ISBN-10: 3-476-02150-5

Dieses Werk einschließlich aller seiner Teile ist urheberrechtlich geschützt. Jede Verwertung außerhalb der engen Grenzen des Urheberrechtsgesetzes ist ohne Zustimmung des Verlages unzulässig und strafbar. Das gilt insbesondere für Vervielfältigungen, Übersetzungen, Mikroverfilmungen und die Einspeicherung und Verarbeitung in elektronischen Systemen.

© 2006 J. B. Metzlersche Verlagsbuchhandlung
und Carl Ernst Poeschel Verlag GmbH in Stuttgart
www.metzlerverlag.de
info@metzlerverlag.de

Einbandgestaltung: Willy Löffelhardt
Satz: Dörr + Schiller GmbH, Stuttgart
Druck und Bindung: Kösel, Krugzell · www.koeselbuch.de

Printed in Germany
März / 2006

Verlag J. B. Metzler Stuttgart · Weimar

Vorwort

Die Logik ist die **Lehre vom korrekten Schließen**. Geschlossen wird von Sätzen auf Sätze. Korrekt sind solche Schlüsse, wenn sie uns von wahren Sätzen immer nur zu wahren Sätzen führen. Erfolgen Schlüsse gemäß logischer Regeln, ist ihre Korrektheit garantiert. Logische Regeln greifen dabei auf die logische Form der jeweiligen Sätze zu und legitimieren Schlüsse auf Grundlage dieser Form.

Dieser Band ist eine **Einführung in die elementare Aussagen- und Prädikatenlogik**. Die Aussagenlogik umfasst ausschließlich solche Regeln, die auf ganze Sätze, deren Verknüpfungen und Verneinungen zugreifen. Die Prädikatenlogik geht über die Aussagenlogik hinaus, sofern sie auch die prädikative Struktur von Sätzen berücksichtigt.

Neben der Aussagen- und Prädikatenlogik gibt es noch andere Bereiche der Logik, die hier allerdings keine Behandlung erfahren. So sprechen die Regeln der Zeitlogik auf temporale Bestimmungen als Strukturelemente an, die die logische Form von Sätzen bestimmen; die Modallogik berücksichtigt modale Bestimmungen der Möglichkeit und Notwendigkeit; und die sogenannte deontische oder Normenlogik identifiziert Verben des Sollens und Dürfens als logisch relevante Satzbestandteile. Die Zeitlogik, die Modallogik und die deontische Logik können als Erweiterungen der Aussagen- und Prädikatenlogik verstanden werden.

Die Aussagen- und Prädikatenlogik, in die eingeführt werden soll, ist zwar die herkömmliche, aber nicht ohne Alternative. So gibt es von ihr abweichende Logiken wie beispielsweise die intuitionistische Logik oder die parakonsistente Logik. Diese Logiken unterscheiden sich von der hier behandelten klassischen Logik darin, dass sie ein anderes Verständnis von Wahrheit zugrundelegen – also von dem, was korrekte Schlüsse bewahren, wenn sie uns von Sätzen zu anderen Sätzen führen. Auch diese alternativen Logiken werden im Folgenden keine Berücksichtigung finden.

Ziel dieser Einführung ist es, die Leser/innen in formalem Denken zu schulen und zum Umgang mit logischen Werkzeugen zu befähigen. Das Denken, in das eingeführt werden soll, ist formal, insoweit die Anwendung logischer Werkzeuge bewusst von den spezifischen Inhalten absieht, um die es im Einzelfall geht. Dies hat zwangsläufig zur Folge, dass die Darstellung und Erläuterung dieser Werkzeuge selbst an vielen Stellen recht abstrakt ausfällt. Dieser Grad an Abstraktheit hat aber einen Vorteil: Allgemeinheit. Wer im Umgang mit logischen Werkzeugen geschult ist, kann sie prinzipiell auf jeden Gegenstandsbereich anwenden.

Gleichwohl muss dieser Umgang zunächst an Fallbeispielen erprobt werden. Doch um die Beliebigkeit der Beispiele und damit die Allgemeinheit logischer Zusammenhänge zu verdeutlichen, ist es ratsam, sich im Rahmen einer Einführung auf sehr simple, mitunter aus der Luft gegriffene Beispiele zu beschränken. Wenigstens kann es so vermieden werden, vom formalen Denken abzulenken und sich in den Eigenheiten des jeweiligen Falles zu verlieren. Dieses Verfahren trägt nun aber nicht unwesentlich dazu bei, den Gegenstand solcher Einführungen noch lebensferner erscheinen zu lassen.

Trotz ihrer Abstraktheit ist der Gebrauch logischer Werkzeuge jedoch gar nicht so schwierig, und der gewiefte Umgang mit ihnen durchaus nützlich. Worin dieser **Nutzen** besteht, davon soll in der Folge ausführlicher die Rede sein. Gleichwohl ist hier eine Vorbemerkung zum weiteren Vorgehen angebracht, die eine knappe Antwort auf diese Frage bereits vorwegnimmt. Wer logische Werkzeuge beherrscht, ist besser in der Lage, Argumenten auf den Grund zu gehen, sie zu kritisieren und selber Argumente zu konstruieren, die bestimmter Kritik jedenfalls standhalten. Insofern es Teil unseres Alltags ist, einander mit Argumenten zu begegnen, bringt die Logik also auch dem Nichtspezialisten handfeste Vorteile.

Nun wird es im Folgenden unter anderem darum gehen, zunächst gewisse **logische Grundregeln** einzuüben, um dann mit Hilfe dieser Grundregeln logische Zusammenhänge nachzuweisen und auf diesem Wege weitere Regeln herzuleiten. Da die Anzahl der Grundregeln recht klein ist, fallen diese Beweise mitunter sehr lang aus. Die Länge eines Beweises bemisst sich hier an der Zahl seiner Beweisschritte, bei denen jeweils eine solche Grundregel zur Anwendung kommt. Man geht also in kleinen Schritten vorwärts, um die Rechtmäßigkeit eines größeren Schritts zu erweisen. Es sind nun aber in erster Instanz diese größeren Schritte, an denen wir beim alltäglichen Argumentieren interessiert sind. Trippelnd erreichten wir unsere Ziele nicht schnell genug. Hier fragt sich nun, warum man in einer Einführung nicht die Rechtmäßigkeit dieser Schritte einfach annimmt und ihre Herleitung aus den Grundregeln ganz beiseite lässt. Denn diese Herleitung selbst ist kein Ziel, das wir uns normalerweise stecken.

Eine naheliegende Antwort auf diese Frage ist, dass man einfach mehr versteht, wenn man versteht, wie sich die logischen Zusammenhänge, die man sich zunutze macht, auf einfache logische Zusammenhänge zurückführen lassen. Mehr zu verstehen kann sicherlich nicht schaden. Trotzdem greift diese erste Antwort zu kurz. Denn es geht ja darum zu begründen, inwieweit dieses Mehr für die Zwecke des Nichtspezialisten von Nutzen ist. Die folgende Antwort scheint darum angemessener zu sein: Nicht alles, das zu lernen einen besser dazu befähigt, ein bestimmtes Ziel zu erreichen, ist etwas, dessen Einsatz selbst zu diesem Ziel führt. Die Fähigkeit, logische Zusammenhänge aus Grundregeln herzuleiten, mag dementsprechend dazu dienen, uns besser darin zu machen, unsere argumentativen Ziele zu erreichen, wenngleich die Ausübung dieser Fähigkeit selbst kein Mittel ist, um diese Ziele zu verfolgen.

Dies ist nicht mehr als eine wohlüberlegte Vermutung, die als Arbeitshypothese dient. Falls sie sich jedoch bewähren sollte, wäre damit auch der generelle Einwand entkräftet, die formale Behandlung von Argumenten bringe uns schon deshalb nichts, weil es uns im alltäglichen Umgang miteinander kaum darauf ankomme, die Worte des anderen zunächst in die logische Formalsprache zu übersetzen, bevor wir uns von ihnen überzeugen lassen.

In den eher formalen Teilen orientiert sich diese Einführung an Lemmon 1987. Auch wird in dem Kapitel, in dem die Regeln für den Allquantor eingeführt werden (Kapitel 17), Lemmons Vergleich mit euklidischen Beweisen aufgegriffen und etwas weiter ausgeführt. Abgesehen davon geht der vorliegende Band jedoch seine eigenen Wege.

Die Darstellung logischer Sachverhalte wird an einigen Stellen sehr vereinfacht, um den Anfänger/innen den Zugang zu dem ohnehin sehr abstrakten und komplexen Stoff zu erleichtern. Dies betrifft vor allem die formale Syntax und ihre Abgrenzung zur Semantik. Die Folgen, die dies stellenweise für die technische Akkuratheit der Darstellung hat, werden dabei bewusst in Kauf genommen. Auch wird auf die Beweise der Widerspruchsfreiheit und Vollständigkeit der elementaren Aussagenlogik ganz verzichtet.

Für eine weiterführende Beschäftigung mit dem hier behandelten Stoff wird das Studium der folgenden Logiklehrbücher empfohlen: Bühler 2000, Hoyningen-Huene 1998, Bucher 1998, Essler und Martínez 1991 und Salmon 1983. Tetens 2004 liefert eine Einführung in Logik und Argumentation unter besonderer Berücksichtigung philosophischer Diskussionszusammenhänge. Wer sich vor der Lektüre englischsprachiger Texte nicht scheut, dem sei neben Lemmon 1987 noch Priest 2001a ans Herz gelegt. Wer sich über die Aussagen- und Prädikatenlogik hinaus für andere Bereiche der Logik interessiert, dem seien folgende Bücher empfohlen: Hughes und Cresswell 1978 und 1996 und Girle 2000 sind Einführungen in die Modallogik; Kutschera 1974 und Lenk 1974 führen in die deontische Logik ein; und Kienzle 1994 und Girle 2000 gewähren Einblicke in die Zeitlogik. Priest 2001b gibt eine Einführung in alternative Logiken. Bibliographische Angaben finden sich im Literaturverzeichnis am Ende dieses Bandes.

An dieser Stelle möchte ich mich nochmals herzlich bei Björn Brodowski, Marcus Rossberg, Christoph Schamberger und Uwe Scheffler für ihre kritische Lektüre früherer Textfassungen bedanken. Ihre ausnahmslos konstruktive Kritik war bei der Überarbeitung eine große Hilfe und hat entscheidend dazu beigetragen, dass der nun vorliegende Text im Gegensatz zu seinen Vorläufern von so manchen Ungereimtheiten frei ist. Meiner Lektorin Ute Hechtfischer vom Metzler Verlag danke ich für ihre hilfreichen Kommentare und ihre verständnisvolle Betreuung.

Mein besonderer Dank gilt Helen Bohse, die mir bei der Abfassung dieser Arbeit mit Rat und Tat zur Seite stand. Helen Bohse hat eine Reihe von **Übungsaufgaben** (Teil V. dieses Lehrbuchs) entwickelt, die aus einem einsemestrigen Logikkurs an der Freien Universität Berlin hervorgegangen sind. Begleitend zur Vorlesung wurden wöchentlich Übungsblätter bearbeitet, die die Studierenden auf die Abschlussklausur vorbereiten sollten. Diese Übungen sind auf die Lehrinhalte dieses Einführungsbandes zugeschnitten; ihre Bearbeitung erfordert den Einsatz verschiedener logischer Fertigkeiten, um deren Vermittlung wir uns bemühen.

Verweise darauf, wann welche Übungen sinnvollerweise zu bearbeiten sind, finden sich fett gedruckt im Haupttext. So klärt beispielsweise der Verweis »→ **Übung C**« darüber auf, dass Übung C nun auf Grundlage des bereits Gelernten erfolgreich bearbeitet werden kann.

Fettgedruckte Ausdrücke markieren ansonsten wichtige Begriffe und Zusammenhänge. Regeln, Definitionen und Vorschriften sind eingerahmt. Kleingedruckte Anmerkungen geben Auskunft über Hintergründe oder Hinweise auf weiterführende philosophische Diskussionen, deren Kenntnisnahme jedoch für das Verständnis des Haupttextes nicht erforderlich ist. Sie wenden sich in erster Linie an diejenigen Leser/innen, die sich im Anschluss an die Lektüre weiter mit Logik beschäftigen wollen.

Berlin, im November 2005　　　　　　　　　　　　　　　　Sven Rosenkranz

Inhaltsverzeichnis

Vorwort V

I. Was ist Logik und wozu ist sie gut? 1
    1. Wovon die Logik handelt 1
    2. Die Rolle der Logik für unser Argumentieren 9
    3. Ein logischer Werkzeugkasten 16
    4. Eine Formatvorlage für logisch gültige Argumente 19
    5. Annahmen, Theoreme, Folgen: Drei Regeln 23

II. Elementare Aussagenlogik 27
    6. Was ist Aussagenlogik? 27
    7. Regeln für die Konjunktion 32
        7.1 Angabe der aussagenlogischen Regeln 32
        7.2 Erläuterung der Regeln 35
        7.3 Übersetzung aus der Umgangssprache 36
    8. Regeln für die Negation 44
        8.1 Angabe der Regeln 45
        8.2 Erläuterung der Regeln 51
        8.3 Übersetzung aus der Umgangssprache 57
    9. Regeln für das Materiale Konditional 58
        9.1 Angabe der Regeln 59
        9.2 Erläuterung der Regeln 64
        9.3 Übersetzung aus der Umgangssprache 67
    10. Regeln für die Disjunktion 72
        10.1 Angabe der Regeln 72
        10.2 Erläuterung der Regeln 77
        10.3 Übersetzung aus der Umgangssprache 79
    11. Übersicht der aussagenlogischen Regeln 82
    12. Übersicht der Wahrheitstafeln 83
    13. Kurzer Leitfaden fürs Beweisen: Aussagenlogik 83
    14. Beweise einiger wichtiger Theoreme und Folgebeziehungen 91

III. Elementare Prädikatenlogik 102
    15. Was ist Prädikatenlogik? 102
        15.1 Aussagenlogische Form und prädikatenlogische Form 102
        15.2 Singuläre und generelle Terme 104
        15.3 Allquantifizierte und existenzquantifizierte Sätze 108
    16. Die Rede von beliebigen, besonderen und typischen
        Gegenständen 118

17. Regeln für den Allquantor 123
18. Regeln für den Existenzquantor 132
19. Sätze mit mehreren Quantoren 147
20. Übersicht prädikatenlogischer Regeln und Folgebeziehungen 157
21. Kurzer Leitfaden fürs Beweisen: Prädikatenlogik 159
22. Beweise einiger wichtiger Theoreme und Folgebeziehungen 161

IV. **Wann kann ein Argument überzeugen?** 174
23. Beliebte Fehlschlüsse 174
   23.1 Äquivokationen 178
   23.2 Malheur mit Konditionalen 185
   23.3 Quantorendschungel 189
24. Überzeugen oder Überreden? 192
25. Kraftlose Argumente 198
   25.1 Grob-zirkuläre Argumente 199
   25.2 Subtil-zirkuläre Argumente 201
   25.3 Dogmatische Argumente 203
26. Bedingungen der Überzeugungskraft 206

V. **Übungsaufgaben** 209
27. Übungen A–N 209
28. Klausurvorschläge 1–3 222
29. Musterlösungen 228

Literaturverzeichnis 236

I. Was ist Logik und wozu ist sie gut?

1. Wovon die Logik handelt

Die Logik ist die Lehre vom korrekten Schließen. Wenn man von einem Satz auf einen anderen schließt, dann folgert man den zweiten Satz aus dem ersten. Wenn es korrekt ist, einen Satz B aus einem anderen Satz A zu folgern, dann **folgt** B **aus** A. Die Logik beschäftigt sich also mit **Folgebeziehungen**. Folgebeziehungen bestehen zwischen Sätzen oder Mengen von Sätzen.

> Ein Satz B folgt aus einem Satz A, wenn gilt: Vorausgesetzt, dass A wahr ist, ist B – ganz gleichgültig, was sonst noch der Fall sein könnte – ebenfalls wahr.

Es wird noch deutlich werden, dass sich die Logik nicht mit allen so verstandenen Folgebeziehungen beschäftigt. Das hat etwas mit der Art und Weise zu tun, wie die Behauptung von Folgebeziehungen jeweils zu begründen ist. Die Logik befasst sich nämlich mit Folgebeziehungen, deren Behauptung **formal** begründet werden kann. Zunächst werden wir uns jedoch damit begnügen, die Folgebeziehungen, mit denen sich die Logik befasst, einfach **logische Folgebeziehungen** zu nennen, ohne bereits einzugrenzen, welche Folgebeziehungen damit genau gemeint sind. Logische Folgebeziehungen bilden also eine Teilklasse der Folgebeziehungen. Wenn ein Satz B aus einem Satz A **logisch folgt**, schreiben wir dies so:

A ⊢ B

Anmerkung: Diese Schreibweise weicht von der sonst üblichen ab. Logische Folgebeziehungen – als Teilklasse der Folgebeziehungen im vorgenannten Sinn – werden nämlich üblicherweise mit Hilfe des Symbols »⊨« angezeigt. Demgegenüber wird das Symbol »⊢« gemeinhin dazu verwendet anzuzeigen, dass ein Satz aus anderen Sätzen mittels logischer Regeln rein mechanisch abgeleitet werden kann. Wie noch zu sehen sein wird, ist es die Demonstration genau dieser Art von **Ableitbarkeit**, die charakteristischerweise dazu dient, Behauptungen über logische Folgebeziehungen zu begründen. Vor dem Hintergrund der Unterscheidung zwischen logischer Folge und Ableitbarkeit lässt sich nun jedoch die Frage aufwerfen, ob solche Begründungen tatsächlich das leisten, was sie versprechen – ob also wirklich alles, was aus Sätzen mittels logischer Regeln abgeleitet werden kann, auch aus diesen Sätzen folgt (**Widerspruchsfreiheit**). Man kann dann ebenfalls danach fragen, ob all das, was aus Sätzen logisch folgt, auch mittels logischer Regeln aus diesen Sätzen ableitbar ist (**Vollständigkeit**). Diese Fragen berühren die Verlässlichkeit und Reichweite logischer Regeln. Es ist erwiesen, dass im Hinblick auf die Regeln der elementaren Aussagenlogik beide Fragen eindeutig zu bejahen sind. Für unsere Zwecke können wir in der Tat davon ausgehen, dass »A ⊨ B« in allen und nur in den Fällen gilt, in denen auch »A ⊢ B« gilt. Wir brauchen demnach auch kein von logischer Ableitbarkeit unabhängiges Kriterium, um die logischen Folgebeziehungen aus der Menge der Folgebeziehungen herauszugreifen. Der Einfachheit halber werden logische Folgebeziehungen – in Abgrenzung zu anderen – also fortan durch »⊢« symbolisiert. Gleichwohl sollte jeder, der sich im Anschluss an die Lektüre dieser Einführung weiter mit Logik beschäftigen will, in Erinnerung behalten, dass es sich hier um eine Vereinfachung handelt, die andernorts unzulässig wäre.

Obwohl wir hier zunächst der Einfachheit halber von logischen Folgebeziehungen zwischen einzelnen Sätzen gesprochen haben, muss klar sein, dass solche Folgebeziehungen auch zwischen Mengen von Sätzen bestehen. D. h. aus einem Satz können mehrere Sätze logisch folgen. Genauso kann ein einzelner Satz aus einer Menge anderer Sätze logisch folgen, ohne bereits aus einem einzelnen Satz dieser Menge oder auch einer Teilmenge dieser Menge logisch zu folgen. Aus den drei Sätzen

> Wenn Paul 1,80 m misst und Berta 1,90 m misst, dann ist Berta größer als Paul.
> Paul misst 1,80 m.
> Berta misst 1,90 m.

zusammen folgt zum Beispiel der Satz

> Berta ist größer als Paul.

Aber der Satz

> Berta ist größer als Paul.

folgt nicht bereits aus dem Satz

> Paul misst 1,80 m.

Denn Berta könnte ja auch 1,70 m groß sein. Ebensowenig folgt aus dem Satz

> Berta misst 1,90 m.

allein bereits der Satz

> Berta ist größer ist als Paul.

Denn Paul könnte ja auch 1,96 m groß sein.

Wenn ein Satz B aus einer Menge von Sätzen, A_1 bis A_n, logisch folgt, schreiben wir dies dementsprechend so:

> $A_1, \ldots, A_n \vdash B$

Wenn aus ein und derselben Menge von Sätzen, A_1 bis A_n, mehrere Sätze, B_1 bis B_m, logisch folgen, dann schreiben wir dies hingegen so:

> $A_1, \ldots, A_n \vdash B_1$
> $A_1, \ldots, A_n \vdash B_2$
> :
> $A_1, \ldots, A_n \vdash B_m$

Dieses Vorgehen hat den entscheidenden Vorteil, dass wir Behauptungen über logische Folgebeziehungen einzeln beweisen bzw. überprüfen können.

Die Beziehung der logischen Folge ist demnach also eine Beziehung zwischen Satzmengen und einzelnen Sätzen. Manchmal besteht die Satzmenge, aus der ein gegebener Satz korrekterweise gefolgert werden kann, aus nur einem Satz. Im Allgemeinen ist dies aber nicht der Fall. Darum halten wir fest:

> Ein Satz B folgt aus einer Menge von Sätzen, A_1 bis A_n, wenn gilt: Vorausgesetzt, dass A_1 bis A_n allesamt wahr sind, ist B – ganz gleichgültig, was sonst noch der Fall sein könnte – ebenfalls wahr.

Die Beziehung der logischen Folge hat einige sehr grundsätzliche Eigenschaften, über die wir uns gleich zu Beginn im Klaren sein müssen. Die erste dieser Eigenschaften ist die der **Reflexivität**. Damit ist gemeint, dass ein jeder Satz zu sich selbst in der Beziehung der logischen Folge steht. Mit anderen Worten: Ein jeder Satz folgt logisch aus sich selbst. Die nachstehende Behauptung gilt also für beliebige Sätze A:

$A \vdash A$

Warum dies gilt, kann man sich intuitiv leicht klarmachen, indem man unsere Bestimmung der logischen Folge zurate zieht. Denn vorausgesetzt, dass A wahr ist, ist eben A – ganz gleichgültig, was sonst noch der Fall sein könnte – jedenfalls wahr.

Eine andere wichtige Grundeigenschaft, die die Beziehung der logischen Folge aufweist, ist die Eigenschaft der **Transitivität**. Damit ist der Umstand gemeint, dass, wenn B aus A logisch folgt und C wiederum aus B logisch folgt, es dann auch der Fall ist, dass C aus A logisch folgt. In übersichtlicher Schreibweise ausgedrückt:

Wenn gilt: $A \vdash B$ und gilt: $B \vdash C$, dann gilt auch: $A \vdash C$.

Diese Behauptung trifft für beliebig gewählte Sätze A, B und C zu. Auch hier kann man sich die Allgemeingültigkeit dieser Behauptung anhand unserer Bestimmung der logischen Folge vor Augen führen. Denn sofern, wenn A wahr ist, jedenfalls auch B wahr ist, und sofern, wenn B wahr ist, jedenfalls auch C wahr ist, dann ist jeder Fall, in dem A wahr ist, immer auch ein Fall, in dem C wahr ist. Unter diesen Voraussetzungen folgte dann also C logisch aus A.

Die Eigenschaften der Reflexivität und Transitivität teilt die Beziehung der logischen Folge mit der Beziehung der Identität. So wie jeder Satz aus sich selbst logisch folgt, so ist auch jeder Gegenstand mit sich selbst identisch. Die Identitätsbeziehung ist also ebenfalls reflexiv. Und wenn Stefans Vater mit Petr Altrichter identisch ist und Petr Altrichter mit dem Chefdirigenten der Staatsphilharmonie Brünn identisch ist, dann ist demnach Stefans Vater mit dem Chefdirigenten der Staatsphilharmonie Brünn identisch. Die Identitätsbeziehung ist also ebenfalls transitiv.

Der Vergleich zwischen logischer Folge und Identität ist jedoch noch aus einem anderen Grund lehrreich. Denn die Beziehung der Identität weist eine dritte fundamentale Eigenschaft auf, die die Beziehung der logischen Folge hingegen *nicht* hat. Gemeint ist die Eigenschaft der **Symmetrie**. Wenn gilt, dass Stefans

Vater mit Petr Altrichter identisch ist, dann gilt damit umgekehrt auch, dass Petr Altrichter mit Stefans Vater identisch ist. Und was hier für Petr Altrichter und damit Stefans Vater gilt, gilt jeweils für jeglichen Gegenstand. Die Identitätsbeziehung ist symmetrisch. Ein weiteres Beispiel für eine symmetrische Beziehung ist die der Verwandtschaft: Wenn Paul mit Berta verwandt ist, dann ist umgekehrt Berta mit Paul ebenfalls verwandt. (Darum sagt man ja auch, zwei Personen seien *miteinander* verwandt.) Wenn hingegen ein Satz B aus einem Satz A logisch folgt, heißt das noch lange nicht, dass A auch aus B logisch folgt. Dies bedeutet, dass die Beziehung der logischen Folge **nicht symmetrisch** ist.

Die Beziehung der logischen Folge ist aber ebensowenig asymmetrisch. Ein Beispiel für eine **asymmetrische Beziehung** ist die Beziehung, die zwischen einer Mutter und ihren Kindern besteht: Wenn Berta die Mutter von Penélope ist, dann ist ausgeschlossen, dass Penélope die Mutter von Berta ist. Es gibt aber auch nicht-symmetrische Beziehungen, die darum noch nicht asymmetrisch sind: Wenn Paul in Berta verliebt ist, dann heißt das zwar noch lange nicht, dass Berta auch in Paul verliebt ist, aber darum ist es ebensowenig ausgeschlossen, dass Berta auch in Paul verliebt ist. Obwohl natürlich Beziehungen zwischen Sätzen etwas ganz anderes sind als Beziehungen zwischen Personen, ähnelt die Beziehung der logischen Folge (zwischen Sätzen) wenigstens in dieser einen Hinsicht der Beziehung des Verliebtseins (zwischen Personen): Wenn ein Satz B aus einem Satz A logisch folgt, dann heißt das weder, dass A auch aus B folgt, noch, dass A jedenfalls nicht aus B folgt. Die Beziehung der logischen Folge ist demnach weder symmetrisch noch asymmetrisch, also sowohl **nicht-symmetrisch** als auch **nicht-asymmetrisch**.

Nehmen wir an, der Satz B sei eine logische Folge des Satzes »Es gibt Vegetarier, die keinen Käse essen«. Das heißt, nehmen wir an, es gelte:

Es gibt Vegetarier, die keinen Käse essen ⊢ B.

Folgt aus Satz B umgekehrt der Satz »Es gibt Vegetarier, die keinen Käse essen«? Gilt also ebenfalls:

B ⊢ Es gibt Vegetarier, die keinen Käse essen?

Das hängt offensichtlich ganz davon ab, um welchen Satz es sich bei Satz B im Einzelfall handelt. Nehmen wir an, B sei der Satz

Es gibt Vegetarier.

Dann folgt B zwar logisch aus dem Satz »Es gibt Vegetarier, die keinen Käse essen«. Aber umgekehrt folgt der Satz »Es gibt Vegetarier, die keinen Käse essen« aus B logisch nicht: Aus der Tatsache, dass es Vegetarier gibt, ergibt sich nicht zwangsläufig, dass es Vegetarier gibt, die Käse verschmähen. Nehmen wir hingegen an, bei B handele es sich um den Satz

Nicht alle Vegetarier essen Käse.

Dann sehen die Dinge ganz anders aus: Nicht nur folgt logisch aus der Wahrheit des Satzes »Es gibt Vegetarier, die keinen Käse essen« die Wahrheit des Satzes »Nicht alle Vegetarier essen Käse«. Aus der Wahrheit des Satzes »Nicht alle

Vegetarier essen Käse« folgt umgekehrt auch die Wahrheit des Satzes »Es gibt Vegetarier, die keinen Käse essen«. Wir können also weder davon ausgehen, dass die Beziehung der logische Folge symmetrisch ist, noch davon, dass sie asymmetrisch ist. Ob ein Satz wiederum aus einem Satz folgt, der aus ihm folgt, hängt eben ganz davon ab, von welchen Sätzen gerade die Rede ist.

Logische Folgebeziehungen zwischen Sätzen hängen von der internen Struktur dieser Sätze ab, von ihrer **logischen Form**. Dies zeichnet logische Folgebeziehungen vor anderen Folgebeziehungen aus.

Anmerkung: Zum Beispiel ist, vorausgesetzt, dass der Satz »Der Lake Tahoe enthält Wasser« wahr ist, der Satz »Der Lake Tahoe enthält H_2O« – egal, was sonst noch der Fall sein mag – ebenfalls wahr. Aber diese Folgebeziehung besteht nicht aufgrund der logischen Form der beiden Sätze, sondern aufgrund der Tatsache, dass Wasser wesentlich H_2O ist. Solche Tatsachen werden auch als **metaphysische Notwendigkeiten** bezeichnet. Andere Beispiele für metaphysische Notwendigkeiten sind Tatsachen wie die, dass Gold ein Element ist, oder die, dass Wärme die Bewegung von Molekülen ist. Um von solchen metaphysischen Notwendigkeiten zu wissen, müssen wir auf Erfahrungswissen zurückgreifen. Zum Beispiel müssen wir die Stoffe Wasser und Gold untersuchen oder naturwissenschaftliche Untersuchungen anstellen, um das Phänomen der Wärme zu erklären. Im Gegensatz dazu können wir die logische Form von Sätzen unabhängig von solchem Erfahrungswissen analysieren.

Worin die logische Form eines Satzes genau besteht, werden wir im Einzelnen später noch sehen. Wie sich zeigen wird, bedarf es oftmals erheblicher interpretatorischer Anstrengungen, um diese für logische Belange so entscheidende Struktur in Sätzen unserer Umgangssprache aufzufinden. An dieser Stelle ist es noch nicht so wichtig, welche die relevanten strukturellen Eigenschaften von Sätzen sind, die ihre logische Form ausmachen, und wie wir sie erkennen können. Vielmehr geht es jetzt nur darum, deutlich zu machen, welche Konsequenzen es hat, dass logische Folgebeziehungen zwischen Sätzen überhaupt von **strukturellen Eigenschaften dieser Sätze** abhängen. Denn sofern Sätze verschiedenen Inhalts dieselbe Struktur aufweisen können, logische Folgebeziehungen aber genau von dieser Struktur abhängen, so ist zu erwarten, dass sich etwas Allgemeines über solche Folgebeziehungen sagen lässt, ohne auf den je verschiedenen Inhalt von Sätzen eingehen zu müssen. Mit anderen Worten, es ist zu erwarten, dass sich Regeln aufstellen lassen, deren Allgemeinheit garantiert, dass alle Sätze einer bestimmten logischen Form in Folgebeziehungen zu anderen Sätzen stehen, die mit ihnen jeweils aufgrund bestimmter formaler Merkmale strukturell zusammenhängen. Diese Erwartung lässt sich in der Tat erfüllen.

Logische Regeln sind solche allgemeinen Regeln des korrekten Schließens, die es uns auf Grundlage der Analyse formaler Eigenschaften von Sätzen erlauben, logische Folgebeziehungen zwischen diesen Sätzen nachzuweisen. Wenn B aus A logisch folgt, dann gibt es demnach logische Regeln, nach denen man von A auf B schließen *darf*. Doch diese Bestimmung logischer Regeln ist in gewisser Hinsicht eine Untertreibung. Logische Regeln erlauben Schlüsse nicht nur, sie schreiben sie auch in gewisser Hinsicht vor. Sofern wenn A wahr ist, dann auch B wahr ist, ganz egal, was sonst noch der Fall sein könnte, so hat man nicht die Option, A für wahr zu halten, aber B für falsch. In gewisser Hinsicht *muss* man also, wenn B aus A logisch folgt, von A auf B schließen.

Warum »in gewisser Hinsicht«? Der Grund hierfür liegt darin, dass wir natürlich nicht permanent dazu angehalten sind, die logischen Folgen von Sätzen zu formulieren. Das wäre absurd. Aber in bestimmten Zusammenhängen – dann nämlich, wenn es darum geht, zu Sachfragen Stellung zu nehmen – können wir logische Regeln nicht einfach als Regeln ansehen, denen zu folgen uns freisteht. Wenn wir Stellung nehmen, dann müssen wir diese Regeln auch anwenden, weil wir sonst gegen sie verstoßen. Wenn B aus A logisch folgt und ich A für wahr halte, dann kann meine Stellungnahme zu der Frage, ob B wahr ist, nicht ausfallen, wie sie will – es sei denn, ich schere mich nicht um Logik. Denn wenn ich mich auf die Wahrheit eines Satzes festlege, dann lege ich mich aus Sicht der Logik auch auf die Wahrheit seiner logischen Folgen fest.

Trotzdem ist es ganz entscheidend, die folgende Tatsache im Blick zu behalten: Wenn man behauptet, dass zwischen A und B eine Folgebeziehung besteht – dass zum Beispiel B aus A folgt – dann hat man damit nicht schon behauptet, dass A wahr ist, noch hat man damit behauptet, dass B wahr ist. Um mich darauf festzulegen, dass B aus A folgt, muss ich mich weder ausdrücklich noch stillschweigend darauf festlegen, dass A wahr ist oder dass B wahr ist. Allenfalls lege ich mich darauf fest, dass, wenn ich mich auf A festlegen sollte, ich mich damit auch auf B festlegen würde. Wenn ich zum Beispiel behaupte, dass der Satz

Auf dem Schlossplatz stehen mehr als drei Kühe.

aus dem Satz

Auf dem Schlossplatz stehen fünf Kühe.

logisch folgt, dann habe ich damit weder behauptet, dass auf dem Schlossplatz fünf Kühe stehen, noch dass auf dem Schlossplatz mehr als drei Kühe stehen. So weit ich weiß, stehen auf dem Schlossplatz gar keine Kühe. Aber würden dort fünf Kühe stehen, dann stünden dort mehr als drei Kühe – ganz gleich, was sonst noch der Fall wäre. Mit anderen Worten: *Auch falsche Sätze haben logische Folgen*; und dass sie diese Folgen haben, kann ich feststellen, ohne zwangsläufig den Fehler zu begehen, die Sätze selbst für wahr zu halten.

Manchmal neigt man dazu, diesen Umstand zu vergessen – dass man nämlich Folgebeziehungen zwischen Sätzen behaupten kann, ohne sich auf die Wahrheit dieser Sätze festzulegen. Dies hat damit zu tun, dass man solche Folgebeziehungen am besten feststellen kann, indem man den Satz, aus dem gefolgert werden soll, *als wahr annimmt* und dann überprüft, ob der betreffende andere Satz unter dieser Annahme wahr ist. Wir werden dieses Verfahren in den Kapiteln 5–10 noch genauer kennenlernen. Wichtig ist jedenfalls, dass einen Satz zu diesem Zweck als wahr anzunehmen, nicht schon heißt, ihn *für wahr zu halten*. Dies wird spätestens dann deutlich, wenn man versucht, einem Gesprächspartner nachzuweisen, dass aus den Sätzen, die er für wahr hält, etwas Widersprüchliches folgt. Offensichtlich wird man, wenn man um dieses Nachweises willen dieselben Sätze als wahr annimmt, diese Sätze gleichwohl nicht selbst für wahr halten: Der ganze Pfiff des Nachweises besteht ja darin, zu zeigen, warum man sie *nicht* für wahr halten sollte. Diese Unterscheidung zwischen Als-Wahr-Annehmen und Für-Wahr-Halten entgeht einem manchmal deshalb, weil das Wort »Annahme« schillert: In anderen Zusammenhängen ist es nämlich durchaus legitim, unter »Annahme« so etwas wie eine stillschweigende Behauptung zu verstehen, eine Zusatz- oder Hintergrundannahme, die man für wahr hält und nicht nur zum Zweck des logischen Folgerns oder Ableitens macht. Annahmen, die man zum Zweck logischen Ableitens macht, sind hingegen *niemals* Behauptungen.

So wie man aus falschen Sätzen in logisch korrekter Weise Falsches folgern kann, so kann man manchmal auch aus *falschen* Sätzen in logisch korrekter Weise *Wahres* folgern. Aus den beiden Sätzen

> Patrick ist Franzose.
> Alle Franzosen sind Europäer.

folgt logisch der Satz

> Patrick ist Europäer.

Sofern Patrick Engländer ist, ist der Satz »Patrick ist Franzose« zwar falsch; aber sofern Patrick Engländer ist, ist der Satz »Patrick ist Europäer« gleichwohl wahr. Solche Fälle können vorkommen, weil die Beziehung der logischen Folge nicht symmetrisch ist. Zwar folgt der Satz »Patrick ist Europäer« logisch aus den beiden Sätzen »Patrick ist Franzose« und »Alle Franzosen sind Europäer«. Aber diese beiden Sätze sind nicht selbst wiederum logische Folgen des Satzes »Patrick ist Europäer« und müssen dementsprechend auch nicht beide schon dann wahr sein, wenn Patrick Europäer ist. Dies kann man sich sofort klar machen, indem man sich vor Augen führt, dass Franzose zu sein offensichtlich nicht die einzige Art ist, Europäer zu sein. Sofern der Satz »Patrick ist Europäer« eine logische Folge der beiden Sätze »Patrick ist Franzose« und »Alle Franzosen sind Europäer« ist, aber das Umgekehrte nicht gilt, erfordert die Wahrheit dieser beiden Sätze mehr als nur die Wahrheit des Satzes »Patrick ist Europäer«. Und dann kann es freilich passieren, dass dieses Mehr, das ihre Wahrheit erfordert, nicht einlösbar ist, obwohl der Satz »Patrick ist Europäer«, der aus ihnen zusammen folgt, wahr ist.

Ebenso wichtig ist es, darauf hinzuweisen, dass die Behauptung einer Folgebeziehung zwischen A und B verfehlt sein kann, obwohl A und B beide tatsächlich wahr sind. So ist sowohl der Satz

> Penélope ist Mexikanerin.

als auch der Satz

> Penélope wohnt in Mexiko.

wahr, aber darum gilt noch lange nicht, dass aus der Wahrheit des Satzes »Penélope ist Mexikanerin« die Wahrheit des Satzes »Penélope wohnt in Mexiko« logisch folgt. Wenn Penélope in Deutschland wohnte, dann würde sie nicht in Mexiko wohnen, aber darum wäre sie immer noch Mexikanerin. Es gilt also nicht, dass, wenn Penélope Mexikanerin ist, sie dann auch in Mexiko wohnt, *ganz gleichgültig, was sonst noch der Fall sein könnte*. Denn selbst wenn Penélope tatsächlich eine Mexikanerin ist, die in Mexiko wohnt, könnte sie auch eine

Mexikanerin sein, die in Deutschland wohnt. Unter diesen Umständen wäre der Satz »Penélope wohnt in Mexiko« falsch, obwohl der Satz »Penélope ist Mexikanerin« nach wie vor wahr wäre. Wenn nun jemand den Satz »Penélope ist Mexikanerin« für wahr hält und aus diesem Satz einfach auf den Satz »Penélope wohnt in Mexiko« schließt, dann vollzieht sich sein Reden oder Denken nicht nach logischen Regeln. Trotzdem gelangt er dadurch noch nicht bereits zu einer falschen Meinung: Er hat auf etwas Wahres geschlossen, obwohl der Schluss selbst nicht logisch korrekt war. Er ist, so können wir vielleicht sagen, auf logisch unzulässigem Weg zum Ziel gelangt.

Wenn mein Reden und Denken sich hingegen im Einklang mit logischen Regeln vollzieht, dann ist es gegen bestimmte Einwände gefeit. Denn logische Regeln besitzen ein Höchstmaß an Verlässlichkeit. Wenn es eine logische Regel gibt, die den Schluss von A auf B sanktioniert und ich im Einklang mit dieser Regel von A auf B schließe, dann kann niemand daherkommen und einwenden, B folge nur dann aus A, wenn die Zusatzannahme C wahr sei, aber C sei nun mal leider falsch. Denn wenn es eine solche logische Regel gibt, dann folgt B aus A, ganz gleichgültig, was sonst noch der Fall sein mag. Ob C wahr ist oder nicht, spielt demnach überhaupt keine Rolle. Selbst wenn mein Kritiker recht hat und C tatsächlich falsch ist, ändert dies nichts daran, dass, wenn A wahr ist, B ebenfalls wahr ist. Gegen seine Kritik bin ich also immun. Das liegt daran, dass ich logischen Regeln gefolgt bin und nicht irgendwelchen Regeln.

Natürlich macht mich dieses Vorgehen nicht gegen jede Kritik gefeit. Offensichtlich kann jemand mich dafür kritisieren, dass ich Satz B für wahr halte. Wenn B aus A logisch folgt und ich A ebenfalls für wahr halte, wird diese Kritik gleichzeitig eine Kritik daran sein, dass ich A für wahr halte. Denn, wie gesagt, kann man mich ja nicht dafür kritisieren, dass ich, sofern ich A für wahr halte, auch B für wahr halte. Wenn B aus A logisch folgt, dann kann man mir *diesen* Vorwurf nicht machen. Aber gleichwohl mag ich einen Fehler begehen, indem ich sowohl A als auch B für wahr halte, und dann nützt es mir nichts, darauf hinzuweisen, dass B aus A logisch folgt. Wenn B abwegig oder falsch ist, dann ist eben auch das abwegig oder falsch, woraus B logisch folgt:

A. Entweder können Pinguine fliegen, oder sie sind keine Vögel; und, wie wir wissen, sind Pinguine flugunfähig.
B. Also sind Pinguine keine Vögel.

Hieran wird deutlich, dass es auch noch andere Vorteile hat, im Einklang mit logischen Regeln zu denken und zu reden. Denn wenn man selbst oder ein anderer feststellt, dass das, was man bislang für wahr gehalten hat, abwegig oder schlicht falsch ist, dann kann man nun zurückverfolgen, welche anderen Sätze, die man für wahr gehalten hat, nicht länger in Verbindung miteinander wahr sein können: Mindestens einer der Sätze, aus denen wir den als falsch erwiesenen Satz gefolgert haben, muss aufgegeben werden. Hat man C aus A und B logisch korrekt gefolgert und stellt nun fest, dass C falsch ist, dann kann man den eigenen Gedankengang so weit rekonstruieren, bis man zu A und B gelangt und erkennt, dass A und B nicht beide wahr sein können, wenn C es nicht ist. Auch wird man dann nicht dazu verleitet, vorschnell irgendetwas aufzugeben, was wahr sein kann, selbst wenn C es nicht ist. Solange C nicht aus A allein logisch folgt, liefert die Falschheit von C keinen zwingenden Grund für die Falschheit von A (es könnte ja auch B falsch sein). Ein Beispiel:

A. Wale laichen nicht im Wasser.
B. Entweder laichen Wale im Wasser, oder sie brüten an Land.
C. Also brüten Wale an Land.

Aber logische Regeln sind nicht nur verlässlich und erlauben es, die Spreu vom Weizen zu trennen. Sie haben darüber hinaus eine Eigenschaft, die es relativ leicht macht, das eigene Denken und Reden nach ihnen auszurichten. Man muss nämlich nicht erst nachschauen, wie die Welt, in der man lebt, beschaffen ist, um zu wissen, was woraus logisch folgt. Vielmehr kann man von logischen Folgebeziehungen – und also von logischen Regeln – **a priori** wissen. »A priori« heißt so viel wie »vor jeder Erfahrung« und bezieht sich auf die Art und Weise, in der eine Behauptung begründet werden kann – nämlich ohne Rückgriff auf Erfahrung. Wie wir die Welt erfahren, hängt davon ab, wie sie im Einzelnen beschaffen ist; und da die Welt im Einzelnen auch anders hätte beschaffen sein können, als sie ist, müssen wir auf unsere Erfahrung zurückgreifen, um zu wissen, dass sie so und nicht anders beschaffen ist. Kann man eine Behauptung a priori begründen, dann kann man sie also unabhängig davon begründen, wie die Welt im Einzelnen beschaffen ist. Für solche Begründungen brauchen wir unsere Erfahrung nämlich nicht. Um logischen Regeln folgen zu können, müssen wir also nicht erst Untersuchungen darüber anstellen, was um uns herum so alles vor sich geht. Dies ist von Vorteil, denn dann können wir solche Untersuchungen selbst nach logischen Regeln ausrichten und müssen dafür ihr Ergebnis nicht erst abwarten. Wie genau die erfahrungsunabhängige Begründung von Behauptungen über logische Folgebeziehungen aussieht, davon soll erst später die Rede sein. Es wurde bereits angedeutet, dass eine Beantwortung dieser Frage uns zugleich Auskunft darüber geben wird, was eine Folgebeziehung zu einer logischen macht. Und wir haben auch schon darauf hingewiesen, dass dies jedenfalls etwas mit der internen Struktur oder logischen Form der Sätze zu tun hat.
→ **Übung A**

2. Die Rolle der Logik für unser Argumentieren

Wir haben bereits einen Vorgeschmack davon bekommen, wozu logisch korrektes Schließen gut ist. Es war davon die Rede, eine bestimmte Art von Kritik abzuwehren, und davon, in verlässlicher Weise Mengen von Sätzen zu identifizieren, deren Fürwahrhalten uns auf eine Konklusion festgelegt hat, die sich dann als falsch herausstellt. Es soll jetzt noch einmal ganz allgemein der Frage nachgegangen werden, warum uns logische Folgebeziehungen kümmern sollten. Damit ist auch danach gefragt, welches Interesse die Logik für uns haben kann.

Nicht alles, auf dessen Wahrheit ich mich festgelegt habe, ist mir bewusst. Selbst wenn ich auf eine Frage antworte und mir bewusst ist, dass ich mich damit auf die

Wahrheit eines bestimmten Satzes festlege, so ist mir noch lange nicht all das bewusst, worauf ich mich festlege, indem ich mich auf die Wahrheit dieses Satzes festlege. Denn dieser Satz hat logische Folgen, die ich entweder nicht überblicke oder die zu überblicken doch zumindest einiger zusätzlicher Anstrengung bedarf. Außerdem bin ich bereits anderweitig auf die Wahrheit von Sätzen festgelegt, die erst zusammen mit meiner Antwort neue Sätze folgen lassen, die aus dieser Antwort allein nicht folgen. Und ich kann mir freilich nicht all dessen ständig bewusst sein, was aus dem, was ich fürwahrhalte, folgen würde, sollte ich auf eine mir bislang nicht gestellte Frage so-und-so antworten.

Nun kann es passieren, dass ich mich bereits auf etwas festgelegt habe, dessen Wahrheit mit der Wahrheit meiner soeben gegebenen Antwort unverträglich ist, ohne dass mir dies jedoch bewusst wäre. Mit anderen Worten: Es kann passieren, dass ich mich, ohne es zu bemerken, in Widersprüche verstricke. Und solange mir dies nicht klar ist, kann jederzeit der Fall eintreten, dass ich – je nachdem, worauf sich meine Aufmerksamkeit gerade richtet – mal das Eine, mal das Gegenteil behaupte. Solange mir der Überblick über all meine Meinungen fehlt – und dass mir dieser Überblick fehlt, ist der Normalfall – kann es also passieren, dass ich mich oder andere zu Handlungen animiere, deren Erfolg ebenso wie deren erfolgreiche Koordinierung gefährdet ist. Denn Behauptungen sind ebenso wie die Meinungen, die sie kundtun, handlungsrelevant; und Handlungen, die auf einander widersprechenden Meinungen basieren, machen in der Regel Kooperation und damit das Erreichen gemeinschaftlicher Ziele unmöglich. Kurz gesagt, man kann sehr viel Unheil anrichten, wenn man einander widersprechende Meinungen besitzt und diese auch noch öffentlich kundtut. Darum ist ab und zu ein »securitycheck« vonnöten. Eine solche Sicherheitsüberprüfung des eigenen Meinungssystems und der Meinungssysteme anderer erfordert nun aber das Ausloten logischer Folgebeziehungen. Dies ist *ein* Grund, warum Logik wichtig ist.

Eine Überprüfung der logischen Folgen von Sätzen hat aber auch noch einen anderen Zweck. Bevor man sich nämlich darauf einlässt, einen Satz für wahr zu halten, empfiehlt es sich, die Folgen abzuschätzen, die dieser Schritt hat, sowohl in Hinsicht darauf, welche handlungsrelevanten Konsequenzen das Fürwahrhalten dieses Satzes hat, als auch in Hinsicht darauf, welche Begründungspflichten man eingeht, wenn man diesen Satz akzeptiert. Es geht also um eine praktische Folgenabschätzung, die eine Kalkulation der Begründungslasten mit einschließt. Eine solche praktische Folgenabschätzung wird darauf Bezug nehmen müssen, worauf man sich festlegt, wenn man sich auf die Wahrheit des in Rede stehenden Satzes festlegt. Und dies hängt u. a. entscheidend von den logischen Folgen dieses Satzes ab. So mag beispielsweise ein Richter, der wie andere auch der Überzeugung ist, Kriegsverbrechen erforderten die Höchststrafe, zögerlich sein, eine Zeugenaussage für bare Münze zu nehmen, die auf der Erinnerung beruht, der Angeklagte habe ein solches Verbrechen begangen. Denn damit wäre er bereits darauf festgelegt, der Angeklagte verdiene die Höchststrafe.

Was diese Überprüfungen eint – ob sie nun zum Zweck der Widerspruchsvermeidung erfolgen oder zum Zweck der Folgenabschätzung – ist ihr gemeinsamer Ausgangspunkt: Wenn man tatsächliche oder potentielle Meinungen einer solchen Überprüfung unterzieht, geht man stets von der Annahme der Wahrheit von Sätzen aus und untersucht, was aus der Wahrheit dieser Sätze – und damit der Annahme ihrer Wahrheit – folgt. Dieses Vorgehen ist also in gewissem Sinne *konservativ*: Man möchte zunächst noch gar nicht wissen, was für die Wahrheit dieser Sätze spricht, sondern nur, was aus der Annahme ihrer Wahrheit folgt. Nun sind wir freilich nicht allein daran interessiert, worauf wir uns letztlich festlegen, wenn wir uns auf die Wahrheit eines Satzes festlegen. Wir wollen auch wissen, warum wir uns überhaupt auf die Wahrheit eines solchen Satzes festlegen sollten. Dies bringt uns zu der zweiten Rolle, die logische Folgebeziehungen für uns spielen.

Man kann nämlich auch von einem Satz ausgehen und danach fragen, aus welchen anderen Sätzen dieser Satz logisch gefolgert werden könnte. In solchen Situationen suchen wir nach einem *Argument* für die Wahrheit des betreffenden Satzes. **Ein Argument besteht aus Prämissen und einer Konklusion.** Betrachten wir folgendes Beispiel (frei nach Leibniz):

> Glücklich ist nur, wer ohne Sorgen ist. Ohne Sorgen ist jedoch nur, wer mit Gelassenheit und Zuversicht in die Zukunft blickt. Solche Gelassenheit und solche Zuversicht müssen aber auf unser Wissen von der Natur gebaut sein. Also ist die Wissenschaft notwendig für unser Glück.

Bei diesem Argument bilden die ersten drei Sätze die Prämissen, und der letzte, mit dem Wort »also« eingeleitete Satz bildet die Konklusion. Hier ist ein weiteres Beispiel:

> Um gelassen und mit Zuversicht in die Zukunft zu schauen, bedürfen wir nicht unbedingt unseres Wissens von der Natur. Denn die Wissenschaften liefern uns keine zuverlässigen Prognosen. Wer sich auf ihre Prognosen verlässt, könnte sich ebensogut auf die Verheißungen eines Gurus verlassen.

Bei diesem Argument fungiert der erste Satz als Konklusion, und die beiden Sätze, die dem Wort »denn« folgen, fungieren als Prämissen.

Wenn die Konklusion aus den Prämissen logisch folgt – d. h. wenn es logische Regeln gibt, deren Anwendung auf die Prämissen zu der in Rede stehenden Konklusion führt – dann ist das Argument **logisch gültig**. Wenn ein logisch gültiges Argument darüber hinaus die Eigenschaft hat, dass alle seine für die Folgerung der Konklusion erforderlichen Prämissen wahr sind, dann sprechen wir davon, es sei **schlüssig**. Wenn ein logisch gültiges Argument schlüssig ist, dann ist demnach seine Konklusion ebenfalls wahr. Wir haben bereits gesehen, dass das Bestehen einer Folgebeziehung kein Garant für die Wahrheit der verknüpften Sätze ist. Während jedes schlüssige Argument immer auch logisch gültig ist, ist demnach nicht jedes logisch gültige Argument immer auch schlüssig. So mag ein Verfechter des zweiten Arguments die logische Gültigkeit des ersten Arguments zugestehen, nicht aber dessen Schlüssigkeit: Das zweite Argument soll ja eine Prämisse des ersten Arguments widerlegen!

Wenn wir nach einem logisch gültigen Argument für die Wahrheit eines Satzes suchen, dann suchen wir natürlich in der Regel nach einem Argument, das ebenfalls schlüssig ist. Denn sofern es uns darum geht, diesen Satz zu begründen, ist uns daran gelegen, solche Prämissen zu identifizieren, die nicht nur auf diesen Satz zu schließen erlauben, sondern auch Aussicht darauf haben, diesen Satz als wahr zu erweisen. Dies können die Prämissen allerdings nur leisten, wenn sie selbst Aussicht darauf haben, wahr zu sein. Diese Aussicht haben die Prämissen nur, wenn sie selbst begründet sind.

Auf den ersten Blick scheint dieses Unterfangen die Begründung des ursprünglichen Satzes eher zu erschweren als zu erleichtern. Denn hat man ein logisch gültiges Argument identifiziert, als dessen Konklusion dieser Satz erscheint, muss man ja nun auch noch darangehen, die Prämissen dieses Arguments zu begründen. Und dies scheint mindestens genauso schwierig zu sein wie die ursprüngliche Aufgabe, die Konklusion zu begründen. »Mindestens genauso schwierig«, denn, wie wir uns in Erinnerung rufen, sind logische Folgebeziehungen nicht (immer) symmetrisch: Sofern die Prämissen nicht wiederum aus der Konklusion folgen, erfordert ihre Wahrheit mehr als nur die Wahrheit der Konklusion. Wenn wir die Prämissen begründen müssen, müssen wir also mehr begründen als nur die Konklusion. Was soll uns die Suche nach Prämissen dann aber anderes bringen als ein Mehr an Begründungslast?

Die Antwort auf diese Frage schlachtet ein anderes Merkmal von logischen Folgebeziehungen aus, von dem bereits die Rede war. Manchmal folgt ein Satz logisch aus einer Menge von Sätzen, ohne bereits aus einzelnen Sätzen dieser Menge zu folgen. Das heißt, manchmal ermöglicht erst das Zusammenspiel verschiedener Prämissen die logische Ableitung einer Konklusion. In einem solchen Fall sind die jeweiligen Prämissen für sich genommen machtlos: Selbst wenn sie begründet wären, reichte ihre Begründung als Begründung für die Konklusion nicht aus. Diese Schwäche kann aber begründungstechnisch von Vorteil sein. Denn es ist oft so, dass die Begründung einzelner Prämissen auf bereits bekannte Sachverhalte zurückgreifen kann, die in keinem offensichtlichen Zusammenhang mit dem stehen, wovon in der Konklusion die Rede ist. Man verfügt also oft über unabhängige Ressourcen, die der Begründung der einzelnen Prämissen dienen; und es ist dann der Witz des jeweiligen Arguments, dass diese unabhängig voneinander begründeten Prämissen zusammengenommen die Konklusion folgen lassen, von der wir zunächst nicht wussten, wie sie zu begründen sei.

Betrachten wir zur Illustration folgendes Beispiel:

Prämisse 1   Immer wenn Penélope nach mehr als zwei Bier Salsa tanzt, holt sie sich blaue Flecken.
Prämisse 2   Penélope war gestern von 18 bis 20 Uhr in einer Bar und hat drei Bier getrunken.
Prämisse 3   Penélope war gestern von 21 bis 23 Uhr auf einer Party und hat Salsa getanzt.
Konklusion   Also hat sich Penélope gestern blaue Flecken geholt.

Stellen wir uns vor, dass Penélope heute früh Hals über Kopf nach St. Petersburg abgereist ist, um bei ihrer Großtante für ein paar Tage Urlaub zu machen, dass aber ihre Großtante kein Telefon besitzt. Unter diesen Umständen können wir weder Penélope fragen, ob sie sich gestern blaue Flecken geholt hat, noch ihre Füße, Arme oder Beine selbst in Augenschein nehmen, um nach blauen Flecken zu suchen.

Es scheint, dass wir keine Möglichkeit haben, Gründe für die Meinung zu sammeln, dass sich Penélope gestern blaue Flecken geholt hat. Doch dieser Schein trügt. Denn wir mögen der begründeten Meinung sein, dass Prämisse 1 gilt: Wir haben genug Erfahrungen mit Penélopes Nachtschwärmereien, um zu wissen, dass sie nach mehr als zwei Bier solche Koordinationsschwierigkeiten hat, dass Salsatanzen für sie zu derart unangenehmen Konsequenzen führt. Solange wir keinen Grund dafür haben, zu meinen, Penélope habe gestern betrunken Salsa getanzt, hilft uns dies freilich noch nicht sehr viel weiter. Aber obwohl wir gestern brav zu Hause vor dem Fernseher gesessen haben, kennen wir zwei ihrer Freundinnen, deren Augenzeugenbericht uns die nötigen Informationen liefert. Olga war gestern nach der Arbeit mit Penélope auf Kneipentour und klärt uns darüber auf, dass Prämisse 2 gilt. Obwohl Olga und Penélope gestern um 20 Uhr getrennter Wege gegangen sind, hat Sophie Penélope gestern von 21 bis 23 Uhr auf einer Party aus einiger Entfernung beim Salsatanzen gesehen. Wir wissen nun ebenfalls, dass Prämisse 3 gilt. Und da aus diesen drei unabhängig voneinander begründeten Prämissen logisch folgt, dass sich Penélope gestern blaue Flecken geholt hat, steht ihre Abreise unserer Erkenntnis der Konklusion nicht im Wege. Auf die Frage ihrer besorgten Mutter können wir nun, wenn wir gemein sind, mit guten Gründen antworten, Penélope werde mit grüngelben Flecken aus St. Petersburg zurückkommen.

Obwohl also die Wahrheit aller Prämissen mehr erfordern mag als die Wahrheit der jeweiligen Konklusion, ist es oft so, dass uns eine Begründung der Prämissen – und damit die indirekte Begründung der Konklusion – leichter fällt als eine direkte Begründung der Konklusion. Wir können uns nun gut vorstellen, dass es in ähnlichen Fällen sogar sein kann, dass wir zu einer ganz überraschenden Erkenntnis gelangen, weil wir unabhängig begründete Prämissen zum ersten Mal miteinander kombinieren und dann eine Konklusion logisch folgern, deren Begründung uns bislang in weiter Ferne schien. Dieser »Überraschungsfaktor« logisch korrekten Argumentierens hängt natürlich auf das Engste mit der bereits erwähnten Tatsache zusammen, dass uns die logischen Folgen unserer Meinungen meist nicht präsent sind.

Wenn wir nach schlüssigen Argumenten suchen, um uns über die Wahrheit oder Falschheit einer potentiellen Meinung zu informieren, dann spielen **logische Folgebeziehungen** offensichtlich eine Rolle. Denn die Schlüssigkeit eines Arguments setzt seine logische Gültigkeit voraus; und ein Argument ist nur dann logisch gültig, wenn seine Konklusion aus seinen Prämissen logisch folgt. Es gibt aber auch noch andere Beweggründe, nach logisch gültigen Argumenten zu fahnden: Wenn man mit Texten oder Redebeiträgen konfrontiert ist, in denen jemand Überzeugungsarbeit leisten oder auch nur Auskunft darüber geben will, warum er eine bestimmte Ansicht teilt, dann passiert es einem oft, dass man über argumentative oder **logische Lücken** stolpert. Derartige Lücken entstehen unter anderem dann, wenn nicht alle Prämissen explizit genannt werden, die nötig wären, um ein gegebenes Argument zu einem logisch gültigen zu machen. Manches scheint dem Autor zu offensichtlich, um es ausdrücklich anzuführen. Manches entgeht seiner Aufmerksamkeit, obwohl sich ganz in der Nähe eine Überlegung findet, die die Lücke zu schließen erlaubt. Der Autor kann natürlich auch tendenziös und vorurteilsbeladen, logisch inkompetent oder schlicht schlampig sein. Trotz allem sind solche logischen Lücken für sich genommen noch kein Grund, die argumentativen Anstrengungen des Autors als glücklos abzutun. Manchmal lohnt es sich, nach Zusatzprämissen zu suchen, die eine logische Lücke schließen würden – und sei es auch nur, um sich über die Vorstellungen des Autors und die stillschweigenden Voraussetzungen seines Denkens klarzuwerden. Wenn man nach solchen Zusatzprämissen sucht, ist man auf der Suche nach einem logisch gültigen Argument für die Konklusion, die der Autor im Blick hat. Man fragt sich, woraus die Konklusion logisch folgt. Man ist hier nicht so sehr auf der Suche nach einem schlüssigen Argument, weil man beispielsweise nur daran interessiert ist zu erfahren, was aus Sicht des Autors als wahr erscheint, auch wenn man selbst es für falsch hält. Ein Beispiel:

> Wir sollten unser Bestes tun, um den Konsum legaler, aber gesundheitsschädlicher Drogen zu drosseln. Das Beste, was wir dafür tun können, ist, die Besteuerung dieser Drogen zu erhöhen. Also sollten wir die Tabaksteuer erhöhen.

So, wie es formuliert ist, ist dieses Argument logisch nicht gültig: Es weist eine logische Lücke auf. Diese Lücke lässt sich jedoch durch die folgende Zusatzprämisse schließen:

> Tabak ist eine legale, aber gesundheitsschädliche Droge.

Dass diese ungenannte Zusatzprämisse im Spiel ist, kann man erkennen, auch wenn man meint, Steuererhöhungen führten zu gar nichts.

Bei diesem Vorgehen muss man allerdings immer im Auge behalten, dass es mehr als nur eine Art gibt, aus einem logisch ungültigen Argument ein logisch gültiges zu machen. Es führen viele Wege nach Rom. Man kann also nicht einfach selbst irgendeine Zusatzprämisse formulieren, die zwar eine vorhandene logische Lücke schließt, aber völlig abwegig ist, nur um dann zu unterstellen, der Autor habe sich ja offensichtlich verrannt. Eine solch absurde Zusatzprämisse wäre in Bezug auf unser Beispiel die folgende:

> Gummibären sind eine legale, aber gesundheitsschädliche Droge, deren Besteuerung wir jedoch nur dann erhöhen sollten, wenn wir auch die Tabaksteuer erhöhen sollten.

Diesen Hinweis sollte man durchaus als Mahnung verstehen, denn gerade in der Philosophie gibt es manche, die meinen, eine Schlacht für sich entscheiden und andere Autoren als verwirrte Geister abtun zu können, nur weil sie sich selbst nicht die Mühe machen, konstruktive Arbeit zu leisten. Solche Philosophen sagen dann

Sätze wie »Das ist sehr kryptisch« oder »Non sequitur« (lat. für »Das folgt nicht«). Dieser Mahnung muss jedoch im gleichen Atemzug eine andere an die Seite gestellt werden: Es bringt nämlich rein gar nichts, dem Autor in interpretatorischer Absicht Absolution zu erteilen und ihn unter dem Vorwand »Na, irgendein tiefsinniger Gedanke wird ihn wohl schon bewegt haben« von seinen Argumentationslasten zu befreien. Auch diese Kavaliershaltung ist letztlich nicht mehr als die Bequemlichkeit, die eigentliche Arbeit nicht in Angriff nehmen zu wollen. Mut zur Lücke ist nicht unbedingt eine Tugend.

Ob man nun nach logisch gültigen Argumenten fahndet, um eine Frage zu entscheiden, oder mit dem Ziel, die stillschweigenden Voraussetzungen eines Gesprächspartners zu identifizieren, in beiden Fällen ist der Ausgangspunkt derselbe: Man geht von einem bestimmten Satz B aus und fragt nach Sätzen, die einzeln oder zusammengenommen Satz B logisch folgen lassen. Während das zuvor erwähnte konservative Vorgehen auf die Frage führt, *was* aus einem gegebenen Satz logisch folgt, zielt das soeben skizzierte Vorgehen auf die Beantwortung der Frage, *woraus* ein gegebener Satz logisch folgt. Sofern dieses Vorgehen also dazu nötigt, über das hinauszugehen, was in dem bereits Gegebenen logisch enthalten ist, können wir es *konstruktiv* nennen.

Wir können uns leicht klar machen, dass beide Strategien auf fruchtbare Weise interagieren, wenn wir sie vor dem Hintergrund größerer Diskurszusammenhänge betrachten. Stellen wir uns vor, wir nähmen an einer Debatte teil, in der die Teilnehmer ihre eigenen Meinungen zu einem bestimmten Thema artikulieren und versuchen, die anderen Teilnehmer durch gezielte Argumentation von der Wahrheit dieser Meinungen zu überzeugen. Bevor man sich von der Wahrheit einer Meinung überzeugen lässt, sollte man die für sie vorgebrachten Argumente auf ihre logische Gültigkeit hin überprüfen. Stellt man bei dieser Gelegenheit logische Lücken fest, wäre es gleichwohl verfehlt, darum schon die in Rede stehende Meinung zu verwerfen. Stattdessen sollte man konstruktiv vorgehen und danach fragen, wie sich diese Lücken schließen ließen. Kandidaten für solche Lückenschließer müssen dann daraufhin überprüft werden, ob sie mit anderen Meinungen, die man bereits teilt, in Widerspruch geraten und ob sie logische Folgen haben, die zu begründen man sich gegenwärtig außerstande sieht. D. h. man muss ebenfalls die konservative Strategie anwenden. Die Beantwortung der Frage, ob sich die potentiellen Lückenschließer und ihre logischen Folgen nicht doch begründen lassen, erfordert von neuem ein konstruktives Vorgehen. Wenn man hingegen selbst versucht, andere von den eigenen Ansichten zu überzeugen, dann wird man sich besser gegen mögliche Einwände wappnen. Man muss beispielsweise darauf achten, nur solche Meinungen zur Begründung heranzuziehen, die nicht zu Widersprüchen führen und deren logische Folgen keine Begründungslasten generieren, denen man sich gegenwärtig nicht gewachsen sieht. D. h. man muss wiederum die konservative Strategie einschlagen. Gleichzeitig muss man einen Überblick darüber behalten, welche Argumente jemand anderem zur Verfügung stehen, der die gegenteilige Meinung vertritt. D. h. man muss erneut konstruktiv vorgehen und Prämissen unter die Lupe nehmen, aus denen die gegenteilige Meinung logisch folgt. Und natürlich wird man in der Regel schon konstruktiv vorgegangen sein, um die Meinung, die man vertritt, so gut wie möglich argumentativ zu stützen.

Der **Erfolg eines Arguments** hängt unter anderem davon ab, ob es logisch gültig ist oder wie es sich in ein logisch gültiges Argument verwandeln lässt. Ob ein Argument Überzeugungskraft besitzt, hängt jedoch nicht allein davon ab, ob die Konklusion logisch aus den Prämissen folgt. Ein überzeugendes Argument muss darüber hinaus bestimmte Kriterien erfüllen, die sich daran knüpfen, unter welchen Bedingungen sich seine Prämissen begründen lassen und inwieweit uns die so begründeten Prämissen dazu bewegen können, seiner Konklusion zuzustimmen. Nicht jedes logisch gültige Argument kann überzeugen. Das wird schon daran deutlich, dass jeder Satz eine logische Folge seiner selbst ist. In dieser Einführung wird es uns in der Tat nicht nur darum gehen, logische Folgebeziehungen zu beweisen und zu erklären. Zu einem späteren Zeitpunkt werden wir uns außerdem mit den Anforderungen befassen, die an überzeugende logisch gültige Argumente zu richten sind. Wir werden uns also ausgehend von der Logik auf die Argumentationstheorie zubewegen. Dass sich dieser Weg abzeichnet – dass also logische Überlegungen einen Wert für unsere argumentativen Bemühungen besitzen – war, was an dieser Stelle verdeutlicht werden sollte.

3. Ein logischer Werkzeugkasten

Im Laufe dieser Einführung soll ein logischer Werkzeugkasten bereitgestellt und Gelegenheit gegeben werden, den Gebrauch logischer Werkzeuge einzuüben. Wofür ein solcher Werkzeugkasten gut ist, sollte inzwischen klar geworden sein. Dass man den Gebrauch logischer Werkzeuge einüben muss, darin unterscheiden sich logische Werkzeuge nicht von anderen Werkzeugen. Eine Stichsäge oder ein Öldruckmesser sind nur in dem Maße nützlich, in dem man sie zu benutzen weiß. Dasselbe trifft auch auf logisches Handwerkszeug zu. Der **gewiefte Umgang mit logischen Instrumenten** setzt ebenfalls ein diagnostisches Gespür voraus. So wie man eine Ahnung davon haben muss, ob ein handwerkliches Problem den Einsatz einer Schlagbohrmaschine erforderlich macht, so muss man beispielsweise auch ein Gespür dafür haben, welche logischen Regeln auf eine gegebene Satzmenge anwendbar sind, wenn es darum geht, aus ihr logische Schlüsse zu ziehen.

Doch während ein geschulter Handwerksmeister oft mit Sicherheit sagen kann, was womit zu beheben ist, sieht sich auch der beschlagenste Logiker mit einer Schwierigkeit konfrontiert, die der erfolgreichen Diagnose logischer Sachverhalte grundsätzlich im Wege steht. Diese prinzipielle Schwierigkeit kann man das **Problem der Umgangssprache** nennen. Sie rührt daher, dass wir es beim argumentativen Geschäft einerseits mit umgangssprachlichen Sätzen zu tun haben und nicht mit Sätzen einer logisch domestizierten Kunstsprache, andererseits aber diese umgangssprachlichen Sätze vage, mehrdeutig und andeutungsreich sind und ihnen ihre logische Form nicht »ins Gesicht« geschrieben steht. Wir müssen also umgangssprachliche Sätze für die Zwecke unserer logischen Untersuchung erst gefügig machen, indem wir sie interpretieren und in eine reglementierte

Sprache übersetzen, die der Anwendung logischer Regeln direkt zugänglich ist. Interpretationen sind dabei aber nicht mehr als eben dies: Hypothesen darüber, wie ein gegebener Satz am besten zu verstehen ist. Was hier als »am besten« gilt, hängt nun aber unter anderem von den Ressourcen ab, über die wir in unserer reglementierten Zielsprache verfügen. Da diese Zielsprache weder vage noch mehrdeutig noch andeutungsreich und ganz dem Ausdruck formaler Strukturen verschrieben ist, sind solche Interpretationen stets mit einer Vereindeutigung und Vereinfachung verbunden, bei der inhaltliche Nuancen notgedrungen verloren gehen. Und nun kann es sich sogar so treffen, dass ein und derselbe umgangssprachliche Satz unter Vernachlässigung verschiedener Bedeutungsnuancen verschiedene Übersetzungen in unsere logisch getrimmte Zielsprache besitzt. Unter diesen Umständen gibt es dann nicht *die* beste Interpretation und *die* beste Übersetzung, sondern mehrere Interpretationen und Übersetzungen, die sich diesen Titel teilen müssen.

Natürlich heißt dies nicht »anything goes«. Der Spielraum für divergierende Interpretationen ist glücklicherweise eng gesteckt. Mit dieser Feststellung verbindet sich die Hoffnung, dass wir es trotz Vagheit und Mehrdeutigkeit der Umgangssprache beim logischen Geschäft recht weit bringen können. Trotzdem sind wir dabei an Interpretations- oder Übersetzungsvorschriften gebunden, deren Status nicht unangreifbar ist. Es mag sich beispielsweise herausstellen, dass unsere logischen Rekonstruktionen nur näherungsweise dem gerecht werden, was der Verfasser eines Textes ursprünglich im Sinn hatte. Anders als ein Handwerksmeister arbeiten wir unter Laboratoriumsbedingungen, die den Bedingungen vor der Tür nicht immer eins zu eins entsprechen. Indem wir unsere Interpretations- bzw. Übersetzungsvorschriften explizit machen, verhalten wir uns jedoch redlich und geben nicht vor, es gebe diese Eins-zu-eins-Entsprechung.

Was gehört in unseren logischen Werkzeugkasten? Zum einen sind da natürlich die **logischen Regeln** selbst. Der Liste dieser Regeln müssen wir **Erläuterungen** zur Seite stellen, die uns verständlich machen, dass die von diesen Regeln hergestellten Beziehungen zwischen Sätzen bestimmter Struktur tatsächlich Folgebeziehungen sind. Sofern die Sätze, auf die diese Regeln zunächst Anwendung finden, Sätze einer Formalsprache sind, für die diese Regeln jedenfalls gelten sollen, bedarf die Struktur dieser Sätze also einer entsprechenden Deutung. Die fraglichen Erläuterungen werden demgemäß darauf zielen, eine solche Deutung zu liefern.

Wie bereits angedeutet, ist es damit jedoch noch nicht getan. Sofern wir in erster Linie an Sätzen der Umgangssprache interessiert sind, müssen wir darüber hinaus eine Methode an die Hand bekommen, die es uns erlaubt, die logische Form umgangssprachlicher Sätze zu ermitteln. Mit anderen Worten: Wir brauchen **Übersetzungsvorschriften**, die die Übersetzung umgangssprachlicher Sätze in formalsprachliche Sätze ermöglichen, deren logische Form bereits feststeht.

Neben den logischen Regeln, ihrer Erläuterung und den Übersetzungsvorschriften brauchen wir aber auch so etwas wie eine **Formatvorlage für logisch gültige Argumente.** Denn letzten Endes sind wir an logischen Folgebeziehungen interessiert, weil und insofern wir an solchen Argumenten interessiert sind. Eine derartige Formatvorlage enthält nicht nur Angaben darüber, wie logisch gültige Argumente darzustellen sind, sondern auch darüber, wie solche Argumente zu entwickeln sind.

D. h. die Formatvorlage informiert uns nicht nur darüber, wie wir das Ergebnis unserer Bemühungen letzten Endes festhalten, sondern zeichnet ein Stück weit den Weg vor, auf dem wir zu logisch gültigen Argumenten gelangen. Sie leistet dies, indem sie uns Eintragungen abverlangt, die dokumentieren, ausgehend von welchen Annahmen wir mittels welcher Regeln zu welchen Schlüssen kommen.

Damit nicht genug. Wir brauchen darüber hinaus auch so etwas wie einen **Leitfaden fürs Beweisen**, der uns dabei anleitet, wie wir bei der Entwicklung logisch gültiger Argumente bzw. dem Nachweis behaupteter Folgebeziehungen am geschicktesten vorgehen. Sobald wir einmal eine Beweisstrategie gewählt haben, verlangt uns die Formatvorlage beim Beweisen zwar ein bestimmtes schrittweises Vorgehen ab. Sie bringt uns also ein Stück weit in Zugzwang. Aber darüber, welche Beweisstrategie die vielversprechendste ist, verrät sie uns nichts. Sie selbst gibt uns also keine grobe Marschrichtung vor. Hier schafft der Leitfaden Abhilfe. Beim Beweisen dient er als Orientierungshilfe.

Um seine Zwecke zu erfüllen, muss unser **logischer Werkzeugkasten** demnach Folgendes enthalten:
1. Eine **Formatvorlage für logisch gültige Argumente**, in die wir u. a. eintragen, von welchen Annahmen wir ausgehen, welche logischen Regeln zum Einsatz kommen und auf welche Sätze wir sie anwenden,
2. ein Set von **logischen Regeln**, die uns dabei helfen, logische Folgebeziehungen zwischen Sätzen bestimmter logischer Formen zu beweisen,
3. **Erläuterungen** dieser Regeln, die uns verständlich machen, dass diese Regeln Regeln des korrekten Folgerns sind, indem sie uns eine entsprechende Deutung der Satzstrukturen an die Hand geben, auf die diese Regeln zugreifen,
4. **Übersetzungsvorschriften**, die es uns erlauben, die logische Form umgangssprachlicher Sätze zu ermitteln, und damit Verfahren sind festzustellen, wann die Anwendungsbedingungen logischer Regeln vorliegen,
5. einen **Leitfaden fürs Beweisen**, der uns bei der Entwicklung von Beweisstrategien die nötige Orientierungshilfe gibt.

Sind all diese Elemente im Kasten, dann verfügen wir bereits über das nötige Instrumentarium, um Behauptungen über logische Folgebeziehungen zu überprüfen und zu beweisen. Haben wir den Gebrauch dieser Instrumente eingeübt, können wir also schon erfolgreich Logik betreiben. Die Luxusausstattung unseres Werkzeugkastens enthält aber noch ein weiteres Element:
6. Eine Liste von beliebten **logischen Fehlschlüssen**, deren Diagnose und Erläuterung uns im korrekten Gebrauch logischer Regeln weiter schult.

Der Werkzeugkasten ist ausbaufähig. Das Erweiterungsset, das uns von der Logik im strengen Sinn zur Argumentationstheorie im weiteren Sinn führt und das wir gegen Ende kennenlernen werden, enthält zudem:
7. Eine Liste von **Beispielen für kraftlose Argumente**, d. h. logisch gültige Argumente, die gleichwohl keine Überzeugungskraft besitzen,
8. und darauf aufbauend ein Set von **Kriterien der Überzeugungskraft** von Argumenten, d. h. von Kriterien, die logisch gültige Argumente erfüllen müssen, um überzeugen zu können.

Im Folgenden soll zunächst die Grundausstattung unseres logischen Werkzeugkastens vorgestellt werden. Erst danach werden wir die Luxusausführung kennenlernen. Zu guter Letzt werden wir uns dann mit dem Erweiterungsset vertraut machen.

Bei der Vorstellung der Grundausstattung werden wir wie folgt vorgehen: Nach Einführung der Formatvorlage in Kapitel 4 werden in Kapitel 5 zunächst drei grundsätzliche Regeln vorgestellt, die für den erfolgreichen Gebrauch dieser Formatvorlage entscheidend sind. Ab Kapitel 6 beginnt Teil II. dieser Einführung, der den Titel »Elementare Aussagenlogik« trägt. In Kapitel 6 wird kurz der Unterschied zwischen Aussagenlogik und Prädikatenlogik erklärt, bevor dann in Kapitel 7 zwei sehr einfache aussagenlogische Schlussregeln eingeführt, erläutert und die für diese Regeln einschlägigen Übersetzungsverfahren diskutiert werden. In den Kapiteln 8–10 werden jeweils weitere aussagenlogische Regeln vorgestellt, erläutert und mittels der jeweiligen Übersetzungsverfahren ihre Anwendungsbedingungen angegeben. Nach einer kurzen Übersicht über die erarbeiteten Regeln und ihre Erläuterungen in den Kapiteln 11–12 wird in Kapitel 13 ein Leitfaden fürs Beweisen aussagenlogischer Folgebeziehungen entwickelt. In Kapitel 14 werden anschließend eine Reihe aussagenlogischer Beweise geführt. Ab Kapitel 15 beginnt dann Teil III., der mit »Elementare Prädikatenlogik« überschrieben ist. In Teil IV wird zunächst die Luxusausstattung und dann ab Kapitel 24 das Erweiterungsset unseres logischen Werkzeugkastens vorgestellt. Dementsprechend fragt Teil IV »Wann kann ein Argument überzeugen?« und ist argumentationstheoretischen Überlegungen gewidmet.

4. Eine Formatvorlage für logisch gültige Argumente

Es wurde gesagt, dass logische Folgebeziehungen zwischen Sätzen von der logischen Form dieser Sätze abhängen. Und es wurde in Aussicht gestellt, dass sich logische Folgebeziehungen aufgrund logischer Regeln beweisen lassen, wobei diese Regeln eben auf Sätze bestimmter logischer Formen zugreifen. Wir hatten festgehalten, dass sich logische Folgebeziehungen zwischen Sätzen beweisen lassen, ohne dass es nötig wäre, diese Sätze für wahr zu halten. Sofern wir Prämissen den Status bloßer Annahmen zuschreiben bzw. sie als Folgen solcher Annahmen begreifen, können wir diese Beweise demnach immer als **Argumente** darstellen. Solche Beweise zeigen dann, dass die Konklusion aus den Prämissen logisch folgt. Jeder Beweisschritt in einem solchen Argument wird durch eine logische Regel sanktioniert. Das heißt: Es gibt so viele Beweisschritte in einem Argument, wie es Anwendungen logischer Regeln in diesem Argument gibt.

Allerdings müssen wir bei dieser Darstellungs- und Redeweise immer darauf bedacht sein, deutlich zu machen, dass es uns um den Beweis einer Folgebeziehung geht und nicht etwa um den Beweis der Konklusion des betreffenden Arguments. Argumente können eben unterschiedlichen Zwecken dienen. Jemand, der die Prämissen eines gültigen Arguments selbst für bewiesen hält, wird das betreffende Argument als schlüssig und demnach als Beweis seiner Konklusion ansehen. Demgegenüber mag jemand, der an den Prämissen zweifelt, das Argument immer noch als Beweis einer Folgebeziehung vorbringen, obwohl er es dann jedenfalls nicht als Beweis der Konklusion vorbringt. Wir können dies auch so formulieren, dass es für den Beweis von Folgebeziehungen bloß auf logisch gültige Argumente ankommt.

Wenn wir im Alltag miteinander und gegeneinander argumentieren, dann kommt es sehr häufig vor, dass die Art und Weise, in der wir unsere Argumente entwickeln, ganz und gar nicht der logischen Abfolge unserer Beweis- oder Argumentationsschritte entspricht. Zum Beispiel fangen wir oftmals mit der Behauptung der Konklusion an und schieben dann die Prämissen nach. Oder wir beginnen mit der Formulierung einer Prämisse, greifen der Schlussfolgerung vor, nur um dann die restlichen Prämissen nachzuliefern. Die Identifizierung von Prämissen, Konklusionen und angewendeten Schlussregeln wird dadurch nicht gerade vereinfacht. Gleichwohl gibt es umgangssprachliche Wendungen, die diese Identifizierung erleichtern. Wörter, die anzeigen, dass ein Satz gefolgert wird, sind beispielsweise

»also«, »somit«, »folglich«, »so dass«, »daraus ergibt sich« etc.

Wörter, die anzeigen, dass ein Satz als Prämisse fungiert, sind beispielsweise

»denn«, »weil«, »da«, »nämlich« etc.

Aber nicht immer werden solche Signalwörter verwendet. Unter diesen Umständen müssen wir uns auf den Redekontext verlassen. Dies gelingt uns in der Regel auch sehr gut. Allerdings neigen wir ebenfalls dazu, logische Ungereimtheiten zu übersehen – zum Beispiel dann, wenn wir bereits mit einer der Prämissen nicht einverstanden sind und uns daran festbeißen, oder dann, wenn wir bereits von der Konklusion überzeugt sind, so dass uns eine mangelhafte Begründung dieser Konklusion nicht weiter stört.

Wenn wir ein umgangssprachlich formuliertes Argument genau unter die Lupe nehmen wollen, um es auf seine logische Gültigkeit zu überprüfen, ist es hingegen unerlässlich, es in eine übersichtliche Form zu bringen. Bei der Darstellung logisch gültiger Argumente wollen wir darum die folgende **Formatvorlage** zugrunde legen: Wir schreiben alle Prämissen untereinander und versehen sie mit fortlaufenden Nummern. In die letzte Zeile schreiben wir die Konklusion; auch der Konklusion wird eine Nummer zugeordnet. Die Nummern helfen uns, die Prämissen zu identifizieren. Da die Konklusion selbst wieder als Prämisse fungieren kann – ein Argument baut auf einem anderen auf – ist es sinnvoll, auch der Konklusion eine Nummer zuzuweisen. (Wenn ein logisch gültiges Argument aus mehreren Beweisschritten besteht, gibt es Zwischenkonklusionen, die wiederum als Prämissen für die anschließende Folgerung dienen. Der Einfachheit halber nennen wir auch solche Zwischenkonklusionen Prämissen – womit klar ist, dass nicht alle Prämissen die Rolle von Annahmen spielen.) In einer Spalte auf der rechten Seite tragen wir ein, welche logische Regel uns von welchen Prämissen zu der jeweiligen Zeile führt. Wenn die betreffende Zeile selbst weder aus anderen Prämissen logisch abgeleitet noch bereits bewiesen ist, schreiben wir rechts von ihr das Wort »Annahme«. In einer Spalte auf der linken Seite tragen wir ein, von welchen Annahmen die jeweilige Zeile abhängt: Wenn die Annahmen linker Hand alle wahr sind, so ist jedenfalls auch die betreffende Zeile wahr. Mit anderen Worten: Die Wahrheit der links stehenden Annahmen »vererbt sich« auf die in der relevanten Zeile stehende Zwischenkonklusion. Wenn die betreffende Zeile selbst weder von anderen Annahmen abhängt noch bereits bewiesen ist, schreiben wir links von ihr ihre eigene fortlaufende Nummer. Bei einem **Argument mit zwei Prämissen und einem Beweisschritt**, sieht das dann so aus:

(ARG1)
1	(1)	[Erste Prämisse]	Annahme
2	(2)	[Zweite Prämisse]	Annahme
1,2	(3)	[Konklusion]	1, 2, [logische Regel]

Betrachten wir nun ein Argument mit drei Prämissen (von denen zwei Annahmen sind). Wird die dritte Prämisse selbst aus der zweiten Prämisse logisch abgeleitet und die Konklusion aus der ersten und dritten Prämisse gefolgert, dann wird die Darstellung eines solchen Arguments so aussehen:

(ARG2)
1	(1)	[Erste Prämisse]	Annahme
2	(2)	[Zweite Prämisse]	Annahme
2	(3)	[Dritte Prämisse]	2, [logische Regel]
1,2	(4)	[Konklusion]	1, 3, [logische Regel]

Dieses Argument besteht also aus **drei Prämissen und zwei Beweisschritten**. Die dritte Prämisse ist eine logische Folge der zweiten Prämisse: Wir leiten die dritte Zeile mittels einer logischen Regel aus der zweiten Zeile ab (erster Beweisschritt). Die Konklusion ist eine logische Folge der Verbindung aus erster und dritter Prämisse: Wir leiten die Konklusion mittels einer logischen Regel aus der ersten und der dritten Zeile ab (zweiter Beweisschritt). Da die logische Ableitung der Prämisse in der dritten Zeile von der Prämisse in der zweiten Zeile abhängt, hängt die Ableitung der Konklusion demnach von den Annahmen in den Zeilen (1) und (2) ab.

Wie uns die jeweiligen Nummern links der Konklusion anzeigen, ist (ARG1) ein Beweis für eine Behauptung der Art

[Erste Prämisse], [Zweite Prämisse] ⊢ [Konklusion]

(ARG2) ist ebenfalls ein Beweis für eine Behauptung der Art

[Erste Prämisse], [Zweite Prämisse] ⊢ [Konklusion]

(ARG2) enthält zudem einen Beweis, wonach aus der zweiten Prämisse die dritte Prämisse folgt:

[Zweite Prämisse] ⊢ [Dritte Prämisse]

Solche eingebauten kleineren Beweise tauchen in logisch gültigen Argumenten sehr häufig auf, nicht zuletzt, weil es dieses Verfahren erlaubt, die zum Einsatz kommenden Regeln einfach zu halten und damit das Argument nachvollziehbarer zu machen. Man geht in einfachen Schritten vor, legt Pausen ein, kombiniert das bereits Erreichte, um dann in einem letzten Schritt zur Konklusion zu gelangen.

Bevor wir diese Formatvorlage sinnvoll auf konkrete Beispiele anwenden können, müssen wir natürlich mehr über logische Regeln wissen. Aber trotzdem können wir mit guten Gründen davon ausgehen, dass das nachfolgende Beispielargument in das Format von (ARG1) passt:

1	(1)	Immer wenn Penélope nach mehr als zwei Bier Salsa tanzt, holt sie sich blaue Flecken.	Annahme
2	(2)	Penélope hat gestern nach mehr als zwei Bier Salsa getanzt.	Annahme
1,2	(3)	Also hat sich Penélope gestern blaue Flecken geholt.	1,2, [logische Regel]

Sofern sich eine logische Regel angeben lässt, die den Schritt von (1) und (2) zur Konklusion (3) legitimiert, beweist dieses Argument die folgende Behauptung:

> Immer wenn Penélope nach mehr als zwei Bier Salsa tanzt, holt sie sich blaue Flecken; Penélope hat gestern nach mehr als zwei Bier Salsa getanzt ⊢ Penélope hat sich gestern blaue Flecken geholt.

Ein Argument, das in das Format von (ARG2) passt, ist das folgende:

1	(1)	Wenn jemand gesungen hat, dann ist der Deal geplatzt.	Annahme
2	(2)	Olga hat gesungen.	Annahme
2	(3)	Jemand hat gesungen.	2, [logische Regel]
1,2	(4)	Der Deal ist geplatzt.	1, 3, [logische Regel]

Sofern es logische Regeln gibt, die jeweils den Schritt von (2) zu (3) und den Schritt von (1) und (3) zu (4) legitimieren, ist dieses Argument logisch gültig und beweist die Behauptung

> Wenn jemand gesungen hat, dann ist der Deal geplatzt; Olga hat gesungen ⊢ Der Deal ist geplatzt.

In das Argument ist ein kleinerer Beweis eingebaut, der zeigt, dass die dritte Prämisse aus der zweiten folgt:

> Olga hat gesungen ⊢ Jemand hat gesungen.

An dieser Stelle sei zum wiederholten Mal eine Warnung ausgesprochen: Die genannten Argumente sind logisch gültig und beweisen etwas. Sie beweisen Aussagen darüber, was aus den Annahmen logisch folgt. Nichts, aber auch gar nichts von dem, was wir bislang gesagt haben, berechtigt zu der Behauptung, dass diese Argumente ihre Konklusion beweisen. Solange links der Konklusion Ziffern stehen, die auf die Annahmen verweisen, von der die Folgerung der Konklusion abhängt, haben wir nicht mehr bewiesen, als dass die Konklusion wahr ist, *wenn* diese Annahmen wahr sind. Solange diese Annahmen bloße Annahmen sind, ist noch gar nichts darüber gesagt, ob sie tatsächlich wahr sind oder nicht. Folglich haben wir noch nichts darüber gesagt, ob die Konklusion wahr ist oder nicht. Erinnern wir uns daran, dass nicht jedes logisch gültige Argument auch schlüssig ist.

Wir haben es nur dann mit einem logischen Beweis der Konklusion zu tun, wenn links von ihr keine Ziffern mehr stehen. Denn dann hängt die Wahrheit der Konklusion von nichts mehr ab – nicht einmal mehr von der Annahme ihrer selbst. Es gibt logisch gültige Argumente, deren Konklusion von keinen Annahmen mehr abhängt. Wir werden solche Argumente später noch betrachten (z. B. in Kapitel 8). Wir können aber schon jetzt im Einklang mit unserer bisherigen Schreibweise festlegen, dass wir künftig Konklusionen solcher Argumente als Sätze darstellen, die bereits aus einer leeren Annahmenmenge logisch folgen:

⊢ B

Hier ist B das, was wir ein **logisches Theorem** nennen.

Obwohl nun weder Argumente der Form (ARG1) noch Argumente der Form (ARG2) ihre Konklusion beweisen, sondern nur beweisen, dass diese Konklusionen aus bestimmten Annahmen folgen, sind sie gleichwohl auch dann von großem Interesse, wenn wir letztlich darum bemüht sind, ihre Konklusionen zu begründen. Denn es ist ein nicht zu unterschätzendes Qualitätsmerkmal einer solchen Begründung, wenn sie von einem logisch gültigen Argument Gebrauch macht, das von bestimmten Annahmen zu der betreffenden Konklusion führt: Ein derartiges Argument garantiert nämlich, dass jede Begründung, die wir für die Annahmen aufbieten können, immer auch eine Begründung der Konklusion ist.

Unsere Formatvorlage und die durch sie vorgegebene Darstellungsweise logisch gültiger Argumente kommen den bereits erwähnten Zwecksetzungen logisch korrekten Argumentierens sehr entgegen. Wollen wir beispielsweise die Konklusion eines Arguments zurückweisen, erlaubt es uns die Buchführung in der linken Spalte, die entscheidenden Annahmen zu identifizieren, von denen wir folglich mindestens eine ablehnen müssen. Die grundsätzliche Forderung, den schrittweisen Übergang von Zeile zu Zeile in der rechten Spalte zu dokumentieren, hilft uns andererseits dabei, etwaige logische Lücken dingfest zu machen und gegebenenfalls zu schließen.

5. Annahmen, Theoreme, Folgen: Drei Regeln

Logische Regeln sanktionieren Folgerungen von Sätzen aus Sätzen, und sie tun dies aufgrund der logischen Form solcher Sätze. Bevor in den folgenden Kapiteln endlich genauer darauf eingegangen wird, welche logischen Ableitungsregeln es gibt und wie sie zu verstehen sind, sollen hier drei Regeln vorgestellt werden, die mit der logischen Form von Sätzen zunächst gar nichts zu tun haben. Die erste dieser Regeln heißt **Annahmeregel** und lautet wie folgt:

> **Annahmeregel**
>
> Es ist im Gang logischer Argumentationen jederzeit erlaubt, einen beliebigen Satz als weitere Annahme einzuführen. Wir machen diesen Satz dann in der rechten Spalte als Annahme kenntlich, indem wir das Wort »Annahme« schreiben, und tragen die jeweilige Zeilennummer in die linke Spalte ein.

Diese Regel macht noch einmal deutlich, dass einen Satz bloß anzunehmen, etwas anderes ist, als sich auf die Wahrheit dieses Satzes festzulegen und diesbezüglich irgendwelche Begründungspflichten einzugehen. Annahmen sind in diesem Sinne »kostenlos«. Die Menge der Annahmen eines Argumentes zu vergrößern, wird nun zwar dazu führen, dass wir Konklusionen folgern können, deren Folgerung zuvor nicht möglich war. Aber dass mehr Annahmen im Spiel sind, wird sich ja zugleich in der Angabe der Folgebeziehungen niederschlagen, die wir auf diesem Weg beweisen: Die fraglichen Konklusionen sind eben nur um den Preis stärkerer Voraussetzungen zu haben. Wir bekommen damit nicht mehr aus einem Argument heraus, als wir hineingesteckt haben. Darum ist die Annahmeregel unverdächtig. (Wie sich die Anwendung der Annahmeregel in der Darstellung logisch gültiger Argumente niederschlägt, haben wir im Zusammenhang mit (ARG1) und (ARG2) bereits gesehen und müssen es hier nicht noch einmal zeigen.)

Die zweite Regel heißt **Theorem-Einführungsregel** und lautet wie folgt:

> **Theorem-Einführungsregel**
>
> Es ist im Gang logischer Argumentationen jederzeit erlaubt, ein bereits bewiesenes Theorem als weitere Prämisse einzuführen. Wir tragen dann in der rechten Spalte das Wort »Theorem« ein, gefolgt von der Nummer des Beweises. In der linken Spalte tragen wir nichts ein, weil ein Theorem auf keinerlei Annahmen beruht.

Diese Regel hat den Vorteil, dass wir nicht jedesmal von neuem den bereits erbrachten Beweis eines Theorems als weiteren Beweisschritt in unsere Argumente einbauen müssen. Sie erlaubt es uns, auf bereits geleistete Beweisarbeit rückzuverweisen und die Ergebnisse dieser Arbeit für unsere anschließende Argumentation nutzbar zu machen. Dies vereinfacht unsere Argumente, die von diesen Ergebnissen abhängen, erheblich.

Wie die Anwendung der Theorem-Einführungsregel in unserer Formatvorlage dokumentiert wird, sei kurz illustriert. Stellen wir uns vor, wir hätten bereits das folgende Theorem bewiesen:

⊢ Wenn Y eine Zahl zwischen X und Z ist und X kleiner ist als Z, dann ist Y größer als X.

Dieses Theorem mag für den Gang unserer Argumentation entscheidend sein, zum Beispiel, wenn es uns darum geht zu überprüfen, ob aus den Annahmen »Y ist nicht größer als X« und »Y ist eine Zahl zwischen X und Z« folgt, dass X nicht kleiner als Z ist. Wir können dann nämlich unter Zuhilfenahme des bereits bewiesenen Theorems erstens zeigen, dass unter der Annahme, Y sei eine Zahl zwischen X und Z, folgen würde, dass X nur dann kleiner als Z wäre, wenn Y größer als X wäre, und dann zweitens aus der Annahme, dass Y nun aber gerade nicht größer als X ist, darauf schließen, dass X auch nicht kleiner als Z ist. Im Gang unserer Argumentation würde dann beispielsweise in der vierten Zeile stehen:

> Wenn Y eine Zahl zwischen X und Z ist und X kleiner ist als Z, Theorem **256**
> dann ist Y größer als X.

wobei **256** die Nummer des Beweises des genannten Theorems wäre. Wir folgen hier der Konvention, Nummern für Beweise stets **fettgedruckt** anzugeben. Diese Konvention werden wir beibehalten.

Die dritte Regel heißt **Folge-Einführungsregel** und lautet wie folgt:

Folge-Einführungsregel

Wenn wir A ⊢ B bereits bewiesen haben, dann können wir, immer wenn wir im Gang unserer logischen Argumentation A selbst annehmen oder aus bestimmten Annahmen folgern, sofort im Anschluss B folgern. Wir tragen dann in der B-Zeile in die linke Spalte die Nummern der Annahmen ein, von denen unsere Folgerung von A abhängt. (Ist A selbst eine Annahme und nicht bloß eine Folge anderer Annahmen, dann die Nummer der A-Zeile). Und in die rechte Spalte der B-Zeile tragen wir die Nummer der A-Zeile ein sowie das Wort »Folge«, gefolgt von der Nummer des Beweises von A ⊢ B.

Auch diese Regel erlaubt es uns, auf bereits geleistete Beweisarbeit zurückzugreifen, ohne sie nochmals zu leisten. Bereits bewiesene Folgebeziehungen können dieser Regel zufolge jederzeit im Gang der Argumentation dazu genutzt werden, aus Annahmen, aus denen ein gegebener Satz folgt (hier: A), die bereits gezeigten logischen Folgen dieses Satzes (hier: B) zu folgern.

Wie Anwendungen dieser Regel in unserer Formatvorlage erscheinen, sei wieder kurz anhand eines Beispiels illustriert. Stellen wir uns vor, wir hätten mit Beweis **267** bewiesen, dass die nachstehende Folgebeziehung gilt:

> α, β und γ sind die Winkel eines gleichseitigen euklidischen Dreiecks
> ⊢ α, β und γ sind 60°-Winkel.

Stellen wir uns weiterhin vor, wir würden beweisen, aus irgendwelchen Annahmen 1 und 2 folge, dass die Seiten eines bestimmten euklidischen Dreiecks gleich lang sind. Dann können wir unter Zuhilfenahme der obengenannten Folgebeziehung sofort aus Annahmen 1 und 2 schließen, dass die Winkel dieses Dreiecks 60°-Winkel sind. Diese Folge mag uns dann dazu dienen, aus denselben Annahmen abzuleiten, dass sich sechs Dreiecke derselben Art zu einem Sechseck zusammensetzen lassen. Irgendwo im Gang unserer Argumentation wird dann eine Zeile auftauchen, deren Ableitung durch die Folge-Einführungsregel legitimiert ist. Nehmen wir an, dies sei Zeile (7). Dann sähe diese Zeile so aus:

1,2   (7)   α, β und γ sind 60°-Winkel   6, Folge **267**

In der vorhergehenden Zeile (6) müsste dementsprechend der Satz »α, β und γ sind die Winkel eines gleichseitigen Dreiecks« stehen.

    Weder die Theorem-Einführungsregel noch die Folge-Einführungsregel erlauben es uns, etwas logisch abzuleiten, was wir nicht auch ohne sie ableiten könnten. Sie verkürzen bloß unsere Argumente, insofern sie uns ermöglichen, auf die Resultate bereits erbrachter Beweise zurückzugreifen, ohne dass wir genötigt wären, diese Beweise noch einmal hinzuschreiben. Dies wird an den fettgedruckten Nummern deutlich, die wir in die rechte Spalte eintragen und die auf Beweise (und nicht etwa auf bloße unhinterfragte Meinungen) verweisen. Die Resultate solcher Beweise hängen von keinerlei Annahmen mehr ab. Das ist offensichtlich im Hinblick auf die Theoreme, die wir mittels der Theorem-Einführungsregel einführen: Theoreme waren so definiert, dass sie von keinerlei Annahmen abhängen. Aber auch die bewiesenen Folgebeziehungen, auf die wir uns mittels der Folge-Einführungsregel berufen, geben ja nur Auskunft darüber, was aus bestimmten Annahmen logisch folgt. Sie behaupten keineswegs, dass diese Annahmen selbst wahr sind. Weder die Theorem-Einführungsregel noch die Folge-Einführungsregel schmuggeln demnach Zusatzannahmen ein. Dies haben sie mit der Annahmeregel gemein. Denn obwohl uns die Annahmeregel die Einführung von Zusatzannahmen erlaubt, werden diese Zusatzannahmen nicht eingeschmuggelt, sondern explizit als Annahmen kenntlich gemacht, von denen dann weitere Schlussfolgerungen abhängen.

II. Elementare Aussagenlogik

6. Was ist Aussagenlogik?

In diesem zweiten Teil der vorliegenden Einführung wenden wir uns der sogenannten **Aussagenlogik** zu. In Teil III werden wir dann auch noch die sogenannte **Prädikatenlogik** kennen lernen. Bevor wir uns mit den Regeln der Aussagenlogik vertraut machen, muss im Ansatz geklärt werden, was unter »Aussagenlogik« zu verstehen ist. Das soll hier geschehen.

Logische Folgebeziehungen bestehen immer zwischen ganzen Sätzen oder Mengen ganzer Sätze. Ob zwischen Sätzen solche logischen Folgebeziehungen bestehen oder nicht, hängt von der logischen Form dieser Sätze ab. Logische Formen von Sätzen sind, vereinfacht gesagt, bestimmte strukturelle Eigenschaften dieser Sätze. Ein Satz besitzt solche strukturellen Eigenschaften jedoch nur, insofern er aus Teilen besteht, die zueinander in Beziehung stehen. Die Teile einer Ganzheit, deren Beziehungen untereinander die *Struktur* dieser Ganzheit bestimmen, nennen wir *Elemente*. Um in einer Ganzheit Strukturen aufzufinden, müssen wir diese Ganzheit zunächst in Elemente zerlegen. Im Falle von Sätzen und deren logischen Strukturen nennt man eine solche Zerlegung **logische Analyse**. Je nachdem, wie weit wir es bei der Analyse treiben, entdecken wir in der Regel auch mehr und mehr Strukturen. Mit fortschreitender Analyse kommen wir gleichzeitig zu immer kleineren Elementen. Dabei ist zu beachten, dass Elemente einer Größenordnung in strukturellen Zusammenhängen stehen können, in denen Elemente einer anderen Größenordnung nicht stehen – und zwar obwohl sie alle Elemente ein und derselben Ganzheit sind. Zum Beispiel: Ein Organismus mag eine Skelettstruktur besitzen, die in der Anordnung seiner Knochen besteht. Die Knochen besitzen – ganz so wie der Organismus selbst – darüber hinaus eine Zellstruktur. Die Struktur der Zellen ist nun aber keineswegs durch Beziehungen bestimmt, in denen die Knochen zueinander stehen, sondern eben durch die Beziehungen, die zwischen Teilen dieser Zellen sowie zwischen den Zellen selbst bestehen. Skelettstruktur und Zellstruktur sind nicht nur verschiedene Strukturen, sie sind auch Strukturen, deren Elemente verschieden sind. Trotzdem sind die Elemente beider Strukturen Elemente einer und derselben Ganzheit – nämlich des betreffenden Organismus.

Wenn wir die Skelettstruktur eines Organismus untersuchen, indem wir ihn zerlegen, machen wir auf der Ebene der Knochen halt und untersuchen nicht noch die Zellstruktur dieses Organismus oder seiner Knochen. Auch bei der logischen Analyse von Sätzen gibt es solche Ebenen, die Elementen einer bestimmten Größenordnung entsprechen. Sätze bestehen aus Teilen, die selbst keine Sätze sind. So besteht der Satz

Paul ist müde.

aus den Elementen »Paul« und »ist müde«, von denen keines ein Satz ist. »Paul« ist ein **Name**, und »ist müde« ist ein **Prädikat**. Es gibt aber auch komplexe Sätze, die wiederum aus Sätzen bestehen. Zum Beispiel:

> Paul tanzt, oder Paul ist müde.

Dieser Satz besteht aus den beiden Teilsätzen »Paul tanzt« und »Paul ist müde«. Dieser Satz lässt sich weiter analysieren, indem man seine Teilsätze analysiert. Der Teilsatz »Paul tanzt« besteht beispielsweise aus dem Namen »Paul« und dem Prädikat »tanzt«.

Wenn wir einen Satz logisch analysieren und bei unserer Analyse auf der Ebene von ganzen Sätzen haltmachen – also nur solche Elemente anerkennen, die selbst wieder Sätze sind – gelangen wir zu der **aussagenlogischen Form** dieses Satzes. Die aussagenlogische Form eines Satzes ist demnach eine Struktur, deren Elemente **Teilsätze** dieses Satzes sind. Die **Aussagenlogik** befasst sich nun ausschließlich mit Folgebeziehungen zwischen Sätzen, für deren Bestehen allein die aussagenlogische Form dieser Sätze ausschlaggebend ist. Darin unterscheidet sich die Aussagenlogik von der **Prädikatenlogik**, die sich – wie ihr Name schon sagt – auch mit logischen Strukturen befasst, deren Elemente keine Sätze, sondern Prädikate sind. Wir werden die Prädikatenlogik in Teil III kennenlernen, d. h. ab Kapitel 15.

In den folgenden Kapiteln werden **aussagenlogische Regeln** eingeführt und erläutert, wie man ihre Anwendung in unserer Formatvorlage dokumentiert. Alle Regeln sind bereits in der Formalsprache formuliert, mit der wir uns allererst vertraut machen müssen. Die Regeln geben jeweils an, *was* wir aus Sätzen einer bestimmten logischen Form folgern können und *woraus* wir Sätze dieser Form folgern können. Die logische Form, um die es bei diesen beiden Arten von Regeln geht, wird durch einen sogenannten **logischen Operator** angezeigt. Logische Operatoren können in einem ersten Schritt als satzbildende Symbole bestimmt werden, mit deren Hilfe wir entweder aus ganzen Sätzen oder aus Prädikaten neue Sätze bilden können.

Logische Satzverknüpfungen – also mit Hilfe logischer Operatoren hergestellte Verknüpfungen ganzer Sätze zu neuen Sätzen – heißen **aussagenlogische Verknüpfungen**. Allerdings ist nicht jede Verknüpfung ganzer Sätze, die selbst ein Satz ist, eine aussagenlogische Verknüpfung. Die Satzverknüpfung:

> Der Angeber verschwinde oder ich hau ihm eine rein!

ist allein schon deshalb keine aussagenlogische Verknüpfung, weil bereits der erste der beiden Teilsätze gar kein Aussagesatz ist, der wahr oder falsch sein könnte. Der erste Teilsatz ist ein Befehls- oder Aufforderungssatz und ist damit ebensowenig geeignet, eine wahre oder falsche Aussage auszudrücken, wie der Ausruf

> Edler Herr, erbarme Dich unser!

Aussagenlogische Verknüpfungen verknüpfen also nur Sätze, die wahr oder falsch sein können. Wir sagen auch, dass aussagenlogische Verknüpfungen Sätze verknüpfen, die **wahrheitswertfähig** sind. Der **Wahrheitswert** eines Satzes ist dabei entweder der Umstand, dass er wahr ist, oder der Umstand, dass er falsch ist. In der Aussagenlogik, die wir im Folgenden kennenlernen werden, gibt es in der Tat nur diese zwei Wahrheitswerte, den Wahrheitswert **WAHR** und den Wahrheitswert **FALSCH**. So ist der Wahrheitswert des Satzes »Stoiber ist Bundeskanzler« der Wahrheitswert **FALSCH**, während der Satz »München liegt in Bayern« den Wahrheitswert **WAHR** hat.

Nicht nur sind aussagenlogische Verknüpfungen stets Verknüpfungen wahrheitswertfähiger Aussagesätze. Sie sind selbst wiederum wahrheitswertfähige Sätze. Die folgende Verknüpfung wahrheitswertfähiger Teilsätze ist darum *keine* aussagenlogische Verknüpfung:

> Stoiber ist Bundeskanzler, da sei Gott vor, und nimm's nicht krumm, München liegt in Bayern.

Aussagenlogische Verknüpfungen haben darüber hinaus die Eigenschaft, dass ihr Wahrheitswert allein von den Wahrheitswerten der verknüpften Teilsätze abhängt. D. h. wissen wir, welche Wahrheitswerte ihre Teilsätze haben, dann können wir ihren eigenen Wahrheitswert auf dieser Grundlage »ausrechnen«. Wir können deshalb auch davon sprechen, dass die logischen Operatoren, die in ihnen vorkommen, **Wahrheitsfunktionen** bezeichnen: Füttern wir eine solche Funktion mit den Wahrheitswerten der Teilsätze, spuckt sie uns als Funktionswert den Wahrheitswert der aussagenlogischen Verknüpfung aus. Zum Beispiel hängt der Wahrheitswert der folgenden Satzverknüpfung ausschließlich von den Wahrheitswerten der verknüpften Teilsätze ab:

> Weder ist das Scheunentor verschlossen, noch ist das Wasser abgedreht.

Haben beide Teilsätze »Das Scheunentor ist verschlossen« und »Das Wasser ist abgedreht« den Wahrheitswert **FALSCH**, so ist der Wahrheitswert ihrer Verknüpfung der Wahrheitswert **WAHR**; in allen anderen Fällen hat diese Verknüpfung den Wahrheitswert **FALSCH**. Es ist also anzunehmen, dass die Wendung »weder ... noch« eine Wahrheitsfunktion bezeichnet.

Im Gegensatz hierzu ist der Wahrheitswert der folgenden Satzverknüpfung nicht bereits durch die Wahrheitswerte der verknüpften Teilsätze bestimmt:

> Paul glaubt, dass weder das Scheunentor verschlossen noch das Wasser abgedreht ist.

Ob das Scheunentor nun verschlossen und das Wasser abgedreht ist oder nicht, was Paul glaubt oder nicht glaubt, ergibt sich nicht allein schon daraus.

Aussagenlogische Verknüpfungen sind also wahrheitswertfähige Verknüpfungen wahrheitswertfähiger Teilsätze, für die gilt, dass sich ihr Wahrheitswert bereits aus den Wahrheitswerten ihrer Teilsätze ergibt.

Aussagenlogische Verknüpfungen können selbst wieder zu aussagenlogischen Verknüpfungen verknüpft werden. Der Komplexität solcher Verschachtelungen ist dabei keine prinzipielle Grenze gesetzt. Die folgenden Beispiele mögen illustrieren, zu welch komplexen Konstruktionen man am Ende kommen kann:

> Entweder ist es nicht der Fall, dass Pauls Hund genau dann beißt, wenn die Hühner gackern, oder es nicht der Fall, dass die Hühner gackern, ohne dass Pauls Hund beißt.

> Wenn das Scheunentor nicht verschlossen ist und das Wasser genau dann abgedreht ist, wenn die Hühner im Bett sind, dann ist der Fuchs eine Gefahr oder es ist nicht der Fall, dass das Wasser abgedreht ist.

Wenn es nicht der Fall ist, dass weder Alfonso Geld hat noch Berta den Wagen von ihrer Mutter bekommt, dann fährt Berta nach Worms, wenn Alfonso mitkommt, oder sie fliegt nach Malta, wenn entweder Alfonso sie zum Flughafen bringt oder Berta für eine Woche einen Parkplatz mietet.

Wie solche Sätze zu analysieren sind, ist nicht immer ganz eindeutig. Hier sind zum Beispiel zwei verschiedene Möglichkeiten, den letztgenannten Satz zu analysieren:

Version 1
Wenn es nicht der Fall ist, dass weder Alfonso Geld hat noch Berta den Wagen von ihrer Mutter bekommt,
dann
fährt Berta nach Worms, wenn Alfonso mitkommt, oder sie fliegt nach Malta
wenn
entweder Alfonso sie zum Flughafen bringt oder Berta für eine Woche einen Parkplatz mietet.

Version 2
Wenn es nicht der Fall ist, dass weder Alfonso Geld hat noch Berta den Wagen von ihrer Mutter bekommt,
dann
fährt Berta nach Worms, wenn Alfonso mitkommt
oder
sie fliegt nach Malta, wenn entweder Alfonso sie zum Flughafen bringt oder Berta für eine Woche einen Parkplatz mietet.

Wenn wir manche der Teilsätze durch Buchstaben ersetzen und die Einrückungen mit Hilfe von **Klammern** darstellen, dann wird der Unterschied zwischen Version 1 und Version 2 deutlicher:

Version 1
Wenn A dann (((B wenn C) oder D) wenn E).

Version 2
Wenn A dann ((B wenn C) oder (D wenn E)).

Es ist eines zu sagen, dass, wenn die Bedingungen A und E vorliegen, die Alternative »(B wenn C) oder D« vorliegt – Version 1 –, und es ist etwas anderes zu sagen, dass, wenn A vorliegt, die Alternative »(B wenn C) oder (D wenn E)« vorliegt – Version 2.

Aussagenlogische Verknüpfungen gleich welcher Komplexität unterliegen aussagenlogischen Regeln. Die Regeln, die wir in den nächsten Kapiteln kennen lernen werden, sind solche aussagenlogischen Regeln. Logische Regeln im Allgemeinen und aussagenlogische Regeln im Besonderen besitzen Gültigkeit, insoweit sie die Bedeutung derjenigen logischen Operatoren festlegen, deren Gebrauch sie regeln. Wie bereits angemerkt, ist die Bedeutung eines logischen Operators jedenfalls eine Wahrheitsfunktion. Geben wir die Wahrheitsfunktion an, die ein logischer Operator bezeichnen muss, damit die Regeln, die seinen Gebrauch regeln, gelten, können wir uns auf dieser Grundlage also verständlich machen, inwieweit diese Regeln logische Regeln sind. Nun ist Wissen, das sich allein aus der

Kenntnis von Bedeutungen speist, nicht etwa durch Erfahrung begründet, sondern **a priori**. Legen logische Regeln in der genannten Weise die Bedeutung logischer Operatoren fest, können wir demnach ein apriorisches Wissen von ihrer Gültigkeit erlangen.

Nach Einführung der aussagenlogischen Regeln werden sie in einem zweiten Schritt jeweils erläutert, indem die Wahrheitsfunktion angegeben wird, die durch den logischen Operator bezeichnet wird, dessen Gebrauch diese Regeln regeln. Dabei wird auf eine alternative Methode zurückgegriffen, solche Wahrheitsfunktionen anzugeben, die sogenannte **Wahrheitstafelmethode**. Für jeden aussagenlogischen Operator gibt es nämlich eine Tafel, die angibt, wie die Wahrheitswerte der mit seiner Hilfe hergestellten aussagenlogischen Verknüpfungen von den Wahrheitswerten ihrer Teilsätze abhängen, seine sogenannte **Wahrheitstafel**. Wie solche Wahrheitstafeln aussehen, werden wir in Kürze erfahren (Kapitel 7–10). Es soll aber schon jetzt verdeutlicht werden, welcher Gebrauch von diesen Wahrheitstafeln gemacht werden wird. Wie bereits gesagt, soll es ja darum gehen, die aussagenlogischen Regeln durch Angabe der jeweiligen Wahrheitstafel zu erläutern. Das kann natürlich nur dann gelingen, wenn die betreffende Wahrheitstafel wirklich diejenige Wahrheitsfunktion darstellt, die die jeweilige Regel als Bedeutung des Operators festlegt. Der Nachweis, dass dies der Fall ist, wird uns dabei zu einem besseren Verständnis der jeweiligen Regel verhelfen. Um nun zu zeigen, dass die betreffende Wahrheitstafel tatsächlich die richtige Wahrheitsfunktion darstellt, werden wir versuchen, unter Zugrundelegung der Wahrheitstafel die fragliche Regel als gültig zu erweisen.

Es wurde gesagt, dass logische Operatoren die logische Form von Sätzen anzeigen. Aber logische Operatoren sind Symbole, die nur in der Logik vorkommen und nicht in unserer Umgangssprache. Logische Regeln, so wurde ebenfalls gesagt, sind anwendbar auf Sätze bestimmter logischer Formen. An diesen Regeln sind wir nun aber nur insofern interessiert, als sie uns bei der Konstruktion und Überprüfung umgangssprachlich formulierter Argumente nützlich sind. Um zu wissen, auf welche Sätze der Umgangssprache diese Regeln zugreifen, müssen wir also erkennen können, welche logische Form diese Sätze haben, und dies können wir nicht etwa daran erkennen, dass in ihnen logische Operatoren vorkommen. Solange die Regeln selbst in der Formalsprache der Logik verfasst sind, bleibt uns also nur ein Ausweg: Wir müssen Sätze der Umgangssprache in Sätze der logischen Formalsprache übersetzen. Drittens wird also etwas darüber gesagt werden, als Übersetzung welcher umgangssprachlichen Sätze die relevanten Sätze der Formalsprache dienen können.

Im folgenden Kapitel werden wir also drei aufeinanderfolgende Schritte tun, die wir hier noch einmal auflisten:
7.1 Angabe der aussagenlogischen Regeln
7.2 Erläuterung der Regeln mit Hilfe von Wahrheitstafeln
7.3 Übersetzung aus der Umgangssprache

Diese dreigliedrige Struktur wird in den Kapiteln 8–10 beibehalten.
→ **Übung B**

7. Regeln für die Konjunktion

Wir hatten gesehen, dass sich die Logik mit Folgebeziehungen zwischen Sätzen befasst. Ein Satz B folgt aus einem Satz A, wenn gilt: Ist A wahr, dann ist auch B wahr, ganz gleichgültig, was sonst noch der Fall sein könnte. Sofern es der Logik um Folgebeziehungen geht, geht es ihr also immer auch um die Bedingungen, unter denen Sätze wahr sind, wenn andere Sätze es sind.

Wir werden im Folgenden zwei aussagenlogische Regeln kennenlernen, die auf Sätze der logischen Form »A & B« anwendbar sind und die jeweils angeben, woraus die Wahrheit dieser Sätze folgt und was aus der Wahrheit dieser Sätze folgt. Sätze mit der logischen Form »A & B« heißen **Konjunktionen**. Konjunktionen sind alle Sätze, die aus zwei beliebigen, durch den logischen Operator »&« verknüpften Teilsätzen A und B bestehen. Ihre Teilsätze heißen dementsprechend **Konjunkte**. Da wir uns an dieser Stelle ausschließlich mit aussagenlogischen Verknüpfungen befassen wollen, nehmen wir nur solche Konjunktionen in den Blick, deren jeweilige Konjunkte selbst vollwertige Sätze sind, d. h. Sätze, die auch für sich stehen können, also außerhalb ihrer konjunktiven Verknüpfung.

Zwar werden wir im Kapitel 7.3 noch ausführlich darauf eingehen, welche umgangssprachlichen Sätze die logische Form von Konjunktionen haben. Jedoch werden uns die in Kapitel 7.1 angegebenen Konjunktionsregeln spanisch vorkommen, wenn wir nicht schon eine leise Ahnung davon haben, wie Sätze der Form »A & B« zu verstehen sind. Bevor wir also die Regeln für Konjunktionen in den Blick nehmen, ist es angebracht, die folgende **Interpretationshilfe** zu geben:

> Lesen Sie den Operator »&« im Sinne von »und«!

7.1 Angabe der aussagenlogischen Regeln

Hier sind nun die beiden Regeln für die Konjunktion, die wir in diesem Kapitel näher betrachten wollen:

&-Einführung	&-Beseitigung	
$X \vdash A \quad Y \vdash B$	$X \vdash A \,\&\, B$	$X \vdash A \,\&\, B$
$X, Y \vdash A \,\&\, B$	$X \vdash A$	$X \vdash B$

Die **&-Einführungsregel** besagt: Wenn ein Satz A aus einer Menge von Annahmen X folgt und ein Satz B aus einer Menge von Annahmen Y folgt, dann folgt die Konjunktion dieser Sätze »A & B« aus der Vereinigung von X und Y. Wie ihr Name schon sagt, gibt die &-Einführungsregel an, unter welchen Bedingungen wir im Gang unserer Argumentation Konjunktionen folgernd einführen können.

Die **&-Beseitigungsregel** in ihren zwei Ausprägungen besagt hingegen: Wenn die Konjunktion »A & B« aus einer Menge von Annahmen X folgt, dann folgen auch ihre jeweiligen Konjunkte aus diesen Annahmen X. Wie ihr Name schon sagt, erlaubt uns die &-Beseitigungsregel, im Gang unserer Argumentation auftretende Konjunktionen zu eliminieren.

Der Strich, der in der Darstellung dieser Regeln erscheint, zeigt also an, dass man von dem oberhalb des Strichs stehenden, aus den dort angegebenen Annahmen gefolgerten Satz unter den unterhalb des Strichs angegebenen Annahmen auf den dort stehenden Satz schließen darf. Es ist wichtig anzumerken, dass die Annahmenmengen X und Y auch leer sein können – das Gefolgerte ist ein logisches Theorem – oder das Gefolgerte selbst enthalten können – das Gefolgerte ist selbst eine Annahme.

Wir wollen nun deutlich machen, wie wir Anwendungen der &-Einführungsregel und der &-Beseitigungsregel jeweils in unserer Formatvorlage dokumentieren. Hier ist zunächst ein simples Schema für die Anwendung der &-Einführungsregel, wobei A und B selbst als Annahmen fungieren:

1	(1)	A	Annahme
2	(2)	B	Annahme
1,2	(3)	A & B	1,2, &-Einführung

In Zeile (3) tragen wir links die Nummern der Annahmen ein, von denen die Folgerung dieser Zeile abhängt. Rechts tragen wir ein, auf welche Prämissen wir die &-Einführungsregel anwenden, und nennen diese Regel.

Natürlich können A und B auch aus anderen Annahmen gefolgert werden. Nehmen wir an, dies geschehe und für die Folgerung von A und B seien jeweils zwei Annahmen nötig. Dann schreiben wir ab Zeile (5):

:	:	:	:
1,2	(5)	A	1,2, [logische Regel]
3,4	(6)	B	3,4, [logische Regel]
1,2,3,4	(7)	A & B	5,6, &-Einführung

Hier ist A aus den Annahmen 1 und 2 und B aus den Annahmen 3 und 4 gefolgert worden. Zeile (7) hängt also ebenfalls von diesen Annahmen ab. Deshalb erscheinen in der linken Spalte von Zeile (7) vier Nummern. Die Anwendung der &-Einführungsregel, die uns zu Zeile (7) führt, greift aber nach wie vor auf A und B zu. Dehalb stehen in der rechten Spalte von Zeile (7) die Ziffern »5« und »6«.

Auch für Anwendungen der &-Beseitigungsregel geben wir zunächst ein simples Schema an. Hier fungiert die Konjunktion »A & B« selbst als Annahme (und wird nicht aus anderen Annahmen gefolgert):

| 1 | (1) | A & B | Annahme |
| 1 | (2) | A | 1, &-Beseitigung |

Ganz entsprechend stellen wir die Ableitung des zweiten Konjunkts dar:

| 1 | (1) | A & B | Annahme |
| 1 | (2) | B | 1, &-Beseitigung |

Wir können diese Anwendungen der &-Beseitigungsregel auch als zwei Beweisschritte in einem Argument hintereinander schalten. Das sieht dann so aus:

1	(1)	A & B	Annahme
1	(2)	A	1, &-Beseitigung
1	(3)	B	1, &-Beseitigung

Und wieder betrachten wir einen Fall, in dem das, woraus gefolgert wird, selbst etwas ist, das aus anderem gefolgert wird. Nehmen wir an, die Konjunktion »A & B« werde aus den Annahmen 1 und 2 abgeleitet. Dann schreiben wir ab Zeile (3):

:	:	:	:
1,2	(3)	A & B	1,2 [logische Regel]
1,2	(4)	A	3, &-Beseitigung
1,2	(5)	B	3, &-Beseitigung

In der linken Spalte der Zeilen (4) und (5) werden jeweils die Annahmen angeführt, aus denen die Konjunktion, die wir beseitigen, gefolgert wurde. Die &-Beseitigungsregel greift aber gleichwohl nicht auf diese Annahmen, sondern auf die Konjunktion selbst zu. Deshalb steht in der rechten Spalte von (4) und (5) die Nummer der Zeile, in der diese Konjunktion steht, also die Ziffer »3«.

Wir betrachten nun eine Reihe konkreter Beispiele, die diese Eintragungen nochmals illustrieren sollen:

1	(1)	Berta fährt in die Toskana.	Annahme
2	(2)	Alfonso hat kein Geld.	Annahme
1,2	(3)	Berta fährt in die Toskana & Alfonso hat kein Geld.	1,2, &-Einführung

:	:	:	:
1,2	(5)	Max kocht.	1,2, [logische Regel]
3,4	(6)	Paul schläft.	3,4, [logische Regel]
1,2,3,4	(7)	Max kocht & Paul schläft.	5,6, &-Einführung

1	(1)	Paul hat einen Hund & Pauls Hund beißt.	Annahme
1	(2)	Paul hat einen Hund.	1, &-Beseitigung

1	(1)	Gertrude liebt Paul & Paul liebt Max.	Annahme
1	(2)	Paul liebt Max.	1, &-Beseitigung

1	(1)	Paul hat einen Hund & Pauls Hund beißt.	Annahme
1	(2)	Paul hat einen Hund.	1, &-Beseitigung
1	(3)	Pauls Hund beißt.	1, &-Beseitigung

:	:	:	:
1,2	(3)	Gertrude liebt Paul & Paul liebt Max.	1,2 [logische Regel]

| 1,2 | (4) | Gertrude liebt Paul. | 3, &-Beseitigung |
| 1,2 | (5) | Paul liebt Max. | 3, &-Beseitigung |

7.2 Erläuterung der Regeln

Sowohl die &-Einführungsregel als auch die &-Beseitigungsregel gelten *definitorisch*. D. h. kein aus Teilsätzen aufgebauter Satz kann die logische Form einer Konjunktion haben, wenn diese Regeln für ihn nicht gelten. Führt die Anwendung dieser Regeln auf Übersetzungen umgangssprachlicher Sätze zu Ergebnissen, die sich, wenn wir diese Ergebnisse in die Umgangssprache rückübersetzen, als unangemessen herausstellen, dann ist dies in jedem Fall unserer Übersetzung anzulasten und niemals den Regeln. Dies ist auch der Grund, warum wir uns erst der Deutung des formalsprachlichen Operators »&« zuwenden, bevor wir im nächsten Schritt das Verhältnis zwischen Umgangssprache und logischer Formalsprache thematisieren. (Die in 7.1 gegebene Interpretationshilfe ist – so besehen – nur eine Krücke, die es uns erleichtert, der Regeleinführung zu folgen.)

Die Gültigkeit beider Regeln ist demnach konstitutiv dafür, wie der logische Operator »&« zu verstehen ist. Anders formuliert: Beide Regeln legen die Bedeutung des logischen Operators »&« fest – und damit, welche Wahrheitsfunktion er bezeichnet. Insofern wir von der Gültigkeit dieser Regeln ausgehen müssen, um »&« zu verstehen, hängt diese Gültigkeit nicht von unserer Erfahrung ab, sondern ist a priori. Im Einklang mit dieser Überlegung können wir nun die genannten Konjunktionsregeln erläutern, indem wir auf eine alternative Methode zurückgreifen, Wahrheitsfunktionen anzugeben, und dann von einer so angegebenen Wahrheitsfunktion zeigen, dass diese Regeln gelten, wenn der logische Operator »&« sie bezeichnet.

Die **Bedeutung des logischen Operators** »&« lässt sich wie folgt spezifizieren: Ein Satz der Form »A & B« ist wahr, wenn der Teilsatz A wahr ist und der Teilsatz B ebenfalls wahr ist; in allen anderen Fällen ist ein Satz dieser Form falsch. Schreiben wir »W« für den Wahrheitswert wahr und »F« für den Wahrheitswert falsch, dann können wir die Wahrheitsbedingungen von Sätzen der Form »A & B« auch in Gestalt einer sogenannten **Wahrheitstafel** darstellen:

A	B	A & B
W	W	W
W	F	F
F	W	F
F	F	F

Man liest solche Wahrheitstafeln erst Zeile für Zeile von links nach rechts und überblickt dann die rechte Spalte im Ganzen. Die erste Zeile dieser Wahrheitstafel besagt demnach, dass, wenn A wahr ist und B ebenfalls wahr ist, auch ihre Konjunktion »A & B« wahr ist. Aus dieser Interpretation von »&« ergibt sich nun, dass die &-Einführungsregel gilt. Wenn wir die rechte Spalte im Ganzen überblicken, stellen wir fest, dass der einzige Fall, in dem die Konjunktion »A & B« wahr ist, gerade der Fall ist, in dem sowohl A wahr ist als auch B wahr ist. Daraus ergibt sich, dass die &-Beseitigungsregel (in beiden Ausprägungen) ebenfalls gilt. Die Wahrheitstafel für Konjunktionen gibt also eine Wahrheitsfunktion an, die als diejenige Wahrheitsfunktion gelten kann, die beide Konjunktionsregeln als Bedeutung für »&« festlegen.

Ob man mit Wahrheitstafeln hantiert oder aussagenlogische Regeln anwendet, man muss immer daran denken, dass die bei der Darstellung der Wahrheitstafeln und der Regeln gewählten Satzbuchstaben für beliebige und beliebig komplexe aussagenlogische Verknüpfungen stehen. Insbesondere lassen sich die Konjunktionsregeln ebenso wie die soeben genannte Wahrheitstafel auf jede der folgenden Verknüpfungen anwenden:

A & B
(C & D) & B
(C & D) & (E & F)
((C & D) & E) & B

Sobald wir erst einmal die anderen aussagenlogischen Operatoren kennen gelernt haben, werden wir mit Verschachtelungen aussagenlogischer Verknüpfungen rechnen müssen, die zu lesen weitaus mehr Mühe macht. Dabei wird der **Gebrauch von Klammern** eine gewichtige Rolle spielen. Klammern sind nämlich Mittel der »logischen Interpunktion«.

7.3 Übersetzung aus der Umgangssprache

Wir wenden uns nun der Frage zu, welche umgangssprachlichen Sätze die logische Form von Konjunktionen haben. Diese Frage ist die Frage danach, welche umgangssprachlichen Sätze in Sätze übersetzt werden können, in denen der Operator »&« vorkommt. Wir werden diese Frage konstruktiv beantworten, indem wir eine **Übersetzungsvorschrift** angeben.

Zunächst greifen wir aus der Menge umgangssprachlicher Sätze all diejenigen heraus, die aus zwei mit dem Ausdruck »und« verknüpften Teilsätzen bestehen. Zum Beispiel:

> Berta fährt in die Toskana, und Alfonso hat kein Geld.
> Paul hat einen Hund, und Pauls Hund beißt.
> Gertrude liebt Paul, und Paul liebt Max.
> Alfonso hat kein Geld, und Pauls Hund beißt.
> usw.

Für diese Sätze gibt es jeweils Entsprechungen, die wir erhalten, wenn wir die betreffenden Teilsätze statt mit »und« jeweils mit dem logischen Operator »&«

verknüpfen. Wir ersetzen in diesen Sätzen also »und« durch den logischen Operator »&« und erhalten:

> Berta fährt in die Toskana & Alfonso hat kein Geld.
> Paul hat einen Hund & Pauls Hund beißt.
> Gertrude liebt Paul & Paul liebt Max.
> Alfonso hat kein Geld & Pauls Hund beißt.
> usw.

All diese Sätze weisen dieselbe Struktur auf: Sie bestehen aus jeweils zwei Teilsätzen, die durch »&« verknüpft sind. Der logische Operator macht diese Struktur kenntlich.

Wir legen nun ganz allgemein die folgende Übersetzungsvorschrift fest. Für beliebige umgangssprachliche Aussagesätze x und y soll gelten:

$$x * \text{»und«} * y \Rightarrow x * \text{»\&«} * y$$

Hier signalisiert das Sternchen »*« eine syntaktische Verkettung, und der Pfeil »⇒« gibt die Übersetzungsrichtung an, nämlich *von der Umgangssprache in die logische Formalsprache*.

Die Übersetzungsvorschrift besagt also, dass der komplexe umgangssprachliche Satz, der aus zwei beliebigen durch das Wort »und« verknüpften Teilsätzen x und y gebildet ist, in den formalsprachlichen Satz zu übersetzen ist, der in der Verknüpfung dieser Teilsätze durch den Operator »&« besteht.

Wir fügen dieser Übersetzungsvorschrift noch den Kommentar hinzu, dass die Übersetzung jedenfalls die logische Form von Sätzen bewahrt. Daraus ergibt sich dann, dass alle umgangssprachlichen Sätze aus der zuvor identifizierten Menge dieselbe logische Form besitzen: Obwohl in ihnen der logische Operator »&« gar nicht vorkommt, sind sie gleichwohl Konjunktionen.

Wir gehen bei der logischen Rekonstruktion also so vor, dass wir umgangssprachliche Sätze in die logische Formalsprache übersetzen und dann logische Regeln auf die formalsprachlichen Sätze anwenden.

Aber natürlich sind wir auch daran interessiert, wie sich die Ergebnisse dieser Regelanwendungen wieder in die Umgangssprache rückübersetzen lassen. Darum führen wir zusätzlich die folgende Übersetzungsvorschrift ein, die es uns erlaubt, formalsprachliche Sätze in Sätze der Umgangssprache rückzuübersetzen. Für beliebige Aussagesätze x und y soll demnach gelten:

$$x * \text{»und«} * y \Leftarrow x * \text{»\&«} * y$$

Diese Übersetzungsvorschrift besagt, dass der formalsprachliche Satz, der aus zwei beliebigen durch den Operator »&« verknüpften Teilsätzen x und y gebildet wird, in den umgangssprachlichen Satz zu übersetzen ist, der in der durch das Wort »und« hergestellten Verknüpfung dieser Teilsätze besteht. Diese Übersetzungsvorschrift greift die bereits in Kapitel 7.1 gegebene Interpretationshilfe auf, der zufolge der logische Operator »&« als »und« zu lesen war.

Beide Übersetzungsvorschriften zusammengenommen ergeben die folgende Vorschrift, nach der umgangssprachliche Sätze und formalsprachliche Sätze *ineinander* übersetzbar sind:

> x * »und« * y ⇔ x * »&« * y

Es ist hervorzuheben, dass die Konjunkte einer Konjunktion – also die Teilsätze – selbst wiederum eine logische Struktur besitzen können. Zum Beispiel können diese Teilsätze wiederum Konjunktionen sein. Einen Satz wie

> Berta fährt in die Toskana, und Alfonso hat kein Geld, und Pauls Hund beißt.

können wir wie folgt übersetzen: Im ersten Schritt identifizieren wir zwei Teilsätze, die durch »und« verknüpft sind, indem wir Klammern setzen:

> (Berta fährt in die Toskana, und Alfonso hat kein Geld), und Pauls Hund beißt.

Dann übersetzen wir diesen Satz in die logische Formalsprache, wobei wir uns um die Struktur des geklammerten Satzes zunächst nicht kümmern:

> (Berta fährt in die Toskana und Alfonso hat kein Geld) & Pauls Hund beißt.

Schließlich übersetzen wir noch den geklammerten Satz, indem wir wiederum unsere Übersetzungsvorschrift anwenden. Wir erhalten dann:

> (Berta fährt in die Toskana & Alfonso hat kein Geld) & Pauls Hund beißt.

Die Klammerung signalisiert dabei die Reihenfolge der Analyseschritte: Das, was zunächst noch nicht auf seine logische Struktur hin untersucht wird, wird eingeklammert und als ein unstrukturierter Teilsatz übersetzt; erst danach wird dann die Übersetzungsvorschrift auch auf das bislang Eingeklammerte angewendet. (Beim Erstellen von Wahrheitstafeln für komplexe, ineinandergeschachtelte Sätze der Formalsprache gehen wir genau *umgekehrt* vor: Zunächst bestimmen wir die Wahrheitswerte der eingeklammerten Sätze und berechnen auf dieser Grundlage dann die Wahrheitswerte der komplexen Sätze, als deren Teilsätze diese eingeklammerten Sätze erscheinen.)

Im Falle von ineinander geschachtelten Konjunktionen ist es nun gleichgültig, in welcher Reihenfolge wir vorgehen. D. h. wir hätten die logische Form des Satzes z. B. auch so angeben können: Zuerst übersetzen wir ihn wie folgt:

> Berta fährt in die Toskana & (Alfonso hat kein Geld und Pauls Hund beißt).

und dann übersetzen wir noch den geklammerten Satz, so dass wir dann erhalten:

> Berta fährt in die Toskana & (Alfonso hat kein Geld & Pauls Hund beißt).

Es gibt aber andere ineinander verschachtelte logische Verknüpfungen von Teilsätzen, bei deren Übersetzung es wichtig ist, in welcher Reihenfolge wir vorgehen. Die Klammerung ist im Allgemeinen also nicht beliebig. Manchmal ist es schwierig, umgangssprachlichen Formulierungen zu entnehmen, wo wir Klammern setzen sollten. Ein Beispiel:

> Ich fahre in den Ferien immer in Urlaub, wenn ich genug gespart habe und wenn meine Freundin das Auto von ihrer Mutter bekommt.

Wir können diesen Satz durchaus so verstehen:

> Ich fahre in den Ferien immer in Urlaub, wenn (ich genug gespart habe und meine Freundin das Auto von ihrer Mutter bekommt).

oder aber so:

> (Ich fahre in den Ferien immer in Urlaub, wenn ich genug gespart habe), und ebenso, wenn meine Freundin das Auto von ihrer Mutter bekommt.

Eine ausführlichere Formulierung der letztgenannten Lesart ist:

> (Ich fahre in den Ferien immer in Urlaub, wenn ich genug gespart habe), und (ich fahre in den Ferien immer in Urlaub, wenn meine Freundin das Auto von ihrer Mutter bekommt).

Der zweiten Lesart zufolge fährt der Sprecher schon dann in Urlaub, wenn er genug gespart hat, um sich den Urlaub leisten zu können. Dies ist der ersten Lesart nicht zu entnehmen. Denn der ersten Lesart zufolge ist nicht mehr gesagt, als dass der Sprecher in Urlaub fährt, wenn er zum einen genug Geld gespart hat *und* zum anderen seine Freundin das Auto ihrer Mutter bekommt. Je nachdem, wo wir die Klammern setzen, erhalten wir die eine oder andere Interpretation dessen, was der Sprecher gesagt hat. Seine Äußerung lässt jedoch offen, welche Interpretation angemessen ist. Indem wir Klammern setzen, stellen wir also eine Interpretationshypothese auf. In den meisten – aber nicht in allen – Fällen liegen wir mit unseren Interpretationshypothesen ganz richtig. Wir sind eben im Umgang miteinander recht gewieft.

Je nachdem, wo wir Klammern setzen, legen wir uns darauf fest, welcher logische Operator der Haupt- oder **Primäroperator** eines komplexen Satzgefüges ist. So ist der zweiten Lesart unseres Beispielsatzes zufolge dieser Satz in erster Instanz eine Konjunktion, sein Primäroperator also durch den logischen Operator »&« korrekt identifiziert:

> (Ich fahre in den Ferien immer in Urlaub, wenn ich genug gespart habe) & (ich fahre in den Ferien immer in Urlaub, wenn meine Freundin das Auto von ihrer Mutter bekommt).

Im Gegensatz hierzu ist dies der ersten Lesart unseres Beispielsatzes zufolge nicht der Fall:

> Ich fahre in den Ferien immer in Urlaub, wenn (ich genug gespart habe und meine Freundin das Auto von ihrer Mutter bekommt).

Zwar kommt auch hier das Wort »und« vor, das ohne weiteres durch den logischen Operator »&« ersetzt werden kann. Aber hier spielt dieses Vorkommnis des Wortes »und« jedenfalls nicht die Rolle des Primäroperators. Denn das Wort »und« ist hier Bestandteil des eingeklammerten Teilsatzes und dient nicht der Verknüpfung dieses Teilsatzes mit dem Rest.

Wenn man eine umgangssprachliche Satzverknüpfung formalisiert, muss man stets angeben, welcher Operator laut Interpretationshypothese der Primäroperator dieser Satzverknüpfung ist. Sind die Teilsätze dieser Satzverknüpfung selbst wiederum Satzverknüpfungen, muss man dementsprechend Klammern setzen. Sobald man einmal Klammern gesetzt und damit angegeben hat, welche Teilsätze durch welchen Primäroperator verknüpft sind, stellt sich im Hinblick auf diejenigen Teilsätze, die selbst komplexe Satzgefüge sind, die Anschlussfrage, welcher Operator nun wiederum der Primäroperator *dieser Teilsätze* ist. Auch hier kann der Gebrauch von Klammern unumgänglich sein, sofern nämlich die Bestandteile der Teilsätze wiederum komplexe Satzgefüge sind.

Nun noch eine Anmerkung zur Übersetzung insbesondere von Teilsätzen bzw. Satzbestandteilen, die selbst weder logische Operatoren sind noch solche enthalten. Es wurde bereits gesagt, dass die logische Rekonstruktion umgangssprachlicher Argumente ein oftmals schwieriges Unterfangen ist. Das hat damit zu tun, dass logische Ableitungsregeln auf Sätze bestimmter logischer Form anzuwenden sind, diese Form aber von umgangssprachlichen Sätzen nicht ohne weiteres einfach abzulesen ist. Neben der Mehrdeutigkeit, Vagheit und dem Andeutungsreichtum der Umgangssprache, die eng mit der Vielfalt an Funktionen zusammenhängen, die die Umgangssprache erfüllt, gibt es noch eine andere Hürde, die wir nehmen müssen. Und das ist die **Hürde der stilistischen Variation**. Vielen Schülerinnen und Schülern wird bereits früh im Namen des guten Stils eingehämmert, sie sollten in ihren Texten möglichst nicht immer dasselbe Wort oder dieselbe Wendung für dieselbe Sache benutzen, sondern ihren Ausdruck möglichst abwechslungsreich gestalten. Das Credo lautet »variatio delectat« (lat. für »Abwechslung gefällt«).

Vom logischen Standpunkt aus ist dem entschieden zu widersprechen. Solange man für dieselbe Sache immer denselben Ausdruck verwendet, können andere sehr viel leichter wiedererkennen, wann von derselben Sache die Rede ist. Man kann dem entwickelten Gedankengang dementsprechend besser *folgen*. Wenn es um logische Rekonstruktion geht, gibt stilistische Ausdrucksvielfalt eher Rätsel auf, als dem Verständnis dienlich zu sein. Denn mit stilistischer Variation gehen fast zwangsläufig Unterschiede in der Beleuchtung einer Sache einher, die einen daran zweifeln lassen, ob nicht von einer anderen Sache oder doch zumindest verschiedenen Aspekten einer Sache die Rede ist. Umgekehrt ist die Konsequenz einer logisch transparenten Schreib- oder Redeweise, die stilistisch gesehen eher arm ist, natürlich eine gewisse Trockenheit, die auf viele oft leblos und langweilig wirkt. Aber es kommt eben darauf an, woran man interessiert ist, am Farben- und Assoziationsreichtum einer nuancierten Beschreibung oder an der logischen Struktur eines Gedankengangs. Legt man wie der Logiker mehr Wert auf Struktur als auf die passende Wortwahl, dann sind einem die Subtilitäten guten Stils weniger wichtig. Und sie müssen es sein, sofern die Identifizierung logischer Strukturen ganz wesentlich auf die Reidentifizierung der Elemente solcher Strukturen angewiesen ist.

Die Elemente einer aussagenlogischen Konjunktion sind ihre Konjunkte, also ihre Teilsätze, die sie konjunktiv verknüpft. Das heißt hier, vollwertige Sätze der Umgangssprache, die wir bislang bei Befolgen unserer Übersetzungsvorschrift gar nicht wirklich übersetzt, sondern von der Umgangssprache in die Formalsprache einfach übernommen haben.

Vor dem Hintergrund des soeben Gesagten sollte klar sein, dass man in der Umgangssprache dasselbe auf verschiedene Weise zum Ausdruck bringen kann. Dieser Umstand erschwert die logische Rekonstruktion umgangssprachlich formulierter Argumente erheblich. So kann man beispielsweise das, was man mittels des Satzes »Karla ist die Mutter von Tom« ausdrückt, auch mittels des Satzes »Tom ist der Sohn von Karla« ausdrücken. Stellen wir uns nun vor, jemand argumentierte wie folgt:

> Karla ist die Mutter von Tom, und Karla ist im Urlaub. Wenn das stimmt, dann ist also Tom der Sohn von Karla.

Dieses Argument ist offensichtlich gültig. Aber wie können wir dies anhand der Regel der &-Beseitigung unter Beweis stellen? Wenn wir den Satz »Karla ist die Mutter von Tom, und Karla ist im Urlaub« gemäß unserer Übersetzungsvorschrift in die Formalsprache übersetzen, dann erhalten wir den Satz

Karla ist die Mutter von Tom & Karla ist im Urlaub.

Wenn wir die &-Beseitigungsregel auf diesen Satz anwenden, erhalten wir als Folgerungen:

Karla ist die Mutter von Tom.

und

Karla ist im Urlaub.

Offensichtlich ist keiner dieser beiden Sätze mit dem Satz »Tom ist der Sohn von Karla« identisch. Es sieht also so aus, als sei das ursprüngliche Argument – nach allem, was wir bislang vom logischen Standpunkt aus sagen können – gar nicht logisch gültig. Hätte unser Gesprächspartner seine Überlegung hingegen wie folgt formuliert, wäre uns die logische Gültigkeit seiner Überlegung nicht entgangen:

> Karla ist die Mutter von Tom, und Karla ist im Urlaub. Wenn das stimmt, dann ist also Karla die Mutter von Tom.

Bevor wir umgangssprachliche Sätze auf Grundlage unserer Übersetzungsvorschrift in die Formalsprache übersetzen, sollten wir demnach in dem zu rekonstruierenden Text alle Sätze – auch Teilsätze – daraufhin überprüfen, ob sie gemäß unseren sprachlichen Intuitionen dasselbe besagen, und alle Vorkommnisse von Sätzen, die in diesem Sinne dasselbe besagen, durch Vorkommnisse *eines und nur eines* dieser Sätze ersetzen. Insoweit wir diese Vorschrift befolgen, verlassen wir uns also beim Rekonstruieren von Argumenten auf unsere sprachlichen Intuitionen. Wir halten diese Vorschrift fest:

> Für alle Teilsätze x und y, die selbst keine aussagenlogischen Verknüpfungen sind, gelte: Wenn x verschieden von y ist, aber x dasselbe ausdrückt wie y, dann ersetze entweder alle Vorkommnisse von x durch Vorkommnisse von y oder umgekehrt! Wende diese Vorschrift so lange an, bis keine verschiedenen Teilsätze mehr vorkommen, die dasselbe ausdrücken!

Bevor wir unsere Diskussion der Übersetzung konjunktiver Satzverknüpfungen abschließen, wollen wir noch andere umgangssprachliche Sätze betrachten, die vom logischen Standpunkt aus gesehen, wenn überhaupt, dann in Sätze der Form »A & B« zu übersetzen sind, obwohl sie das Wort »und« gar nicht enthalten. Betrachten wir zunächst die folgenden Beispielsätze:

Paul hat einen Hund, *aber* Pauls Hund beißt.
Alfonso hat kein Geld, *weil* Berta in die Toskana fährt.
Gertrude liebt Paul, *obwohl* Paul Max liebt.

Fragen wir uns, ob die Ersetzung der hervorgehobenen Wörter durch den logischen Operator »&« angemessen ist. Mit anderen Worten, fragen wir uns, ob die folgenden Übersetzungsvorschriften angemessen wären:

x * »aber« * y ⇔ x * »&« * y
x * »weil« * y ⇔ x * »&« * y
x * »obwohl« * y ⇔ x * »&« * y

Um dies zu testen, müssen wir fragen, ob uns die &-Einführungsregel und die &-Beseitigungsregel bei Zugrundelegung dieser Übersetzungsvorschriften zu Folgerungen berechtigen würden, die im Hinblick auf die ursprünglichen Sätze unangemessen erscheinen. Nehmen wir zunächst die &-Beseitigungsregel unter die Lupe. Sofern wir diese Regel tatsächlich auf die genannten Sätze anwenden können, müssen die folgenden umgangssprachlich formulierten Schlüsse intuitiv korrekt sein:

> Paul hat einen Hund, aber Pauls Hund beißt.
> Wenn das stimmt, dann hat Paul also einen Hund.

> Paul hat einen Hund, aber Pauls Hund beißt.
> Wenn das stimmt, dann beißt Pauls Hund also.

> Alfonso hat kein Geld, weil Berta in die Toskana fährt.
> Wenn das stimmt, dann hat Alfonso also kein Geld.

> Alfonso hat kein Geld, weil Berta in die Toskana fährt.
> Wenn das stimmt, dann fährt Berta also in die Toskana.

> Gertrude liebt Paul, obwohl Paul Max liebt.
> Wenn das stimmt, dann liebt Gertrude also Paul.

> Gertrude liebt Paul, obwohl Paul Max liebt.
> Wenn das stimmt, dann liebt Paul also Max.

Wir können uns leicht klarmachen, dass diese Schlüsse intuitiv korrekt sind, indem wir uns vorstellen, wie absurd es wäre, den jeweils in der ersten Zeile genannten Satz zu bejahen, während man die in der jeweils zweiten Zeile im Nachsatz genannte Folge ablehnte.

Zumindest was die &-Beseitigungsregel angeht, wäre es durchaus im Einklang mit unseren umgangssprachlichen Intuitionen, die genannten Sätze als Konjunktionen zu deuten. Wie sieht es nun aber mit der &-Einführungsregel aus? Hier genügt ein Beispiel, um zu zeigen, dass wir auf Schwierigkeiten stoßen. Der folgende umgangssprachlich formulierte Schluss ist sicherlich nicht korrekt:

> Alfonso hat kein Geld. Berta fährt in die Toskana. Wenn das stimmt, dann hat Alfonso also deshalb kein Geld, *weil* Berta in die Toskana fährt.

Es mag wahr sein, dass Alfonso pleite ist und darüber hinaus wahr sein, dass Berta in die Toskana fährt. Aber damit ist noch lange nicht gewährleistet, dass es wahr ist, dass Alfonso deshalb pleite ist, weil Berta in die Toskana fährt. Es ist keineswegs absurd, sich auf die ersten beiden Aussagen festzulegen, während man die letztgenannte Aussage verwirft. Die Wahrheit eines Satzes wie »Alfonso hat kein Geld, weil Berta in die Toskana fährt« hängt offensichtlich *nicht allein* von der Wahrheit der beiden Teilsätze »Alfonso hat kein Geld« und »Berta fährt in die Toskana« ab. Darin unterscheiden sich solche Sätze von »und«-Verknüpfungen wie »Alfonso hat kein Geld, und Berta fährt in die Toskana«. Wir können diesen Sachverhalt auch so ausdrücken: Während das Wort »und« – so wie sein formalsprachliches Äquivalent, der logische Operator »&« – eine Wahrheitsfunktion bezeichnet, bezeichnet das Wort »weil« keine Wahrheitsfunktion.

Da logische Regeln allein dazu taugen, logische Folgebeziehungen zu beweisen, sich logische Folgebeziehungen aber allein wahrheitsfunktionalen Abhängigkeiten zwischen Sätzen verdanken, lassen sich also keine logischen Einführungsregeln für »weil«-Verknüpfungen angeben. Dasselbe gilt für »obwohl«- und »aber«-Verknüpfungen, wie man sich anhand entsprechender Beispiele leicht klarmachen kann.

Bedeutet dies nun, dass sich solche Satzverknüpfungen jeglicher logischer Analyse entziehen und sich damit umgangssprachliche Argumente, in denen solche Verknüpfungen wesentlich vorkommen, gar nicht logisch rekonstruieren lassen? Nicht unbedingt. Denn solange die Anwendung der &-Beseitigungsregel auf die formalsprachlichen Übersetzungen von »weil«-, »obwohl«- und »aber«-Verknüpfungen keine inakzeptablen Folgen hat, richten die folgenden drei Übersetzungsvorschriften keinen Schaden an:

x * »aber« * $y \Rightarrow x$ * »&« * y
x * »weil« * $y \Rightarrow x$ * »&« * y
x * »obwohl« * $y \Rightarrow x$ * »&« * y

Wovor wir uns hingegen hüten müssen, ist die Versuchung, die Ergebnisse logischer Rekonstruktionen, die von diesen Übersetzungsvorschriften ihren Ausgang nehmen, wieder in die Umgangssprache rückzuübersetzen, indem wir die nachstehenden *inakzeptablen Vorschriften* befolgen:

x * »aber« * $y \Leftarrow x$ * »&« * y
x * »weil« * $y \Leftarrow x$ * »&« * y
x * »obwohl« * $y \Leftarrow x$ * »&« * y

Denn wenn wir aus A und B auf den formalsprachlichen Satz »A & B« schließen, machten wir erst dann einen Fehler, wenn wir diesen formalsprachlichen Satz anschließend in den umgangssprachlichen Satz »A weil B« rückübersetzten. Was wir demnach aufgeben müssen, ist die These der *wechselseitigen* Übersetzbarkeit. Die einzige Übersetzungsvorschrift, die uns von der Formalsprache wieder in die Umgangssprache führt, ist die bereits bekannte Vorschrift:

x * »und« * $y \Leftarrow x$ * »&« * y

Um Argumente, in denen »weil«-, »obwohl«- und »aber«-Verknüpfungen vorkommen, logisch zu rekonstruieren, müssen wir also den folgenden vier Übersetzungsvorschriften gehorchen:

---
x * »aber« * $y \Rightarrow x$ * »&« * y
x * »weil« * $y \Rightarrow x$ * »&« * y
x * »obwohl« * $y \Rightarrow x$ * »&« * y
x * »und« * $y \Leftarrow x$ * »&« * y

Hier zeigt sich einmal mehr, dass Übersetzungen in die logische Formalsprache mit einem Bedeutungsverlust einhergehen. Aber insofern wir von solchen Übersetzungen nur in dem Maße Gebrauch machen, in dem wir an logischen Folgebeziehungen interessiert sind, und insofern für das Bestehen oder Nichtbestehen derartiger Beziehungen die »verlorene« Bedeutung keine Rolle spielt, ist dies nicht weiter schlimm.
→ Übung C

8. Regeln für die Negation

In diesem Kapitel lernen wir aussagenlogische Regeln kennen, die den Gebrauch des logischen Operators »~« regeln. Diese Regeln greifen auf Sätze mit der logischen Form »~A« zu. Sätze dieser Form heißen **Negationen**. Der Operator

»~« heißt dementsprechend **Negationsoperator**. Die Negation eines Satzes erhält man, indem man den Negationsoperator vor diesen Satz schreibt. »~A« ist also die Negation von A.

Um die folgenden Negationsregeln besser nachvollziehen zu können, nehmen wir uns die nachstehende **Interpretationshilfe** zu Herzen:

> Lesen Sie den Operator »~« im Sinne von »nicht« bzw. »Es ist nicht der Fall, dass ...«!

In Kapitel 8.3 werden wir dann noch näher auf das Verhältnis zwischen Umgangssprache und logischer Formalsprache eingehen.

8.1 Angabe der Regeln

Wir werden zwei Paare von Regeln für die Negation kennenlernen, die aus jeweils einer Einführungsregel und einer Beseitigungsregel bestehen. Zunächst soll die erste ~-Einführungsregel vorgestellt werden, die Regel **Reductio ad absurdum** (lat. für »Rückführung auf Absurdes (Unmögliches)«).

Reductio ad absurdum (RAA)
X, A ⊢ B & ~B
X ⊢ ~A

Diese Regel besagt: Wenn man aus einer Menge von Annahmen X im Verbund mit Satz A irgendeinen beliebigen Satz der Form »B & ~B« folgern kann, dann darf man aus den Annahmen X allein auf die Negation von A schließen.

Intuitiv gesprochen heißt dies: Wenn wir vor dem Hintergrund einer Menge von Annahmen aus einem bestimmten Satz A einen Widerspruch ableiten können, dann ist das vor genau diesem Hintergrund soviel wie eine Widerlegung von A. (Bei dieser Paraphrase wird freilich bereits an ein Vorverständnis dessen appelliert, was Negationen und was Widersprüche sind. Auf dieses Verständnis wird in den Kapiteln 8.2 und 8.3 eingegangen.)

Es ist wichtig hervorzuheben, dass bei der unterhalb des Strichs stehenden Folgebeziehung der Satz A neben X *nicht mehr* als Annahme auftaucht. Nachdem wir aus X und A zusammen einen Widerspruch abgeleitet haben, müssen wir, wenn wir X weiterhin annehmen, die Annahme A **aufgeben**. Eine Annahme aufzugeben, heißt hier, sie aus der Menge der Annahmen zu streichen. Wie wir in Kapitel 9.1 noch sehen werden, kann man Annahmen in diesem Sinn aufgeben, ohne sie – wie bei Anwendung von Reductio ad absurdum – dabei zu negieren.

Die Aufgabe der Annahme A schlägt sich in der Art und Weise nieder, wie wir Anwendungen von Reductio ad absurdum in unserer Formatvorlage dokumentieren. Wir gehen zunächst wieder von einem simplen Schema aus:

1	(1)	A	Annahme
1	(2)	B & ~B	1, [logische Regel]
	(3)	~A	1,2, RAA

Bei Argumenten, die diesem Schema entsprechen, folgert man aus der Annahme A mit Hilfe einer hier nicht näher charakterisierten logischen Regel den Satz »B & ~B«. (Denken Sie hier immer daran, dass sich hinter dem schematischen Buchstaben »A« im Einzelfall irgendeine beliebige und beliebig komplexe Aussage verbergen kann – eben auch eine, aus der man mit Hilfe einer angebbaren logischen Regel einen Satz der Form »B & ~B« ableiten kann. So könnte man für A einen Satz der Form »C & (B & ~B)« einsetzen. In diesem Fall erlaubte uns dann die &-Beseitigungsregel, aus A auf »B & ~B« zu schließen, und das betreffende Argument wäre gültig.)

Im obigen Schema hängt die Ableitung des Satzes »B & ~B« von der Annahme A ab. Deshalb steht in der linken Spalte von Zeile (2) die Ziffer »1«. Indem wir nun auf die Zeilen (1) und (2) die Regel Reductio ad absurdum anwenden und zu Zeile (3) übergehen, **geben wir diese Annahme auf.** Da A die einzige Annahme war, von der wir ausgegangen sind, steht in der linken Spalte von Zeile (3) folgerichtig gar nichts. Lässt sich ein solches Argument für ein bestimmtes A geben, dann ist »~A« folglich ein **logisches Theorem.** Wir können unter diesen Umständen also schreiben:

⊢ ~A.

Natürlich wird der Nachweis, dass aus A der Satz »B & ~B« gefolgert werden kann, üblicherweise mehr als nur einen Beweisschritt umfassen und von mehreren Annahmen ausgehen. Nehmen wir an, aus Annahme 1 folgte im Verbund mit Annahme A irgendein Satz der Form »B & ~B«. Dann würden wir ab Zeile (2) das Folgende schreiben:

:	:	:	:
2	(2)	A	Annahme
1,2	(3)	B & ~B	1,2 [logische Regel]
1	(4)	~A	2,3, RAA

Hier stehen nun in der linken Spalte von Zeile (3) die Nummern aller Annahmen, von denen die Folgerung von Zeile (3) abhängt – unter anderem auch die Nummer der Zeile, in der A angenommen wird. Wenden wir nun Reductio ad absurdum auf die Zeilen (2) und (3) an, geben wir die Annahme A, die in Zeile (2) steht, auf. Unsere Konklusion – Zeile (4) – hängt nun nach wie vor von der Annahme 1 ab, aber nicht mehr von Annahme 2 (das heißt, nicht mehr von A).

Wir könnten Reductio ad absurdum natürlich auch auf die Zeilen (1) und (3) anwenden. Dann gäben wir damit die Annahme aus Zeile (1) auf. Freilich stünde dann in Zeile (4) etwas anderes, nämlich die Negation der betreffenden Annahme aus Zeile (1). In dem Fall hinge dann Zeile (4) von der Annahme aus Zeile (2) ab, also von A. Wie wir hier vorgehen, hängt entscheidend von unserem **Beweisziel** ab.

In jedem Fall aber muss man sich stets in Erinnerung rufen, dass man im Zuge der Anwendung von Reductio ad absurdum eine der Annahmen aufgibt, von denen die Herleitung des jeweiligen Satzes der Form »B & ~B« abhängt, *und nicht etwa eine Folgerung aus diesen Annahmen.* Man muss sich ebenfalls merken, dass man pro Regelanwendung immer nur *eine* dieser Annahmen aufgibt und nicht etwa gleich mehrere.

Die nachstehenden Beispiele mögen als Veranschaulichung der genannten Schemata dienen:

1	(1)	Es regnet & (Max ist müde & ~(Max ist müde)).	Annahme
1	(2)	Max ist müde & ~(Max ist müde).	1, &-Beseitigung
	(3)	~(Es regnet & (Max ist müde & ~(Max ist müde))).	1,2, RAA

1	(1)	Pauls Hund beißt.	Annahme
2	(2)	~(Pauls Hund beißt).	Annahme
1,2	(3)	Pauls Hund beißt & ~(Pauls Hund beißt).	1,2, &-Einführung
1	(4)	~~(Pauls Hund beißt).	2,3, RAA

Die entsprechende Negationsbeseitigungsregel ist die Regel **Ex falso quodlibet** (lat. für »Aus Falschem (folgt) Beliebiges«):

Ex falso quodlibet (EFQ)

$X \vdash A \quad Y \vdash {\sim}A$

$X, Y \vdash B$

Die Regel Ex falso quodlibet besagt: Wenn aus einer Menge von Annahmen X der Satz A logisch folgt und aus einer Annahmenmenge Y die Negation von A folgt, dann folgt aus der Vereinigung beider Mengen jeder beliebige Satz.

Wie man sich diese Regel verständlich machen kann, werden wir in 8.2 noch sehen. Zunächst beschränken wir uns darauf anzugeben, wie Anwendungen dieser Regel in unserer Formatvorlage dokumentiert werden, und führen dann einige Beispiele an. Wir gehen wieder von einem simplen Schema aus, in dem A und »~A« selbst Annahmen sind:

1	(1)	A	Annahme
2	(2)	~A	Annahme
1,2	(3)	B	1,2, EFQ

Anders als bei der Regel Reductio ad absurdum geben wir im Zuge der Anwendung von Ex falso quodlibet keine Annahme auf. Das heißt: Der x-beliebige Satz B ist hier nur unter der Voraussetzung ableitbar, dass wir an beiden Annahmen festhalten. Deshalb stehen links in Zeile (3) die beiden Ziffern »1« und »2«.

Natürlich kann es ebenso gut sein, dass wir (mindestens) eine der beiden für die Anwendung von Ex falso quodlibet erforderlichen Prämissen aus anderen Annahmen gefolgert haben. Nehmen wir an, wir folgerten »~A« aus Annahme 2:

1	(1)	A	Annahme
2	(2)	C & ~A	Annahme
2	(3)	~A	2, &-Beseitigung
1,2	(4)	B	1,3, EFQ

Die folgenden konkreten Beispiele veranschaulichen diese Schemata:

1	(1)	Fischer ist Außenminister.	Annahme
2	(2)	~(Fischer ist Außenminister).	Annahme
1,2	(3)	Im Himmel ist Jahrmarkt.	1,2, EFQ

1	(1)	Die Kampagne hatte Erfolg.	Annahme
2	(2)	Fischer geht & ~(Die Kampagne hatte Erfolg).	Annahme
2	(3)	~(Die Kampagne hatte Erfolg).	2, &-Beseitigung
1,2	(4)	Ich bin der Kaiser von China.	1,3, EFQ

Als nächstes betrachten wir eine Einführungsregel, die den Gebrauch doppelter Negationen – also den zweimaligen Gebrauch des Negationsoperators – regelt. Diese Regel heißt darum auch **Doppelte-Negations-Einführung**:

Doppelte-Negations-Einführung (DN-Einf.)
$X \vdash A$
$X \vdash \sim\sim A$

Diese Regel besagt: Wenn aus einer Menge von Annahmen X der Satz A gefolgert werden kann, dann kann aus derselben Menge X auch die doppelte Negation von A gefolgert werden, also »~~A«.

Die Doppelte-Negations-Einführung ist eine **abgeleitete Regel**. Das heißt, wir können ihre Gültigkeit mit Hilfe bereits zugrunde gelegter Regeln zeigen. Erinnern wir uns daran, dass die Beziehung der logischen Folge die Eigenschaft der Reflexivität besitzt. Demnach gilt also jedenfalls:

~A ⊢ ~A.

Auf diese Folgebeziehung dürfen wir also stets zurückgreifen. Gehen wir nun davon aus, es gelte

X ⊢ A

Die &-Einführungsregel erlaubt nun den Übergang zu

X, ~A ⊢ A & ~A

Damit liegen die Anwendungsbedingungen der soeben eingeführten Regel Reductio ad absurdum vor, und wir erhalten mittels der Anwendung dieser Regel

X ⊢ ~~A

So besehen muss also die Regel der Doppelten-Negations-Einführung gültig sein. Auch wenn nun diese Regel eine abgeleitete Regel ist, werden wir sie in unseren Kanon logischer Grundregeln aufnehmen. Die Redundanz, die wir uns damit einhandeln, wird durch den Umstand aufgewogen, dass sich so unser Beweisen vereinfacht. Die Ableitung der Doppelten-Negations-Einführung stellen wir noch einmal kurz in Form eines Beweises dar:

Beweis 1: **A ⊢ ~~A**

1	(1)	A	Annahme
2	(2)	~A	Annahme
1,2	(3)	A & ~A	1,2, &-Einführung
1	(4)	~~A	2,3, RAA

Der Doppelten-Negations-Einführungsregel korrespondiert die folgende Beseitigungsregel, die **Doppelte-Negations-Beseitigungsregel**:

Doppelte-Negations-Beseitigung (DN-Bes.)

X ⊢ ~~A
―――――――
X ⊢ A

Die Regel der **Doppelten-Negations-Beseitigung** besagt: Wenn man aus einer Menge von Annahmen X die doppelte Negation von A – also »~~A« – folgern kann, dann kann man aus dieser Menge X ebenfalls auf A selbst schließen.

Anmerkung: Dieser Regel zufolge erfordert die Wahrheit von »~~A« nicht weniger als die Wahrheit von A. Würde die Wahrheit von A nämlich mehr erfordern als die Wahrheit von »~~A«, dann könnte es sein, dass »~~A« zwar aus einer gegebenen Menge von Annahmen folgt, A selbst jedoch nicht. Es gibt philosophisch motivierte Logiker, die Fälle genau dieser Art für möglich halten. Diese Logiker lehnen darum die Regel der Doppelten-Negations-Beseitigung als ungerechtfertigt ab. Vertreter dieser Position heißen **Intuitionisten**. Vgl. hierzu Priest 2001b.

Wie wir Anwendungen der Einführungs- und der Beseitigungsregel für die doppelte Negation in unserer Formatvorlage dokumentieren, sollte offensichtlich sein. Darum werden wir dies hier nicht eigens veranschaulichen.

Wir stellen die genannten Negationsregeln in der nachstehenden Übersicht noch einmal zusammen:

Reductio ad absurdum (RAA)	Ex falso quodlibet (EFQ)
X, A ⊢ B & ~B	X ⊢ A Y ⊢ ~A
───────────	───────────
X ⊢ ~A	X, Y ⊢ B
Doppelte-Negations-Einführung (DN-Einf.)	**Doppelte-Negations-Beseitigung (DN-Bes.)**
X ⊢ A	X ⊢ ~~A
───────	───────
X ⊢ ~~A	X ⊢ A

Bevor wir uns im nächsten Kapitel der Frage zuwenden, welche Wahrheitsfunktion diese Regeln als Bedeutung des Negationsoperators festlegen, soll hier noch kurz eine logische Regel vorgestellt werden, die sich aus den bisherigen Regeln ableitet:

Modus ponendo tollens (MPT)
X ⊢ ~(A & B)   Y ⊢ A
───────────────
X, Y ⊢ ~B

Die Regel **Modus ponendo tollens** besagt: Wenn aus einer Menge von Annahmen X der Satz »~(A & B)« folgt und aus einer Menge von Annahmen Y der Satz A folgt, dann folgt aus der Vereinigung dieser Mengen X und Y der Satz »~B«. Der Name dieser Regel entstammt dem Lateinischen und lässt sich etwas holprig übersetzen als »Schlussweise, die bejahend etwas verneint«: Indem angesichts von »~(A & B)« der Satz A bejaht wird, wird B schließlich verneint (»ponere«, lat. für »setzen« oder hier besser »bejahen«; »tollere«, lat. für »aufheben« oder hier besser »verneinen«). (Man darf sich von diesem Namen allerdings nicht in die Irre führen lassen: Um Modus ponendo tollens anzuwenden, braucht man A nicht für wahr zu halten; hier reicht es, A bloß als wahr anzunehmen.)

Wir beweisen die Gültigkeit dieser Regel, indem wir die nachstehende Folgebeziehung beweisen:

~(A & B), A ⊢ ~B

Diesen Beweis führen wir so:

Beweis 2:   A, ~(A & B) ⊢ ~B
1 (1) A Annahme
2 (2) ~(A & B) Annahme
3 (3) B Annahme
1,3 (4) A & B 1,3, &-Einführung

| 1,2,3 | (5) | (A & B) & ~(A & B) | | 2,4, &-Einführung |
| 1,2 | (6) | ~B | | 3,5, RAA |

Wir sehen also bereits, was wir auf Grundlage der bislang erlernten Regeln zu beweisen imstande sind. Künftig können wir also mittels der in Kapitel 5 eingeführten Folge-Einführungsregel jederzeit auf Beweis 2 zurückgreifen. Zum Beispiel so:

1	(1)	A		Annahme
2	(2)	~(A & B)		Annahme
1,2	(3)	~B		1,2, Folge **2**

Nehmen wir Modus ponendo tollens als eine weitere Regel in unseren Kanon auf, benötigen wir die Folge-Einführungsregel nicht. Wir schreiben dann stattdessen:

1	(1)	A		Annahme
2	(2)	~(A & B)		Annahme
1,2	(3)	~B		1,2, MPT

Hier behandeln wir Modus ponendo tollens bloß als eine weitere Regel. Dies ist in der Tat der Weg, den wir von nun an einschlagen werden.

8.2 Erläuterung der Regeln

Die Bedeutung des Negationsoperators »~« lässt sich wie folgt spezifizieren: Ein Satz der Form »~A« ist wahr, wenn der entsprechende Satz A falsch ist; in allen anderen Fällen ist ein Satz dieser Form falsch. Die Wahrheitstafel für Negationen sieht dementsprechend so aus:

A	~A
W	F
F	W

Wir werden auf Grundlage dieser Wahrheitstafel zunächst die beiden Regeln für die doppelte Negation nachweisen.

Ein Satz A kann selbst die logische Form einer Negation haben. Nehmen wir an, A habe die Form »~B«. Dann ist A die Negation von B; und »~A« ist die doppelte Negation von B, also »~~B«. Wenn wir in der Wahrheitstafel A durch »~B« ersetzen, ergibt sich demnach:

~B	~~B
W	F
F	W

Für die Negation von B gilt freilich wiederum die in der ersten Wahrheitstafel angegebene Interpretation. Darum können wir schreiben:

B	~B	~~B
W	F	W
F	W	F

Da Satz B beliebig gewählt war, können wir ihn – unserer ursprünglichen Konvention folgend – genausogut wieder durch den schematischen Buchstaben »A« bezeichnen. Es ergibt sich also:

A	~A	~~A
W	F	W
F	W	F

Wenn wir die Bedeutung des Negationsoperators so angeben, dann können wir sehen, dass die Regeln für die doppelte Negation gelten: Immer wenn A wahr ist, ist auch »~~A« wahr. Die obige Wahrheitstafel ist also im Einklang mit der Doppelten-Negations-Einführungsregel. Wenn wir die rechte Spalte im Ganzen überblicken, stellen wir außerdem fest, dass die einzigen Fälle, in denen »~~A« wahr ist, Fälle sind, in denen A ebenfalls wahr ist. Die Doppelte-Negations-Beseitigungsregel erweist sich also unter Zugrundelegung der obigen Wahrheitstafel ebenfalls als gültig.

> **Anmerkung: Intuitionisten** akzeptieren zwar die von links nach rechts verlaufende Lesart der obigen Wahrheitstafel – wenn A wahr ist, dann ist auch »~~A« wahr – und damit die Doppelte-Negations-Einführungsregel. Sie bestreiten aber, dass wir, wenn wir die rechte Spalte im Ganzen überblicken, einfach davon ausgehen können, dass die dort genannten Fälle *alle* Fälle sind. Wie Intuitionisten dies bestreiten können, ohne sich darauf einzulassen, einen dritten Fall zu benennen, ist ein delikates Thema, das wir hier nicht weiter verfolgen können. Vgl. hierzu Priest 2001b.

Die Erläuterung der beiden verbleibenden Regeln ist demgegenüber etwas komplizierter. Betrachten wir zunächst die Regel Reductio ad absurdum. Dieser Regel liegt die Überzeugung zugrunde, dass ein Satz der Form »A & ~A« unmöglich wahr sein kann. Dies ergibt sich bereits aus der Wahrheitstafel für die Konjunktion zusammen mit der Wahrheitstafel für die Negation:

A	B	A & B
W	W	W
W	F	F
F	W	F
F	F	F

Der Wahrheitstafel für die Konjunktion zufolge erfordert die Wahrheit einer Konjunktion die Wahrheit beider Konjunkte. Demnach erfordert die Wahrheit des Satzes »A & ~A«, dass sowohl A als auch »~A« wahr ist. Der Wahrheitstafel für die Negation zufolge kann dieser Fall jedoch unmöglich eintreten: Ist A wahr, ist »~A« falsch; und die Wahrheit von »~A« erfordert wiederum die Falschheit von A. Also kann ein Satz wie »A & ~A« schon aufgrund der Bedeutung der in ihm vorkommenden logischen Operatoren niemals wahr sein. Ebensowenig kann »B & ~B« wahr sein. Und nun lässt sich die Regel Reductio ad absurdum wie folgt erläutern: Wenn aus gegebenen Annahmen X plus der Annahme A ein Satz der Form »B & ~B« folgt, dann erfordert die Wahrheit aller Annahmen – einschließlich der Wahrheit von A – etwas, das unmöglich der Fall sein kann. Darum können nicht alle Annahmen wahr sein. Also muss mindestens eine Annahme falsch sein. Halten wir an allen Annahmen außer A fest, muss es unter dieser Voraussetzung Annahme A treffen: Wenn alle übrigen Annahmen wahr sind, ist Annahme A falsch. Die Wahrheitstafel für die Negation gibt uns Auskunft darüber, unter welchen Bedingungen dies nur der Fall sein kann, nämlich nur dann, wenn »~A« wahr ist.

Wenden wir uns nun der Regel Ex falso quodlibet zu. Warum sollte diese Regel gelten? Wir wissen bereits, dass die nachstehende &-Einführungsregel gilt:

&-Einführung
$X \vdash A \quad Y \vdash B$
$X, Y \vdash A \& B$

Wenn wir für B die Negation von A – also »~A« – einsetzen, sehen wir, dass sich aus der Vereinigung der Annahmenmenge der Satz »A & ~A« folgern lässt, ein offenkundiger Widerspruch. Wir hatten schon im Zusammenhang der Erläuterung der Regel Reductio ad absurdum gesehen, dass ein Satz dieser Form unmöglich wahr sein kann. Wenn sich demnach aus einer Menge von Annahmen X der Satz A und aus einer Menge von Annahmen Y der Satz »~A« logisch folgern lässt, dann lässt sich aus der Vereinigung dieser Mengen etwas logisch folgern, dessen Wahrheit Unmögliches erfordert. Demnach erfordert auch die kollektive Wahrheit der in der Vereinigung von X und Y enthaltenen Annahmen Unmögliches.

Wir erinnern uns, dass Folgebeziehungen zwischen Sätzen oder Mengen von Sätzen so charakterisiert wurden:

> Ein Satz B folgt aus einer Menge von Sätzen, wenn gilt: Vorausgesetzt, dass alle Sätze dieser Menge wahr sind, ist B – ganz gleichgültig, was sonst noch der Fall sein könnte – ebenfalls wahr.

Die Regel Ex falso quodlibet lässt sich nun mittels der folgenden Überlegung verständlich machen, die im Volksmund in dem Spruch zum Ausdruck kommt: »Wenn das so ist, dann bin ich der Kaiser von China«. *Wenn* alle Annahmen in X und Y wahr wären, ja dann wäre wer-weiß-was der Fall. Wir können dies sagen, denn wir haben bereits den Nachweis, dass der angenommene Fall unmöglich eintritt. Anwendungen der Regel Ex falso quodlibet können demnach keinesfalls Schaden anrichten. Und über Unmögliches lässt sich alles und nichts sagen. Also auch alles Beliebige. Wenn in einer Annahmenmenge der Wurm steckt – es lässt sich aus ihr ein Widerspruch ableiten – dann ist diese Annahmenmenge so marode, dass sich aus ihr Beliebiges ableiten lässt. Nichts, was sonst noch als logische Folge dieser Menge in Betracht kommt, könnte absurder sein, als es dieser eine Widerspruch ist.

Anmerkung: Viele philosophisch inspirierte Logiker lehnen die Regel Ex falso quodlibet dennoch ab. Ihnen zufolge müssen die logischen Folgen von Sätzen in relevanten inhaltlichen Beziehungen zu diesen Sätzen stehen (**Relevanzlogik**); und gleichgültig, wovon A und »~A« im Einzelnen handeln, sie handeln jedenfalls nicht von jedem x-beliebigen Thema. Es gibt sogar manche Logiker, die die Ansicht vertreten, es gebe vereinzelt wahre Widersprüche (**Dialethismus**). Diese Position lässt sich freilich nur dann aufrechterhalten, wenn sich aus einem Widerspruch nicht Beliebiges ableiten lässt, Ex falso quodlibet also ungültig ist (**parakonsistente Logik**). Denn sonst könnte man eben aus einem einzigen Widerspruch jeden Satz und seine Negation ableiten und demnach folgern, dass alles widersprüchlich ist. Wir werden diese überaus interessanten Positionen hier nicht erörtern. Wir begnügen uns mit der Feststellung, dass die logische Rekonstruktion derjenigen Argumente, die tatsächlich in Text und Rede vorgebracht werden, nur in Ausnahmefällen von der Regel Ex falso quodlibet Gebrauch machen muss. Vgl. hierzu Priest 2001b.

Bei der Erläuterung der bisher genannten aussagenlogischen Regeln – und der damit einhergehenden Bestimmung der durch sie festgelegten Wahrheitsfunktion – haben wir Wahrheitstafeln gebraucht. Bevor wir zum nächsten Kapitel übergehen, soll kurz dargelegt werden, wie sich solche Wahrheitstafeln für ineinander geschachtelte aussagenlogische Verknüpfungen angeben lassen. Erinnern wir uns daran, dass die bei der Darstellung der Regeln und der Angabe der Wahrheitstafeln gebrauchten Satzbuchstaben für beliebige und beliebig komplexe aussagenlogische

II.8 Regeln für die Negation

Verknüpfungen stehen. Die Regeln für die Konjunktion und die Regeln für die Negation lassen sich demnach auf folgende Verknüpfungen anwenden:

A & ~B
~(C & D) & B
(C & ~D) & ~(~E & F)
~((~(C & ~D) & ~E) & B)

Wir sehen schon, dass mit zunehmender Zahl der aussagenlogischen Operatoren die Komplexität möglicher aussagenlogischer Verknüpfungen zunimmt. Und wir sehen auch, wie sehr es darauf ankommt, wo man die Klammern setzt und welchen Operator man dementsprechend als Primäroperator bestimmt. Die beiden Verknüpfungen

~(C & D) & B

und

~C & (D & B)

unterscheiden sich in ihren Wahrheitsbedingungen nämlich erheblich voneinander.

Wie die Wahrheitsbedingungen solch komplexer Verknüpfungen angegeben werden können, sei anhand des folgenden Beispiels illustriert:

B	C	D	E	~(	(~	(C	&	~D)	&	~E)	&	B)
W	W	W	W			W	F	F				
W	W	W	F			W	F	F				
W	W	F	W			W	W	W				
W	W	F	F			W	W	W				
W	F	W	W			F	F	F				
W	F	W	F			F	F	F				
W	F	F	W			F	F	W				
W	F	F	F			F	F	W				
F	W	W	W			W	F	F				
F	W	W	F			W	F	F				
F	W	F	W			W	W	W				
F	W	F	F			W	W	W				
F	F	W	W			F	F	F				
F	F	W	F			F	F	F				
F	F	F	W			F	F	W				
F	F	F	F			F	F	W				
				1		3		2				

B	C	D	E	~(	(~	(C	&	~D)	&	~E)	&	B)
W	W	W	W			W		F		F		F
W	W	W	F			W		F		W		W
W	W	F	W			F		W		F		F
W	W	F	F			F		W		F		W
W	F	W	W			W		F		F		F
W	F	W	F			W		F		W		W
W	F	F	W			W		F		F		F
W	F	F	F			W		F		W		W
F	W	W	W			W		F		F		F
F	W	W	F			W		F		W		W
F	W	F	W			F		W		F		F
F	W	F	F			F		W		F		W
F	F	W	W			W		F		F		F
F	F	W	F			W		F		W		W
F	F	F	W			W		F		F		F
F	F	F	F			W		F		W		W
						4		3		6		5

B	C	D	E	~(	(~	(C	&	~D)	&	~E)	&	B)
W	W	W	W	W				F		F		W
W	W	W	F	F				W		W		W
W	W	F	W	W				F		F		W
W	W	F	F	W				F		F		W
W	F	W	W	W				F		F		W
W	F	W	F	F				W		W		W
W	F	F	W	W				F		F		W
W	F	F	F	F				W		W		W
F	W	W	W	W				F		F		F
F	W	W	F	W				W		F		F
F	W	F	W	W				F		F		F
F	W	F	F	W				F		F		F
F	F	W	W	W				F		F		F
F	F	W	F	W				W		F		F
F	F	F	W	W				F		F		F
F	F	F	F	W				W		F		F
				9				6		8		7

II.8 Regeln für die Negation

Wenn wir diese Tafeln übereinanderlegen, erhalten wir das folgende vollständige Bild:

B	C	D	E	~(	(~	(C	&	~D)	&	~E)	&	B)
W	W	W	W	W	W	W	F	F	F	F	F	W
W	W	W	F	F	W	W	F	F	W	W	W	W
W	W	F	W	W	F	W	W	W	F	F	F	W
W	W	F	F	W	F	W	W	W	F	W	F	W
W	F	W	W	W	W	F	F	F	F	F	F	W
W	F	W	F	F	W	F	F	F	W	W	W	W
W	F	F	W	W	W	F	F	W	F	F	F	W
W	F	F	F	F	W	F	F	W	W	W	W	W
F	W	W	W	W	W	W	F	F	F	F	F	F
F	W	W	F	W	W	W	F	F	W	W	F	F
F	W	F	W	W	F	W	W	W	F	F	F	F
F	W	F	F	W	F	W	W	W	F	W	F	F
F	F	W	W	W	W	F	F	F	F	F	F	F
F	F	W	F	W	W	F	F	F	W	W	F	F
F	F	F	W	W	W	F	F	W	F	F	F	F
F	F	F	F	W	W	F	F	W	W	W	F	F
				9	4	1	3	2	6	5	8	7

8.3 Übersetzung aus der Umgangssprache

Sowohl bei der Übersetzung von der Umgangssprache in die Formalsprache als auch bei der Übersetzung von der Formalsprache in die Umgangssprache befolgen wir die nachstehende Übersetzungsvorschrift:

> »Es ist nicht der Fall, dass« * x ⇔ »~« * x

Nicht alle umgangssprachlichen Sätze, die die logische Form von Negationen haben, sind Sätze der Gestalt »Es ist nicht der Fall, dass A«. Sätze der Gestalt »Es ist nicht wahr, dass A«, »Es ist falsch, dass A« oder »Es ist zu verneinen, dass A« haben alle die logische Form von Negationen. Hinzu kommen zahllose Sätze, in denen Wörter wie »nicht«, »ebensowenig«, »keinesfalls«, »niemals« usw. oder Negationspartikel wie »un-«, »in-«, »des-« usw. vorkommen. Es ist höchst unwahrscheinlich, dass wir all diesen umgangssprachlichen Mitteln, Negationen auszudrücken, in Form einer Liste praktikabler Übersetzungsvorschriften Herr werden können. Stattdessen müssen wir uns wieder einmal auf unsere sprachlichen Intuitionen verlassen, die uns bei Urteilen darüber leiten, wann zwei Sätze dasselbe ausdrücken. Alles, was wir als Ergänzung der obigen Übersetzungsvorschrift noch hinzuzufügen brauchen, ist dann die nachstehende Vorschrift:

> Für alle Sätze *x* und *y*, die selbst keine Verknüpfungen von Teilsätzen sind, gelte:
> Wenn *y* dasselbe ausdrückt wie »Es ist nicht der Fall, dass« * *x*, und wenn es keinen Satz *z* gibt, so dass *x* dasselbe ausdrückt wie »Es ist nicht der Fall, dass« * *z*, dann ersetze alle Vorkommnisse von *y* durch Vorkommnisse von »Es ist nicht der Fall, dass« * *x* !

(Die Einschränkung, dass *x* nicht selbst wieder mit einem Satz der Form »Es ist nicht der Fall, dass so-und-so« bedeutungsgleich sein darf, soll verhindern, dass wir so unschuldige *y*-Kandidaten wie »Es regnet« systematisch durch ihre (bedeutungsgleichen) doppelten Negationen ersetzen.)

Trotzdem wollen wir hier abschließend noch auf eine bestimmte umgangssprachliche Wendung eingehen, die besondere Beachtung verdient, weil sie eine komplexe logische Struktur anzeigt, nämlich die Wendung »weder ... noch ...«. Sofern diese Wendung vollwertige Sätze »bindet«, müssen wir sie wie folgt übersetzen:

> »Weder« * *x* * »noch« * *y* ⇒ »~« * *x* * »&« * »~« * *y*

Das heißt: Ein Satz der Gestalt »Weder A noch B« hat die logische Form einer Konjunktion von Negationen, nämlich »~A & ~B«.

9. Regeln für das Materiale Konditional

In diesem Kapitel werden wir drei Regeln kennenlernen, die auf Sätze der Form »A → B« Anwendung finden. Sätze dieser Form heißen **materiale Konditionale**. Der logische Operator »→« wird häufig – verwirrenderweise – das **Materiale Konditional** genannt. Es scheint ratsam, gegen diesen Gebrauch nicht zu rebellieren, denn er ist zu weit verbreitet. (Wir markieren stattdessen den Unterschied zwischen Sätzen der Form »A → B« und dem Operator, der in ihnen vorkommt, indem wir das eine Mal »material« klein, das andere Mal groß schreiben.) Der erste Teilsatz eines materialen Konditionals heißt Vordersatz oder **Antezedens**. Der zweite Teilsatz heißt Nachsatz oder **Konsequens**. »Material« heißen Sätze der Form »A → B« deshalb, weil es für die Wahrheit von Sätzen dieser Form nicht in jedem Fall erforderlich ist, dass eine formale Beziehung zwischen Antezedens und Konsequens besteht. Es reicht hierfür, dass *materialiter* – also der Sache nach, tatsächlich – die Wahrheitswerte von Antezedens und Konsequens bestimmte Kombinationen eingehen. Welche Kombinationen dies sind, werden wir weiter unten in Kapitel 9.2 noch sehen.

Obwohl wir in 9.3 noch genauer darauf eingehen werden, sei schon hier verraten, dass man materiale Konditionale – also Sätze der Form »A → B« – am besten so liest:

»Wenn A, dann B«. Unsere **Interpretationshilfe** für materiale Konditionale lautet demnach:

> Lesen Sie den Operator »→« im Sinne von »wenn ... , dann ... «!

9.1 Angabe der Regeln

Die erste Regel, die wir in den Blick nehmen, ist die →-Beseitigungsregel **Modus ponendo ponens**:

Modus ponendo ponens (MPP)
X ⊢ A → B   Y ⊢ A
X, Y ⊢ B

Diese Regel besagt: Wenn aus einer Menge von Annahmen X der Satz »A → B« logisch folgt und aus einer Menge von Annahmen Y der Satz A logisch folgt, dann folgt aus der Vereinigung dieser Annahmenmengen X und Y der Satz B. (Der Name erklärt sich wieder wie folgt: Es handelt sich um eine Schlussweise, die A bejahend (»ponendo«) B bejaht (»ponens«).)

In unserer Formatvorlage werden Anwendungen von Modus ponendo ponens wie folgt dokumentiert:

1	(1)	A → B	Annahme
2	(2)	A	Annahme
1,2	(3)	B	1,2, MPP

Wenn wir »A → B« und A selbst aus Annahmen folgern, dann sieht dies zum Beispiel so aus:

1	(1)	C & (A → B)	Annahme
1	(2)	A → B	1, &-Beseitigung
3	(3)	~~A	Annahme
3	(4)	A	3, DN-Beseitigung
1,3	(5)	B	2, 4, MPP

Wenn wir es mit einem materialen Konditional zu tun haben, dessen Antezedens die logische Form »~A« hat, könnten wir es mit einem Argument der folgenden Art zu tun haben:

1	(1)	~(A & C)	Annahme
2	(2)	C	Annahme
1,2	(3)	~A	1,2, MPT

4	(4)	~A → B	Annahme
1,2,4	(5)	B	3,4, MPP

Die folgenden konkreten Beispiele illustrieren diese Argumentformen:

1	(1)	Paul hat Zeit → Paul fährt in Urlaub.	Annahme
2	(2)	Paul hat Zeit.	Annahme
1,2	(3)	Paul fährt in Urlaub.	1,2, MPP

1	(1)	Es ist Juli & (Es bleibt trocken → Es bleibt warm).	Annahme
1	(2)	Es bleibt trocken → Es bleibt warm.	1, &-Beseitigung
3	(3)	~~(Es bleibt trocken).	Annahme
3	(4)	Es bleibt trocken.	3, DN-Beseitigung
1,3	(5)	Es bleibt warm.	2,4, MPP

1	(1)	~(Guido ist Minister & Joschka ist Minister).	Annahme
2	(2)	Joschka ist Minister.	Annahme
1,2	(3)	~(Guido ist Minister).	1,2, MPT
4	(4)	~(Guido ist Minister) → Stoiber ist in Bayern.	Annahme
1,2,4	(5)	Stoiber ist in Bayern.	3,4, MPP

Als nächstes betrachten wir die →-**Einführungsregel**:

→-**Einführung**
X, A ⊢ B
X ⊢ A → B

Die →-Einführungsregel besagt: Wenn aus einer Annahmenmenge X im Verbund mit Satz A der Satz B logisch folgt, dann folgt aus X allein bereits der Satz »A → B«. Der Satz A wird also aus der Menge der Annahmen gestrichen: Indem wir nicht mehr B, sondern nur »A → B« folgern, geben wir A als Annahme auf. (Hier zeigt sich, dass eine Annahme aufzugeben nicht immer damit einhergeht, auf die Negation dieser Annahme zu schließen. Anders sieht es natürlich bei Anwendungen der Regel Reductio ad absurdum aus.)

Rufen wir uns in Erinnerung, dass die Annahmenmenge X auch leer sein kann. In einem solchen Fall erlaubt die →-Einführungsregel die Ableitung eines Konditionals, das auf keinerlei Annahmen mehr beruht, also eines Theorems der Form »A → B«. Mit anderen Worten: Mit Hilfe der →-Einführungsregel können wir aus jeder bewiesenen Folgebeziehung A ⊢ B das jeweilige Theorem ⊢ A → B folgern.

Wie wir Anwendungen der →-Einführungsregel dokumentieren, illustrieren wir anhand der folgenden Schemata:

1	(1)	A → (C → B)	Annahme
2	(2)	C	Annahme
3	(3)	A	Annahme
1,3	(4)	C → B	1,3, MPP
1,2,3	(5)	B	2,4, MPP
1,2	(6)	A → B	3,5, →-Einführung

1	(1)	~(A & ~ B)	Annahme
2	(2)	A	Annahme
1,2	(3)	~~B	1,2, MPT
1,2	(4)	B	3, DN-Beseitigung
1	(5)	A → B	2,4, →-Einführung

Im Zuge der Anwendung der →-Einführungsregel, die uns »A → B« folgern lässt, vermindert sich die Anzahl der Annahmen, die wir ursprünglich für die Ableitung von B brauchen, um eine Annahme, nämlich um A. Im ersten Schema stehen dementsprechend in der linken Spalte von Zeile (5) – also der B-Zeile – die Nummern »1«, »2« und »3«, während in der Konklusionszeile – Zeile (6) – links nur noch die Nummern »1« und »2« stehen. Unsere Konklusion hängt nicht länger von der Annahme aus Zeile (3) ab: Wir geben sie im letzten Beweisschritt auf. Und im zweiten Schema stehen links in der vorletzten Zeile die Nummern »1« und »2«, während in der linken Spalte der letzten Zeile nur noch die Nummer »1« auftaucht: Im Übergang von der vorletzten zur letzten Zeile geben wir die Annahme aus Zeile (2) – also A – auf. Die →-Einführungsregel ist also nach Reductio ad absurdum die zweite Regel, die wir kennenlernen, die Annahmen aufzugeben erlaubt.

Es folgen zwei Beispiele, die jeweils eines der beiden Schemata erfüllen:

1	(1)	Paul geht zur Wahl → (Paul hat Arbeit → Paul wählt FDP).	Annahme
2	(2)	Paul hat Arbeit.	Annahme
3	(3)	Paul geht zur Wahl.	Annahme
1,3	(4)	Paul hat Arbeit → Paul wählt FDP.	1,3, MPP
1,2,3	(5)	Paul wählt FDP.	2,4, MPP
1,2	(6)	Paul geht zur Wahl → Paul wählt FDP.	3,5, →-Einführung

1	(1)	~(Berta fährt in die Toskana & ~(Berta hat Geld)).	Annahme
2	(2)	Berta fährt in die Toskana.	Annahme
1,2	(3)	~~(Berta hat Geld).	1,2, MPT
1,2	(4)	Berta hat Geld.	3, DN-Beseitigung
1	(5)	Berta fährt in die Toskana → Berta hat Geld.	2,4, →-Einführung

Eine weitere Regel für das Materiale Konditional, die wir in unseren Kanon aussagenlogischer Regeln aufnehmen, ist die Regel **Modus tollendo tollens**:

Modus tollendo tollens (MTT)
X ⊢ A → B   Y ⊢ ~B
X, Y ⊢ ~A

Modus tollendo tollens besagt: Wenn aus einer Menge von Annahmen X der Satz »A → B« folgt und aus der Annahmenmenge Y der Satz »~B« folgt, dann folgt aus der Vereinigung dieser Annahmenmengen der Satz »~A«.

Modus tollendo tollens ist eine **abgeleitete Regel**. Das können wir wie folgt zeigen:

Beweis 3:   ~B, A → B ⊢ ~A

1	(1)	A → B	Annahme
2	(2)	~B	Annahme
3	(3)	A	Annahme
1,3	(4)	B	1,3, MPP
1,2,3	(5)	B & ~B	2,4, &-Einführung
1,2	(6)	~A	3,5, RAA

Dieser Beweis beweist die Folgebeziehung »~B, (A → B) ⊢ ~A« und erweist damit die Regel Modus tollendo tollens als gültig. Trotzdem werden wir diese Regel in unseren Kanon logischer Grundregeln aufnehmen.

Wir dokumentieren Anwendungen dieser Regel in unserer Formatvorlage wie folgt. Gehen wir wieder von einem einfachen Schema aus, in dem die Sätze, aus denen mit Hilfe dieser Regel gefolgert wird, selbst Annahmen sind:

1	(1)	A → B	Annahme
2	(2)	~B	Annahme
1,2	(3)	~A	1,2, MTT

Sowohl »A → B« als auch »~B« können selbst Folgerungen aus Annahmen sein. Zum Beispiel:

1	(1)	D → (A → B)	Annahme
2	(2)	C → E	Annahme
3	(3)	B → ~E	Annahme
4	(4)	B	Annahme
5	(5)	C	Annahme
6	(6)	D	Annahme
3,4	(7)	~E	3, 4, MPP
2,5	(8)	E	2, 5, MPP
2,3,4,5	(9)	E & ~E	7, 8, &-Einführung
2,3,5	(10)	~B	4, 9, RAA
1,6	(11)	A → B	1, 6, MPP
1,2,3,5,6	(12)	~A	10, 11, MTT

Hier zwei konkrete Beispiele, die jeweils Einsetzungen dieser Schemata sind:

1	(1)	Stoiber ist Kanzler → Schröder ist VW-Vorstand.	Annahme
2	(2)	~(Schröder ist VW-Vorstand).	Annahme
1,2	(3)	~(Stoiber ist Kanzler).	1,2, MTT
1	(1)	Paul geht zur Wahl → (Paul hat Arbeit → Paul wählt FDP).	Annahme
2	(2)	Berta ist arbeitslos → Paul ist Sozialist.	Annahme
3	(3)	Paul wählt FDP → ~(Paul ist Sozialist).	Annahme
4	(4)	Paul wählt FDP.	Annahme
5	(5)	Berta ist arbeitslos.	Annahme
6	(6)	Paul geht zur Wahl.	Annahme
3,4	(7)	~(Paul ist Sozialist).	3, 4, MPP
2,5	(8)	Paul ist Sozialist.	2, 5, MPP
2,3,4,5	(9)	Paul ist Sozialist & ~(Paul ist Sozialist).	7, 8, &-Einführung
2,3,5	(10)	~(Paul wählt FDP).	4, 9, RAA
1,6	(11)	Paul hat Arbeit → Paul wählt FDP.	1, 6, MPP
1,2,3,5,6	(12)	~(Paul hat Arbeit).	10, 11, MTT

Bevor wir uns der Erläuterung der soeben vorgestellten Regeln zuwenden, führen wir sie noch einmal der Übersicht halber zusammen auf:

→-Einführung	→-Beseitigung
	Modus ponendo ponens (MPP)
X, A ⊢ B	X ⊢ A → B Y ⊢ A
―――――――	――――――――――――
X ⊢ A → B	X, Y ⊢ B

Modus tollendo tollens (MTT)
X ⊢ A → B   Y ⊢ ~B
――――――――――――
X, Y ⊢ ~A

→ **Übung D**

9.2 Erläuterung der Regeln

Wie zuvor erläutern wir die genannten Regeln, indem wir die Wahrheitsfunktion benennen, die der logische Operator, dessen Gebrauch sie regeln, bezeichnet. Ein Satz der Form »A → B« ist wahr, wenn sein Konsequens B wahr ist oder wenn sein Antezedens A falsch ist; ein Satz dieser Form ist hingegen falsch in denjenigen Fällen, in denen sein Antezedens wahr ist, sein Konsequens aber falsch. Die Wahrheitstafel für das Materiale Konditional sieht dementsprechend so aus:

A	B	A → B
W	W	W
W	F	F
F	W	W
F	F	W

Um diese Deutung des Materialen Konditionals als angemessen zu erweisen, wenden wir uns zunächst der →-Beseitigungsregel Modus ponendo ponens zu. Diese Regel besagt, dass, wenn wir aus gegebenen Annahmen sowohl »A → B« als auch A ableiten können, unsere Annahmen ebenso die Ableitung von B erlauben. Diese Regel ist nur dann gültig, wenn B aus dem Verbund von »A → B« und A folgt. Es muss also der folgende Zusammenhang zwischen diesen Sätzen bestehen: Wenn »A → B« und A beide wahr sind, dann ist, ganz gleich, was sonst noch der Fall sein oder nicht der Fall sein könnte, B ebenfalls wahr. Anhand der Wahrheitstafel für das Materiale Konditional können wir uns vergewissern, dass dieser Zusammenhang tatsächlich besteht: Zunächst ziehen wir all diejenigen Fälle in Betracht, in denen das materiale Konditional »A → B« wahr ist. Das sind die in Zeilen 1, 3 und 4 genannten Fälle. Nun suchen wir aus diesen Fällen diejenigen heraus, in denen A wahr ist. Das ist nur ein einziger Fall, nämlich der in Zeile 1 genannte. Und siehe da: In just diesem Fall ist B ebenfalls wahr. Die Regel Modus ponendo ponens ist dieser Deutung zufolge also in der Tat gültig.

Überprüfen wir jetzt, ob sich die Regel Modus tollendo tollens auf analoge Weise als gültig erweisen lässt. Diese Regel sanktioniert den Schluss von »A → B« und »~B« auf »~A«. Sie ist demnach nur dann gültig, wenn »~A« aus dem Verbund von »A → B« und »~B« folgt. Und dies ist nur dann der Fall, wenn gilt: Sind »A → B« und »~B« beide wahr, dann ist, ganz gleich, was sonst noch der Fall sein könnte, »~A« ebenfalls wahr. Wir überprüfen, ob dieser Zusammenhang unserer Deutung des Materialen Konditionals zufolge besteht, indem wir abermals die Wahrheitstafel heranziehen. Zunächst suchen wir wieder diejenigen Fälle heraus, in denen das Konditional »A → B« wahr ist. Das sind die in Zeilen 1, 3 und 4 genannten Fälle. Wir suchen anschließend aus diesen drei Fällen diejenigen heraus, in denen »~B« wahr ist. Wir erinnern uns daran, dass »~B« nur in solchen Fällen wahr ist, in denen B selbst falsch ist. Von den Fällen, in denen »A → B« wahr ist, ist nur der in Zeile 4 genannte ein Fall, in dem B falsch und also »~B« wahr ist. In diesem einen Fall aber ist, wie wir sehen, A ebenso falsch. Und wenn A falsch ist, dann ist die Negation von A – also »~A« – wahr.

Die Regel Modus tollendo tollens ist dieser Deutung des Operators »→« zufolge also ebenso gültig wie die Regel Modus ponendo ponens: Die Wahrheitstafeln für das Materiale Konditional und den Negationsoperator garantieren bereits, dass diese Regel uns nichts folgern lässt, was nicht bereits aus den Annahmen, die wir jeweils machen, logisch folgt.

Zuletzt wenden wir uns der →-Einführungsregel zu:

→-Einführung
X, A ⊢ B
X ⊢ A → B

Wie lässt sich diese Regel anhand der Wahrheitstafel für das Materiale Konditional als gültig erweisen? Es gibt eine komplizierte Methode und eine einfachere. Wir wählen die einfachere Methode. Allerdings setzt diese Methode voraus, dass das folgende Theorem gilt:

⊢ A oder ~A

Und diese Voraussetzung können wir zum gegenwärtigen Zeitpunkt noch nicht als legitim erweisen, weil wir bislang noch nichts über die logische Form von Sätzen wie »A oder B« zu wissen vorgeben können. Wie dem auch immer sei, der kompliziertere Weg, die →-Einführungsregel als gültig zu erweisen, kommt ohne diese Voraussetzung aus; und wir wählen den einfacheren Weg eben nur aus Gründen der Einfachheit.

Zunächst stellen wir anhand der Wahrheitstafel für das Materiale Konditional fest, dass, wenn B wahr ist, »A → B« jedenfalls auch wahr ist, gleichgültig, ob nun A wahr ist oder falsch. Demnach wissen wir, dass die nachstehende Folgebeziehung gilt:

B ⊢ A → B

Wenn man also aus Annahmen X und A auf B schließen kann, *dann* kann man aus X und A auch auf »A → B« schließen. *Wenn* wir also beweisen können, dass gilt:

X, A ⊢ B

dann können wir unter Zuhilfenahme der Folge-Einführungsregel (siehe Kapitel 5) beweisen, dass gilt:

X, A ⊢ A → B

Die Wahrheitstafel für das Materiale Konditional verrät uns ebenfalls, dass, wann immer A falsch ist, »A → B« jedenfalls wahr ist, ganz egal, ob B wahr oder falsch ist. Demnach folgt »A → B« aus »~A«. Wenn »A → B« aus »~A« folgt, dann folgt »A → B« ebenso aus »~A« zusammen mit beliebigen anderen Annahmen X. Demnach gilt:

X, ~A ⊢ A → B

Wenn wir nun wissen, dass »A → B« aus X und A zusammengenommen folgt und ebenso dass »A → B« aus X und »~A« zusammengenommen folgt, dann folgt »A → B« auch aus X in Verbund mit unserer Zusatzannahme, dass A oder »~A« wahr ist. Demnach erhalten wir:

X, (A oder ~A) ⊢ A → B

Wir haben nun laut Voraussetzung die logische Gewissheit, dass entweder A wahr ist oder »~A« wahr ist. Denn laut Voraussetzung ist

A oder ~A

ein logisches Theorem. Aber logische Theoreme beruhen auf keinerlei Annahmen. Wir können sie jederzeit mit Hilfe der Theorem-Einführungsregel einführen (siehe Kapitel 5). Wenn wir von der Annahmenmenge X ausgehen, können wir diese Annahmenmenge also stets um ein logisches Theorem erweitern. Also können wir, wenn wir von der Annahmenmenge X ausgehen, ebensogut von X und »A oder ~A« ausgehen. Darum ergibt sich aus der Gültigkeit der Folgebeziehung

X, (A oder ~A) ⊢ A → B

sofort die Gültigkeit der Folgebeziehung:

X ⊢ A → B

Wir sehen also, dass, wenn B aus X und A zusammengenommen logisch folgt, *dann* auch der Satz »A → B« aus X allein folgt. Die →-Einführungsregel erweist sich demzufolge als gültig.

Obwohl dieser Nachweis der einfachere ist, ist er immer noch recht kompliziert. Sobald wir aber materiale Konditionale umgangssprachlich wie Wenn-dann-Sätze lesen und uns in Erinnerung rufen, dass uns Folgebeziehungen darüber informieren, was dann wahr ist, wenn bestimmte Annahmen wahr sind, so leuchtet die →-Einführungsregel intuitiv ein. Die in Kapitel 9.3 angestellten Überlegungen zur umgangssprachlichen Deutung materialer Konditionalsätze mögen unter anderem dazu dienen, uns die Gültigkeit der →-Einführungsregel in dieser Weise plausibel zu machen.

Bevor wir uns jedoch diesen Überlegungen zuwenden, soll noch kurz eine wichtige Eigenschaft materialer Konditionale genannt und unter Beweis gestellt werden. Materiale Konditionale gehorchen nämlich dem **Gesetz der Transitivität**. Das heißt im Klartext, dass gilt:

A → B, B → C ⊢ A → C

Wir beweisen diese Folgebeziehung so:

Beweis 4: $A \to B, B \to C \vdash A \to C$

1	(1)	$A \to B$	Annahme
2	(2)	$B \to C$	Annahme
3	(3)	A	Annahme
1,3	(4)	B	1, 3, MPP
1,2,3	(5)	C	2, 4, MPP
1,2	(6)	$A \to C$	3, 5, $\to$-Einführung

Mit Hilfe der Folge-Einführungsregel können wir uns dieses Ergebnis künftig jederzeit zunutze machen. Stattdessen können wir aber auch die folgende abgeleitete Regel in unseren Kanon aussagenlogischer Regeln aufnehmen:

Transitivität

$X \vdash A \to B \quad Y \vdash B \to C$
―――――――――――――――
$X, Y \vdash A \to C$

Wenn ich nun beispielsweise von den folgenden beiden Prämissen ausgehe

> Wenn Spargel gesund ist, dann ist Rosenkohl gesund.
> Wenn Rosenkohl gesund ist, dann fresse ich einen Besen.

kann ich sofort folgern, dass dann ebenfalls gilt

> Wenn Spargel ist gesund ist, dann fresse ich einen Besen.

In unserer Formatvorlage wird dieser Übergang dann wie folgt dokumentiert:

1	(1)	Spargel ist gesund $\to$ Rosenkohl ist gesund.	Annahme
2	(2)	Rosenkohl ist gesund $\to$ Ich fresse einen Besen.	Annahme
1,2	(3)	Spargel ist gesund $\to$ Ich fresse einen Besen.	1,2, Transitivität

9.3 Übersetzung aus der Umgangssprache

Welche Sätze der Umgangssprache die logische Form von materialen Konditionalen haben, ist eine äußerst schwierige Frage. Trotzdem können wir in einem ersten Anlauf die Einführung der nachstehenden zwei Übersetzungsvorschriften wagen:

»Wenn« * x * »dann« * $y \Rightarrow x$ * »$\to$« * y
x * »nur dann, wenn« * $y \Rightarrow x$ * »$\to$« * y

Während in der erstgenannten umgangssprachlichen Formulierung der erste Teilsatz mit dem Wort »wenn« eingeleitet wird, ist es in der zweitgenannten Formulierung der zweite Teilsatz, der so eingeleitet wird. Dennoch haben laut diesen Übersetzungsvorschriften beide Formulierungen ein- und dieselbe logische Form.

In der Tat markieren diese alternativen Formulierungen nur einen Unterschied in der Akzentuierung: Gebraucht man die erstgenannte Formulierung, will man meist darauf hinaus, dass die Wahrheit des ersten Teilsatzes eine **hinreichende Bedingung** für die Wahrheit des zweiten ist. Gebraucht man hingegen die zweitgenannte Formulierung, will man meist darauf hinaus, dass die Wahrheit des zweiten Teilsatzes eine **notwendige Bedingung** für die Wahrheit des ersten Teilsatzes ist. Aber wenn die Wahrheit von x hinreichend für die Wahrheit von y ist, dann ist die Wahrheit von y ein Bestandteil dessen, was die Wahrheit von x erfordert, und also hierfür eine notwendige Bedingung. Und umgekehrt: Wenn die Wahrheit von y notwendig für die Wahrheit von x ist, dann muss ja gelten, dass, wenn x wahr ist, y jedenfalls auch wahr ist und also die Wahrheit von x hinreichend für die Wahrheit von y ist. Wir vereinbaren dementsprechend die folgende Sprachregelung:

> Vorausgesetzt »A $\rightarrow$ B« ist wahr, dann gilt zweierlei:
> A formuliert eine **hinreichende Bedingung** für die Wahrheit von B
> B formuliert eine **notwendige Bedingung** für die Wahrheit von A.

Wir haben uns klargemacht, dass beide umgangssprachlichen Formulierungen dieselben Wahrheitsbedingungen haben. Aber in der Umgangssprache richtet sich die Angemessenheit des Satzgebrauchs nicht allein nach den Wahrheitsbedingungen der betreffenden Sätze. So ist die erste Formulierung – »wenn« * x * »dann« * y – eher in solchen Kontexten angemessen, wo die Wahrheit von y eine zeitliche Folge der Wahrheit von x ist. Demgegenüber ist die zweite Formulierung – x * »nur dann, wenn« * y – eher in solchen Kontexten angemessen, wo die Wahrheit von y der Wahrheit von x zeitlich vorausgeht. Die beiden umgangssprachlichen Sätze

> Wenn Paul nach Hause kommt, klingelt das Telefon.
> Paul kommt nur dann nach Hause, wenn die Luft rein ist.

klingen akzeptabel, während die nachstehenden zwei Sätze eher ungewöhnlich sind:

> Paul kommt nur dann nach Hause, wenn das Telefon klingelt.
> Wenn Paul nach Hause kommt, dann ist die Luft rein.

Für manche Teilsätze ist also eher die erste, für manche Teilsätze eher die zweite Formulierung zu wählen. Trotzdem haben beide Formulierungen ungeachtet der Bedeutung der in ihnen jeweils vorkommenden Teilsätze dieselbe logische Form. Und um die geht es uns hier.

Die beiden bislang genannten Übersetzungsvorschriften betreffen die Übersetzung von der Umgangssprache in die logische Formalsprache und scheinen so weit ganz in Ordnung zu sein (siehe jedoch Kapitel 22). Wie sieht es nun aber mit der Rückrichtung aus? Gelten entsprechende Vorschriften für die Übersetzung von der logischen Formalsprache in die Umgangssprache? Um diese Fragen zu beantworten, empfiehlt es sich, nochmals die Wahrheitstafel für das Materiale Konditional in den Blick zu nehmen:

A	B	A → B
W	W	W
W	F	F
F	W	W
F	F	W

Sätze der Form »A → B« sind bereits dann wahr, wenn A falsch ist. Und Sätze der Form »A → B« sind ebenfalls bereits dann wahr, wenn B wahr ist. Sofern also der Satz »Der Fernsehturm ist eingestürzt« tatsächlich falsch ist, ist der folgende Satz ebenfalls wahr:

(a) Der Fernsehturm ist eingestürzt → Wir gehen ins Aussichtsrestaurant.

Die folgende Übersetzung in die Umgangssprache mutet hingegen recht seltsam an:

(a') Wenn der Fernsehturm eingestürzt ist, dann gehen wir ins Aussichtsrestaurant.

Denn wenn der Fernsehturm tatsächlich eingestürzt ist, gehen wir natürlich nicht ins Aussichtsrestaurant. Der umgangssprachliche Satz (a') scheint jedoch gerade das Gegenteil zu behaupten. Deshalb sind wir geneigt, ihn zu verwerfen. Stattdessen wollen wir uns eher auf die Wahrheit des folgenden umgangssprachlichen Satzes festlegen:

(b') Wenn der Fernsehturm eingestürzt ist, dann gehen wir nicht ins Aussichtsrestaurant.

Der Satz (a') ist mit diesem Satz unverträglich. Im Unterschied hierzu ist die Wahrheit des formalsprachlichen Satzes (a) unter den genannten Umständen durchaus mit der Wahrheit des Konditionals (b) verträglich:

(b) Der Fernsehturm ist eingestürzt → ~(Wir gehen ins Aussichtsrestaurant).

Solange der Satz »Der Fernsehturm ist eingestürzt« falsch ist, sind sowohl (a) als auch (b) wahr. (Das heißt aber natürlich nicht, dass (a) und (b) dasselbe besagen.)

Ähnliche Diskrepanzen zwischen Umgangssprache und logischer Formalsprache deckt das folgende Beispiel auf. Das materiale Konditional

(c) Maxine isst jeden Sonntag ein Steak → Maxine ist Vegetarierin.

ist allein schon deshalb wahr, weil und insofern Maxine tatsächlich eine Vegetarierin ist. Demgegenüber werden wir den umgangssprachlichen Satz

(c')   Wenn Maxine jeden Sonntag ein Steak isst, dann ist sie Vegetarierin.

für blanken Unsinn halten und stattdessen den folgenden Satz unterschreiben:

(d')   Wenn Maxine jeden Sonntag ein Steak isst, dann ist sie keine Vegetarierin.

Wie die Dinge nun mal liegen, ist Maxine Vegetarierin und isst demnach nicht jeden Sonntag ein Steak. Also ist nicht nur das materiale Konditional (c), sondern auch die formalsprachliche Entsprechung zu (d') wahr:

(d)   Maxine isst jeden Sonntag ein Steak → Maxine ist keine Vegetarierin.

Sofern sowohl die materialen Konditionale (a) und (b) als auch die materialen Konditionale (c) und (d) jeweils miteinander kompatibel sind, während dies für ihre umgangssprachlichen Pendants jedoch nicht gilt, führten unsere Übersetzungsvorschriften also allem Anschein nach zu Unfug. Diese Übersetzungsprobleme sind als **Paradoxien der materialen Implikation** bekannt. (»Materiale Implikation« ist dabei bloß eine alternative Bezeichnung für das Materiale Konditional.)

Die beiden Übersetzungsvorschriften

»Wenn« * x * »dann« * y ⇐ x * »→« * y
x * »nur dann, wenn« * y ⇐ x * »→« * y

sind demnach mit Vorsicht zu genießen. Wenn wir uns beispielsweise daran machen, ein umgangssprachliches Argument logisch zu rekonstruieren, als dessen Konklusion ein »wenn–dann«-Satz erscheint, dann reichte es als Nachweis seiner Gültigkeit nicht in jedem Fall aus, dass aus seinen Prämissen das entsprechende materiale Konditional logisch folgt. Allerdings können wir uns in denjenigen Fällen auf die genannten Übersetzungsvorschriften verlassen, bei denen im Zuge der Ableitung des materialen Konditionals entweder die Wahrheit des Antezedens oder die Falschheit des Konsequens, wenn auch vorläufig, angenommen werden muss. Dann nämlich ist gewährleistet, dass unsere Ableitung nicht den Umstand ausnutzt, dass ein materiales Konditional bereits dann wahr ist, wenn sein Antezedens falsch oder sein Konsequens wahr ist.

Zum Abschluss dieses Kapitels soll noch auf drei weitere umgangssprachliche Satzkonstruktionen eingegangen werden, die besondere Beachtung verdienen. Betrachten wir zunächst Sätze der Gestalt »A genau dann, wenn B« und Sätze der Gestalt »A dann und nur dann, wenn B«. Sätze beider Gestalten sind am besten wie folgt in die logische Formalsprache zu übersetzen:

---

x * »genau dann, wenn« * y ⇒ x * »↔« * y
x * »dann und nur dann, wenn« * y ⇒ x * »↔« * y

Hier sind formalsprachliche Sätze der Form »A ↔ B« als Konjunktionen zweier materialer Konditionale zu interpretieren, und zwar gemäß der folgenden Wahrheitstafel:

II.9 Regeln für das Materiale Konditional

A	B	A → B	B → A	(A → B) & (B → A)	A ↔ B
W	W	W	W	W	W
W	F	F	W	F	F
F	W	W	F	F	F
F	F	W	W	W	W

Den logischen Operator »↔« nennen wir das **Materiale Bikonditional** und Sätze der logischen Form »A ↔ B« heißen dementsprechend **materiale Bikonditionale**. Wie aus der Wahrheitstafel hervorgeht, sind materiale Bikonditionale wahr, wenn die Wahrheitswerte ihrer Teilsätze übereinstimmen: Entweder sind A und B beide wahr, oder sie sind beide falsch. In allen anderen Fällen sind materiale Bikonditionale falsch. Man sagt auch, ein materiales Bikonditional der Form »A ↔ B« drücke die **materiale Äquivalenz** von A und B aus.

Wenn wir in Argumenten auf Formulierungen treffen wie zum Beispiel

> Der Wasserpegel steigt genau dann an, wenn der Deich bricht.
>
> Der Finanzminister erhöht die Steuern dann und nur dann, wenn die Staatsverschuldung zunimmt.

dann übersetzen wir diese Formulierungen zunächst in die entsprechenden materialen Konditionale und wenden auf diese dann einfach die folgenden Regeln an:

↔-Einführung	↔-Beseitigung	
X ⊢ A → B Y ⊢ B → A	X ⊢ A ↔ B	X ⊢ A ↔ B
X, Y ⊢ A ↔ B	X ⊢ A → B	X ⊢ B → A

Alle weiteren Ableitungen erfolgen dann mit Hilfe der Einführungs- und Beseitigungsregeln für das Materiale Konditional, die wir in Kapitel 9.1 kennen gelernt haben.

Neben den beiden genannten Arten gibt es noch eine dritte Art von umgangssprachlichen Sätzen, die als Ausdruck einer materialen Äquivalenz gedeutet werden können. Gemeint sind Sätze der Form »A, es sei denn B«. Solche Sätze bringen zum Ausdruck, dass A wahr ist, ausgenommen in solchen Fällen, in denen B wahr ist. Dies bedeutet einerseits, dass, wenn B wahr ist, A nicht wahr ist – B-Fälle gelten als Ausnahmefälle für A – und andererseits, dass, wenn B nicht wahr ist, A wahr ist – B-Fälle sind diesbezüglich die einzigen Ausnahmefälle. Sätze der Form »A, es sei denn B« bringen also die materiale Äquivalenz zwischen den Sätzen A und »~B« zum Ausdruck. Dementsprechend halten wir folgende Übersetzungsvorschrift fest.

> x * »es sei denn« * y ⇒ x * »↔« * »~« * y

Wie im Falle der Übersetzungsvorschriften für materiale Konditionale sind auch im Falle der drei letztgenannten Übersetzungsvorschriften die entsprechenden Rückrichtungen (von der Formalsprache zurück in die Umgangssprache) problematisch.
→ Übung E

10. Regeln für die Disjunktion

Sätze der logischen Form »A v B« heißen **Disjunktionen**. Ihre Teilsätze heißen **Disjunkte**. Der logische Operator »v«, anhand dessen man die logische Form dieser Sätze identifiziert, heißt – irreführenderweise – ebenfalls **Disjunktion**. Es wird sich jedoch aus dem Zusammenhang ergeben, wovon jeweils die Rede ist, von Sätzen einer logischen Form oder von dem logischen Operator, der ihnen diese Form gibt.

Um die folgenden Disjunktionsregeln besser nachvollziehen zu können, machen wir von der nachstehenden **Interpretationshilfe** Gebrauch:

> Lesen Sie den Operator »v« im Sinne von »oder«!

In Kapitel 10.3 werden wir dann noch näher auf das Verhältnis zwischen umgangssprachlichen »oder«-Verknüpfungen und logischen Disjunktionen eingehen.

10.1 Angabe der Regeln

Wir betrachten zunächst die v-Einführungsregel. So wie die &-Beseitigungsregel erscheint auch die **v-Einführungsregel** in zwei Ausprägungen:

v-Einführung	
X ⊢ A	Y ⊢ B
X ⊢ A v B	Y ⊢ A v B

Die v-Einführungsregel besagt: Wenn aus einer gegebenen Annahmenmenge X der Satz A logisch folgt, dann folgt aus derselben Annahmenmenge X ebenso der Satz »A v B«, für einen beliebigen Satz B. (Entsprechendes gilt für das zweite Disjunkt, hier: Satz B.)

Anwendungen der v-Einführungsregel werden in unserer Formatvorlage wie folgt dokumentiert:

| 1 | (1) | A | Annahme |
| 1 | (2) | A v B | 1, v-Einführung |

Und ganz entsprechend:

1	(1)	B	Annahme
1	(2)	A v B	1, v-Einführung

Wie bei allen aussagenlogischen Regeln kann es auch hier sein, dass die Sätze, aus denen die v-Einführungsregel zu folgern erlaubt, selbst aussagenlogische Verknüpfungen sind. Zum Beispiel:

1	(1)	C	Annahme
2	(2)	D	Annahme
1,2	(3)	C & D	1,2, &-Einführung
1,2	(4)	(C & D) v B	3, v-Einführung

Die nachstehenden konkreten Beispiele sind Einsetzungen der hier genannten Argumentschemata:

1	(1)	César arbeitet	Annahme
1	(2)	César arbeitet v Penélope schläft	1, v-Einf.

1	(1)	César arbeitet	Annahme
1	(2)	Penélope schläft v César arbeitet	1, v-Einf.

1	(1)	Paul hat kein Geld	Annahme
2	(2)	Alfonso hat kein Geld	Annahme
1,2	(3)	Paul hat kein Geld & Alfonso hat kein Geld	1,2, &-Einf.
1,2	(4)	(Paul hat kein Geld & Alfonso hat kein Geld) v Berta arbeitet	3, v-Einf.

Die v-Einführungsregel ist ziemlich simpel. Das trifft auf die **v-Beseitigungsregel** leider nicht zu:

v-Beseitigung
X ⊢ A v B   Y, A ⊢ C   Z, B ⊢ C
X, Y, Z ⊢ C

Diese Regel besagt: Wenn aus einer Annahmenmenge X der Satz »A v B« logisch folgt und wenn aus einer Annahmenmenge Y zusammen mit A der Satz C logisch folgt und wenn dieser selbe Satz C aus einer Annahmenmenge Z im Verbund mit B logisch folgt, dann folgt C aus der Vereinigung von X, Y und Z.

Die Weise, in der wir Anwendungen der v-Beseitigungsregel in unserer Formatvorlage dokumentieren, ist ähnlich kompliziert wie die soeben gegebene Formulierung der Regel selbst. Wir gehen wieder vom einfachsten Schema aus:

1	(1)	A v B	Annahme
2	(2)	A	Annahme

2	(3)	C	2, [logische Regel]
4	(4)	B	Annahme
4	(5)	C	4, [logische Regel]
1	(6)	C	1,2,3,4,5, v-Beseitigung

Unsere Eintragungen in Zeile (6) erklären sich wie folgt: Nachdem wir gezeigt haben, dass C sowohl logisch aus A folgt als auch logisch aus B folgt – Zeilen (2) bis (5) – können wir in Anbetracht dieser Beweisschritte aus der Annahme »A v B« – Zeile (1) – mit Hilfe der v-Beseitigungsregel auf C schließen. Darum steht in Zeile (6) also C. Diese Ableitung hängt nur noch von der Annahme »A v B« aus Zeile (1) ab, sofern nämlich C jeweils aus A und B gefolgert werden konnte, ohne dass dazu zusätzliche Annahmen nötig gewesen wären. Darum steht in der linken Spalte von Zeile (6) nur die Nummer »1«. Die Eintragung in der rechten Spalte dieser Zeile führt die Nummern von fünf Zeilen auf. Diese Zeilen sind:

- die Zeile, in der die Disjunktion »A v B« angenommen wird,
- die Zeile, in der das erste Disjunkt A angenommen wird,
- die Zeile, in der C aus A gefolgert wird,
- die Zeile, in der das zweite Disjunkt B angenommen wird,
- die Zeile, in der C aus B gefolgert wird.

Diese Eintragungen sind erforderlich, um sich zu vergewissern, dass die Anwendungsbedingungen für die v-Beseitigungsregel auch tatsächlich gegeben sind.

Ein etwas komplizierteres Schema ist das nachstehende:

1	(1)	A v B	Annahme
2	(2)	A → C	Annahme
3	(3)	A	Annahme
2,3	(4)	C	2,3, MPP
5	(5)	~(B & ~C)	Annahme
6	(6)	B	Annahme
5,6	(7)	~~C	5,6, MPT
5,6	(8)	C	7, DN-Beseitigung
1,2,5	(9)	C	1,3,4,6,8, v-Beseitigung

Hier stehen links der Konklusion die drei Nummern »1«, »2« und »5«. Warum dort die Nummer »1« steht, sollte klar sein: Unser Schluss auf C hängt ja ganz entscheidend von der in Zeile (1) gemachten Annahme ab. Die Nummer »2« wird genannt, weil die Ableitung von C aus dem Disjunkt A wesentlich von der in Zeile (2) gemachten Zusatzannahme abhängt. Die Nummer »5« wird genannt, weil die Ableitung von C aus dem anderen Disjunkt B wesentlich von der in Zeile (5) gemachten Zusatzannahme abhängt. Die Ziffern in der rechten Spalte ergeben sich, wenn man der soeben genannten Vorschrift folgt, sofern nämlich gilt:

Zeile (1) ist die Zeile, in der die Disjunktion »A v B« angenommen wird,
Zeile (3) ist die Zeile, in der das erste Disjunkt A angenommen wird,
Zeile (4) ist die Zeile, in der C aus A gefolgert wird,
Zeile (6) ist die Zeile, in der das zweite Disjunkt B angenommen wird,
Zeile (8) ist die Zeile, in der C aus B gefolgert wird.

II.10 Regeln für die Disjunktion

Wir veranschaulichen beide hier vorgestellten Argumentschemata wieder durch zwei konkrete Beispiele:

1	(1)	(Mein Nachbar stört mich) v (Der Handwerker stört mich).	Annahme
2	(2)	Mein Nachbar stört mich.	Annahme
2	(3)	Jemand stört mich.	2, [logische Regel]
4	(4)	Der Handwerker stört mich.	Annahme
4	(5)	Jemand stört mich.	4, [logische Regel]
1	(6)	Jemand stört mich.	1,2,3,4,5, v-Beseitigung

1	(1)	(Ich schlage etwas vor) v (Ich lasse César entscheiden).	Annahme
2	(2)	Ich schlage etwas vor → César ist genervt.	Annahme
3	(3)	Ich schlage etwas vor.	Annahme
2,3	(4)	César ist genervt.	2,3, MPP
5	(5)	~(Ich lasse César entscheiden & ~(César ist genervt)).	Annahme
6	(6)	Ich lasse César entscheiden.	Annahme
5,6	(7)	~~(César ist genervt).	5,6, MPT
5,6	(8)	César ist genervt.	7, DN-Beseitigung
1,2,5	(9)	César ist genervt.	1,3,4,6,8, v-Beseitigung

Im nächsten Kapitel werden wir uns einer Erläuterung der v-Einführungs- und der v-Beseitigungsregel zuwenden, die wir hier nochmals in einer Übersicht darstellen:

v-Einführung		v-Beseitigung
X ⊢ A	Y ⊢ B	X ⊢ A v B Y, A ⊢ C Z, B ⊢ C
X ⊢ A v B	Y ⊢ A v B	X, Y, Z ⊢ C

Bevor wir uns jedoch an die Erläuterung dieser Regeln machen, machen wir uns noch kurz mit der folgenden **abgeleiteten Regel** bekannt:

Modus tollendo ponens (MTP)
X ⊢ A v B   Y ⊢ ~A
X, Y ⊢ B

Die Regel **Modus tollendo ponens** besagt: Wenn die Disjunktion »A v B« aus Annahmenmenge X folgt und wenn »~A« aus Annahmenmenge Y folgt, dann folgt B aus der Vereinigung von X und Y.

Die Gültigkeit dieser Regel lässt sich auf einigen Umwegen mittels der uns bereits bekannten Regeln beweisen. Zunächst führen wir Beweis 5. Dieser Beweis ermöglicht es uns dann, Beweis 6 zu führen. Dabei machen wir von der Folge-Einführungsregel Gebrauch (siehe Kapitel 5). Beweis 6 erlaubt es uns, Beweis 7 zu führen, der schließlich Beweis 8 möglich macht. Beide Male machen wir uns das bereits Bewiesene mit Hilfe der Folge-Einführungsregel zunutze. Beweis 8 beweist, dass Modus tollendo ponens gültig ist.

Beweis 5:		~A v B ⊢ ~(A & ~B)	
1	(1)	~A v B	Annahme
2	(2)	A & ~B	Annahme
3	(3)	~A	Annahme
2	(4)	A	2, &-Beseitigung
2,3	(5)	A & ~A	3, 4, &-Einführung
3	(6)	~(A & ~B)	2, 5, RAA
7	(7)	B	Annahme
2	(8)	~B	2, &-Beseitigung
2,7	(9)	B & ~B	7, 8, &-Einführung
7	(10)	~(A & ~B)	2, 9, RAA
1	(11)	~(A & ~B)	1, 3, 6, 7, 10, v-Beseitigung

Beweis 6:		~A v B ⊢ A → B	
1	(1)	~A v B	Annahme
1	(2)	~(A & ~B)	1, Folge, **Beweis 5**
3	(3)	A	Annahme
1,3	(4)	~~B	2, 3, MPT
1,3	(5)	B	4, DN-Beseitigung
1	(6)	A → B	3, 5, →-Einführung

Beweis 7:		~A ⊢ A → B	
1	(1)	~A	Annahme
1	(2)	~A v B	1, v-Einführung
1	(3)	A → B	2, Folge, **Beweis 6**

Beweis 8:		~A, A v B ⊢ B	
1	(1)	~A	Annahme
2	(2)	A v B	Annahme
3	(3)	A	Annahme
1	(4)	A → B	1, Folge, **Beweis 7**
1,3	(5)	B	3, 4, MPP
6	(6)	B	Annahme
1,2	(7)	B	2,3,5,6,6, v-Beseitigung

Wir hätten natürlich auch gleich von der Regel Ex falso quodlibet Gebrauch machen können:

Beweis 9: ~A, A v B ⊢ B

1	(1)	~A	Annahme
2	(2)	A v B	Annahme
3	(3)	A	Annahme
1,3	(4)	B	1, 3, EFQ
5	(5)	B	Annahme
1,2	(6)	B	2,3,4,5,5, v-Beseitigung

10.2 Erläuterung der Regeln

Die durch den logischen Operator »v« bezeichnete Wahrheitsfunktion lässt sich wie folgt angeben: Eine Disjunktion »A v B« ist wahr, wenn mindestens eines der Disjunkte A oder B wahr ist; sind beide Disjunkte falsch, ist es ihre Disjunktion ebenfalls. Es gilt für Disjunktionen demzufolge die nachstehende Wahrheitstafel:

A	B	A v B
W	W	W
W	F	W
F	W	W
F	F	F

Anhand dieser Wahrheitstafel lässt sich leicht zeigen, dass die v-Einführungsregel gültig ist: In allen Fällen, in denen A wahr ist, ist auch »A v B« wahr, gleichgültig, ob B nun wahr oder falsch ist. Ebenso ist in allen Fällen, in denen B wahr ist, »A v B« auch wahr, und dabei ist es dann egal, ob A wahr ist oder falsch.

Die Erläuterung der v-Beseitigungsregel ist dagegen etwas komplizierter. Wir werden uns zum Zweck ihrer Erläuterung der →-Einführungsregel bedienen:

→-Einführung
Y, A ⊢ C
Y ⊢ A → C

Wir stellen nun zwei Überlegungen an. Die erste Überlegung ist, dass, wenn aus der Annahmenmenge Y zusammen mit A der Satz C folgt, dann gemäß der →-Einführungsregel aus Y allein das Konditional »A → C« folgt. Ebenso gilt, dass, wenn aus Z zusammen mit B der Satz C folgt, dann aus Z allein das Konditional »B → C« folgt. Aus der Vereinigung beider Annahmenmengen Y und Z können wir demnach sowohl »A → C« als auch »B → C« logisch folgern:

Y, A ⊢ C	Z, B ⊢ C
Y ⊢ A → C	Z ⊢ B → C

Die zweite Überlegung ist diese: Aufgrund der Wahrheitstafel für das Materiale Konditional wissen wir bereits, dass A und »A → C« nur dann beide wahr sein können, wenn C ebenfalls wahr ist:

A	C	A → C
W	W	W
W	F	F
F	W	W
F	F	W

Und also wissen wir ebenfalls, dass B und »B → C« nur dann beide wahr sein können, wenn C ebenfalls wahr ist. Wenn wir nun unsere Annahmenmenge aus Y und Z um irgendwelche Annahmen X erweitern, aus denen logisch folgt, dass mindestens einer der Sätze A und B wahr ist, dann folgt aus der Vereinigung all dieser Annahmen X, Y und Z, dass C wahr ist. Denn so oder so, ob nun A wahr ist oder B wahr ist oder sowohl A wahr ist als auch B wahr ist, solange mindestens einer dieser Sätze wahr ist – was ja aus X logisch folgt – dann kann vor diesem Hintergrund das, was die kollektive Wahrheit von »A → C« und »B → C« erfordert, nur dann vorliegen, wenn C wahr ist. Wenn also aus Y und Z logisch folgt, dass diese beiden Konditionale jedenfalls wahr sind, dann erlaubt die Hinzufügung von X den Schluss, dass C jedenfalls auch wahr ist. Nun ist aber eine Annahmenmenge, aus der »A ∨ B« logisch folgt, der Wahrheitstafel für die Disjunktion zufolge genau eine solche Annahmemenge X, aus der logisch folgt, dass entweder A wahr ist oder B wahr ist oder sowohl A als auch B wahr sind:

A	B	A v B
W	W	W
W	F	W
F	W	W
F	F	F

Demnach gilt:

$$\frac{X \vdash A \vee B \qquad Y \vdash A \rightarrow C \qquad Z \vdash B \rightarrow C}{X, Y, Z \vdash C}$$

Wenn wir nun beide Überlegungen kombinieren, können wir die v-Beseitigungsregel herleiten:

$$\frac{X \vdash A \vee B \qquad \dfrac{Y, A \vdash C}{Y \vdash A \rightarrow C} \qquad \dfrac{Z, B \vdash C}{Z \vdash B \rightarrow C}}{X, Y, Z \vdash C}$$

Wir wenden uns nun abschließend der Frage zu, welche Sätze der Umgangssprache sich in Sätze der Form »A v B« übersetzen lassen und umgekehrt.

10.3 Übersetzung aus der Umgangssprache

Bei der Übersetzung umgangssprachlicher Sätze in die logische Formalsprache befolgen wir die nachstehend genannte Vorschrift:

$$x * \text{»oder«} * y \Rightarrow x * \text{»v«} * y$$

Für die Übersetzung von der logischen Formalsprache zurück in die Umgangssprache kommt ganz entsprechend die folgende Übersetzungsvorschrift in Betracht:

$$x * \text{»oder«} * y \Leftarrow x * \text{»v«} * y$$

Diese zweite Übersetzungsvorschrift ist – ganz so wie die erste – im Einklang mit der v-Beseitigungsregel, wie man sich anhand von Beispielen wie dem folgenden klarmachen kann:

> Du räumst Dein Zimmer auf, oder Du machst Schularbeiten. Räumst Du Dein Zimmer auf, bleibst Du zu Hause. Machst Du Schularbeiten, bleibst Du auch zu Hause. Also bleibst Du in jedem Fall zu Hause.

In Hinsicht auf die v-Einführungsregel sieht dies anders aus. Zwar ist die erstgenannte Übersetzungsvorschrift auch in dieser Hinsicht unproblematisch, aber die zweitgenannte Übersetzungsvorschrift kann hier nicht ohne weiteres akzeptiert werden. Wenn jemand beispielsweise behauptet:

> Paul verdient Geld, oder Berta verlässt ihn sofort.

und anschließend auf die Frage, woher er das weiß, antwortet:

> Nun, Paul verdient tatsächlich Geld. Demnach verdient Paul Geld, *oder* Berta verlässt ihn sofort.

dann klingt das bestenfalls spitzfindig. In der Regel wird ein Sprecher, der seine Behauptungen auf diese Weise begründet, damit rechnen müssen, dass man ihn maßregelt oder nicht einmal mehr ernst nimmt.

Die Übersetzungsvorschrift, die uns Disjunktionen der Form »A v B« in umgangssprachliche Sätze der Gestalt »A oder B« zu übersetzen vorschreibt, ist also problematisch, weil es in der Regel nicht ausreicht, die Wahrheit von A nachzuweisen, um »A oder B« behaupten zu können: Es muss darüber hinaus ein inhaltlicher Zusammenhang zwischen A und B bestehen, dessen Bestehen man mitbehauptet, wenn man »A oder B« behauptet.

Wenn wir die nachstehende Wahrheitstafel betrachten, dann sehen wir, dass die Übersetzungsschwierigkeiten, denen wir hier im Fall der Disjunktion begegnen, letztlich dieselben Schwierigkeiten sind, die wir im vorherigen Kapitel unter dem Namen »Paradoxien der materialen Implikation« kennen gelernt haben (siehe Kapitel 9.3):

A	B	A v B	~A → B	~B → A	(~A → B) & (~B → A)
W	W	W	W	W	W
W	F	W	W	W	W
F	W	W	W	W	W
F	F	F	F	F	F

Ganz so wie ein materiales Konditional wie »~A → B« nämlich schon dann wahr ist, wenn A wahr ist, ist die Disjunktion »A v B« bereits wahr, wenn A wahr ist. Und ganz so, wie wir beim Gebrauch eines umgangssprachlichen Satzes »Wenn es nicht der Fall ist, dass A, dann B« einen sinnfälligen Zusammenhang zwischen der Falschheit von A und der Wahrheit von B erwarten, so erwarten wir einen solchen

Zusammenhang eben auch beim Gebrauch von umgangssprachlichen Sätzen der Gestalt »A oder B«. Uns bleibt an dieser Stelle nur der Trost, dass man bei der logischen Rekonstruktion »real existierender« Argumente kaum von der v-Einführungsregel Gebrauch machen muss.

In aller Kürze soll jetzt noch auf ein weiteres Merkmal der Disjunktion eingegangen werden, das ebenfalls Übersetzungsprobleme aufwirft. Wie wir anhand der Wahrheitstafel für die Disjunktion feststellen können, ist ein Satz der Form »A v B« auch dann wahr, wenn A und B *beide* wahr sind. Im Gegensatz hierzu verwenden wir umgangssprachliche Sätze der Gestalt »A oder B« oftmals nur dann, wenn A und B einander ausschließen. Diesen wechselseitigen Ausschluss bringen wir deutlicher zum Ausdruck, wenn wir stattdessen Sätze der Gestalt »Entweder A oder B« verwenden. Wir übersetzen diese Sätze gemäß der nachstehenden Vorschrift:

»Entweder« * *x* * »oder« * *y* ⇒ »(« * *x* * »v« * *y* * ») & ~ (« * *x* * »&« * *y* * »)«

Es gibt aber natürlich auch umgangssprachlich einwandfreie Verwendungen von »A oder B« oder sogar »Entweder A oder B«, die die kollektive Wahrheit von A und B zulassen. Man denke nur an Zusammenhänge der folgenden Art:

Einer von uns holt Dich vom Flughafen ab.
Entweder holt César Dich ab, oder ich hole Dich ab.

Hier wäre es absurd anzunehmen, das Gesagte schlösse den Fall aus, in dem beide die angesprochene Person vom Flughafen abholen. Ob wir es mit einem ausschließenden Gebrauch von »oder« zu tun haben oder nicht, wird aus dem Kontext klar werden müssen. Eine allgemeine Regel gibt es nicht.

Und noch etwas: Selbst wenn man es mit einem umgangssprachlichen Argument zu tun hat, in dem als Prämisse eine ausschließende Disjunktion – d.h. eine »entweder–oder«-Konstruktion – erscheint, reicht es oftmals aus, von der schwächeren, nicht-ausschließenden Lesart der Form »A v B« auszugehen, um das fragliche Argument als ein logisch gültiges zu erweisen.

Damit schließen wir unsere Darstellung und Erläuterung der elementaren aussagenlogischen Regeln fürs Erste ab. Bevor wir in Teil III zur Prädikatenlogik übergehen, müssen wir jedoch noch mehr darüber wissen, wie wir diese aussagenlogischen Regeln am geschicktesten anwenden, wenn wir aussagenlogische Folgebeziehungen beweisen wollen. Was wir also brauchen, ist der in Aussicht gestellte Leitfaden fürs Beweisen, der uns darüber aufklärt, welche Beweisstrategien wir je nach Beweisziel am besten einschlagen sollten. Nach einer Gesamtübersicht über die aussagenlogischen Regeln und Wahrheitstafeln in den Kapiteln 11 und 12 werden wir uns also in Kapitel 13 der Frage nach Beweisstrategien widmen. Teil II schließt dann mit einer Reihe von aussagenlogischen Beweisen ab (Kapitel 14).
→ Übung F

11. Übersicht der aussagenlogischen Regeln

&-Einführung	&-Beseitigung	
X ⊢ A Y ⊢ B	X ⊢ A & B	X ⊢ A & B
X, Y ⊢ A & B	X ⊢ A	X ⊢ B

~-Einführung	~-Beseitigung
Reductio ad absurdum (RAA)	Ex falso quodlibet (EFQ)
X, A ⊢ B & ~B	X ⊢ A Y ⊢ ~A
X ⊢ ~A	X, Y ⊢ B

Doppelte-Negations-Einführung (DN-Einf.)	Doppelte-Negations-Beseitigung (DN-Bes.)
X ⊢ A	X ⊢ ~~A
X ⊢ ~~A	X ⊢ A

→-Einführung	→-Beseitigung Modus ponendo ponens (MPP)
X, A ⊢ B	X ⊢ A → B Y ⊢ A
X ⊢ A → B	X, Y ⊢ B

↔-Einführung	↔-Beseitigung	
X ⊢ A → B Y ⊢ B → A	X ⊢ A ↔ B	X ⊢ A ↔ B
X, Y ⊢ A ↔ B	X ⊢ A → B	X ⊢ B → A

v-Einführung		v-Beseitigung
X ⊢ A --- X ⊢ A v B	Y ⊢ B --- Y ⊢ A v B	X ⊢ A v B Y, A ⊢ C Z, B ⊢ C --- X, Y, Z ⊢ C

Abgeleitete Regeln		
Modus tollendo tollens (MTT)	Modus ponendo tollens (MPT)	Modus tollendo ponens (MTP)
X ⊢ A → B Y ⊢ ~B --- X, Y ⊢ ~A	X ⊢ ~(A & B) Y ⊢ A --- X, Y ⊢ ~B	X ⊢ A v B Y ⊢ ~A --- X, Y ⊢ B
Transitivität		
X ⊢ A → B Y ⊢ B → C --- X, Y ⊢ A → C		

12. Übersicht der Wahrheitstafeln

A	B	~A	~~A	A & B	A → B	A ↔ B	A v B
W	W	F	W	W	W	W	W
W	F	F	W	F	F	F	W
F	W	W	F	F	W	F	W
F	F	W	F	F	W	W	F

13. Kurzer Leitfaden fürs Beweisen: Aussagenlogik

Logische Beweise beweisen stets, dass bestimmte logische Folgebeziehungen bestehen. Wenn man einen Beweis sucht, dann sucht man also stets einen Beweis dafür, dass aus einer bestimmten Menge von Annahmen mit Hilfe logischer Regeln eine bestimmte Konklusion gefolgert werden kann. Damit hat man bei der Beweissuche immer ein konkretes Beweisziel vor Augen. Dabei geht man davon aus, dass die Beweisaufgabe, vor die man gestellt ist, lösbar ist, es also einen entsprechenden Beweis tatsächlich gibt.

Bevor man jedoch einfach so drauflos beweist, überlegt man sich zunächst eine **Beweisstrategie**. Während man sich eine solche Beweisstrategie überlegt, versucht man, die Beweisaufgabe, vor die man gestellt ist, Stück für Stück **in Teilaufgaben zu zerlegen**. Die leitende Idee bei dieser Zerlegung ist, solche Teilaufgaben auszumachen, von denen man bereits weiß, wie sie mit Hilfe der bekannten Regeln zu lösen sind. Man zerlegt die Beweisaufgabe also versuchsweise in Teilaufgaben, die man bereits zu lösen versteht, und den bis dahin ungeklärten Rest. Auf diese Weise bemüht man sich darum, das Problem klein zu schneidern, so dass nur noch die Behandlung dieses Rests problematisch bleibt.

Da man anfangs bloß weiß, dass aus bestimmten Annahmen – sagen wir: A, B und C – eine bestimmte Konklusion Z gefolgert werden soll, bleibt einem gar nichts anderes übrig, als die Problemreduzierung jeweils an dem Anfangs- und dem Endpunkt des Beweises vorzunehmen. Das heißt, man muss nach solchen Regeln fahnden, deren Anwendung auf die Prämissenmenge zu ersten Resultaten führt, und nach solchen Regeln, deren Anwendung auf bestimmte Sätze zur Konklusion führt. Hat man diese Regeln identifiziert, hat man zugleich auch Sätze identifiziert, die aus den Ausgangsprämissen folgen – sagen wir: D und E – und Sätze, aus denen die Konklusion folgt – sagen wir: X und Y. Dadurch erhält man als neue Prämissen D und E und als neue Konklusionen X und Y. Wenn man nun noch herausbekommt, wie man X und Y jeweils aus D und E logisch folgern kann, dann hat man die ursprüngliche Beweisaufgabe gelöst. Denn man weiß ja bereits, dass aus den Ausgangsprämissen A, B und C die Sätze D und E logisch folgen und dass aus den Sätzen X und Y die Zielkonklusion Z logisch folgt. Man braucht dann nur noch die **Transitivität** der logischen Folgerelation auszunutzen (siehe Kapitel 1).

Der Rest, den man noch beweisen muss, ist das Bestehen der Folgebeziehungen

D, E ⊢ X
D, E ⊢ Y

Angesichts dieser neuen Beweisaufgabe geht man nun wieder in derselben Weise vor, indem man sich überlegt, was mit Hilfe welcher logischen Regeln aus D und E gefolgert werden kann und woraus mit Hilfe welcher logischen Regeln jeweils X und Y gefolgert werden können. Diese **Wiederholung des Reduktionsschritts** ist bei der Entwicklung einer Beweisstrategie von entscheidender Bedeutung.

All dies mag noch sehr abstrakt klingen, aber wir werden gleich sehen, worauf die Zerlegung einer Beweisaufgabe in Teilaufgaben jeweils hinausläuft. Zunächst müssen wir uns jedoch klarmachen, dass bei jedem Reduktionsschritt die Beantwortung der Ausgangsfragen »Was folgt mit Hilfe welcher logischen Regeln aus der Annahmenmenge?« und »Woraus folgt mit Hilfe welcher logischen Regeln die Konklusion?« die Beantwortung der nachstehenden vier Fragen erfordert:
1. Welche logische Form haben die Prämissen? Welcher logische Operator ist jeweils ihr Primäroperator?
2. Welche Beseitigungsregeln gelten für diesen Primäroperator?

3. Welche logische Form hat die Konklusion? Welcher logische Operator ist ihr Primäroperator?
4. Welche Einführungsregeln gelten für diesen Primäroperator?

Erst wenn diese Fragen beantwortet sind, kann man das zu lösende Beweisproblem in der skizzierten Weise zerlegen. Im Hinblick auf die Fragen (1) bis (4) ist folgendes zu bedenken:

5. Jede Konklusion folgt logisch aus ihrer doppelten Negation. Die Ableitung der Konklusion kann also, wenn nötig, in zwei Teilschritte unterteilt werden, in die Ableitung ihrer doppelten Negation und die Ableitung der Konklusion aus ihrer doppelten Negation.
   Ebenso gilt: Aus jeder Prämisse folgt logisch ihre doppelte Negation. Die Ableitung der Konklusion aus dieser Prämisse (und anderen) kann also, wenn nötig, in zwei Teilschritte unterteilt werden, in die Ableitung der doppelten Negation dieser Prämisse und die Ableitung der Konklusion aus dieser doppelten Negation (und anderen Prämissen).
   In diesem Zusammenhang ist zu beachten, dass der Primäroperator einer doppelten Negation der Negationsoperator ist, was wir unter Zuhilfenahme von Klammern deutlich machen: $\sim(\sim A)$.

Dies ist manchmal von beweistechnischem Nutzen. Zum Beispiel mag die Einführungsregel für den Primäroperator der Konklusion nur anwendbar sein, wenn Prämissen verfügbar sind, von denen man nicht recht sieht, wie sie sich aus den Ursprungsprämissen folgern lassen. In solch einem Fall mag es demgegenüber recht schnell klar werden, dass die Ursprungsprämissen im Verbund mit der Negation der Konklusion zu einem Widerspruch führen. Hier kann man dann zunächst mit Hilfe der Regel Reductio ad absurdum die doppelte Negation der Konklusion und anschließend mittels einer Doppelten-Negations-Beseitigung die Konklusion selbst folgern.
Bevor man sich jedoch diese weiterführenden Gedanken macht, sollte man zunächst die folgende Frage beantworten:
6. Kommt die Konklusion selbst oder ihre Negation oder ein Satz, deren Negation sie ist, in einer der Prämissen als Teilsatz vor?

Wenn die Antwort auf diese Frage »ja« lautet, dann besteht die Hoffnung, die Konklusion allein durch Beseitigung des Primäroperators der relevanten Prämisse ableiten zu können. Wir müssen also bei Bejahung von Frage (6) weiter fragen:
7. Wenn ja, führte eine Beseitigung des Primäroperators der relevanten Prämisse zur Konklusion?
8. Wenn ja, welche Zusatzannahmen wären für die Anwendung der relevanten Beseitigungsregel erforderlich?
9. Finden sich diese Zusatzannahmen unter den restlichen Prämissen? Oder lassen sie sich zumindest aus diesen Prämissen logisch ableiten?

Lautet die Antwort auf Frage (9) »nein«, dann ist Folgendes zu bedenken:
10. Finden sich die relevanten Zusatzannahmen weder unter den restlichen Prämissen noch unter den logischen Folgen dieser Prämissen, dann müssen wir diese Zusatzannahmen im Laufe des Beweises jedenfalls wieder aufgeben.

Wenn die Antwort auf (7) »nein« lautet, dann wird folgende Überlegung einschlägig:
11. Selbst wenn eine Beseitigung des Primäroperators der relevanten Prämissen nicht schon zur Konklusion führt, ist zu überprüfen, ob sich die Konklusion durch Anwendung der Regel Reductio ad absurdum aus den Prämissen folgern lässt. Dazu muss man die Negation der Konklusion bzw. einen Satz, dessen Negation die Konklusion ist, als weitere Annahme einführen.

Wie geht man nun aber vor, wenn bereits die Antwort auf Frage (6) »nein« lautet? In diesem Zusammenhang ist die folgende Beobachtung einschlägig:
12. Wenn die Konklusion nicht als Teilsatz irgendeiner Prämisse vorkommt, wird meist gegen Ende des Beweises, jedenfalls aber irgendwann entweder die Einführung ihres Primäroperators oder aber eine Reductio ad absurdum ihrer Negation plus anschließender Doppelter-Negations-Beseitigung stehen.

An diese Beobachtungen schließen natürlicherweise zwei Fragen:
13. Welche Zusatzannahmen wären für die Anwendung der relevanten Einführungsregel erforderlich? Und welche Zusatzannahmen wären für die Reductio ad absurdum erforderlich?
14. Finden sich diese Zusatzannahmen unter den Prämissen? Oder lassen sie sich wenigstens aus ihnen ableiten, indem wir zuerst ihren Primäroperator beseitigen und dann weitersehen?

Ist Frage (14) mit »nein« zu beantworten, dann ist folgendes zu bedenken:
15. Wenn sich diese Zusatzannahmen weder unter den Prämissen finden noch aus ihnen ableiten lassen, dann müssen wir diese Zusatzannahmen im Laufe des Beweises jedenfalls wieder aufgeben.

Hier endet unsere Checkliste. Eine Blaupause für Beweise liefert sie sicherlich nicht. Aber sie sollte Ihnen zusammen mit den eingangs angestellten Überlegungen zur wiederholten Zerlegung von Beweisaufgaben in Teilaufgaben genug Anhaltspunkte liefern, um angesichts solcher Beweisaufgaben nicht wie der Ochs' vorm Tor zu stehen und in Verzweiflung auszubrechen.

Das bislang Gesagte soll nun noch anhand von neun Beispielen illustriert werden. Diese Beispiele sind keine vollständigen Beweise. Davon gibt es in Kapitel 14 noch genug. Stattdessen wird es darum gehen, im Einklang mit unseren strategischen Überlegungen jeweils **Beweisansätze** zu skizzieren.

Erstes Beispiel
Zu beweisen: $(A \rightarrow B) \vee C, \sim C \vdash A \rightarrow B$

Wie man bereits sieht, ist die Konklusion selbst – und nicht nur irgendwelche ihrer Teilsätze – in der ersten Prämisse enthalten. Entsprechend müssen wir danach fragen, wie wir den Primäroperator der ersten Prämisse beseitigen können. In Kapitel 10.1 haben wir eine abgeleitete Regel kennen gelernt, die uns einen solchen Beseitigungsschritt ermöglicht: Modus tollendo ponens. Um diese Regel auf die erste Prämisse anzuwenden, bedarf es zusätzlich der Negation eines ihrer Disjunkte. Diese ist mit der zweiten Prämisse gegeben.

Zweites Beispiel
Zu beweisen: $(A \lor B) \to C, \sim C \vdash \sim(A \lor B)$

In diesem Fall taucht zwar nicht die Konklusion selbst als Teilsatz einer der Prämissen auf, wohl aber ein Satz, deren Negation sie ist. Wir müssen uns also auch hier wieder fragen, wie sich der Primäroperator dieser Prämisse am schlauesten beseitigen lässt. Die zweite Prämisse gibt darüber Aufschluss: Mit ihr sind die Anwendungsbedingungen für die Regel Modus tollendo tollens gegeben. Die Anwendung dieser Regel liefert in der Tat das gewünschte Ergebnis.

Drittes Beispiel
Zu beweisen: $\vdash (A \to (B \to C)) \to ((A \to B) \to (A \to C))$

Beim Beweisen von Theoremen ist sonnenklar, dass sich der Blick auf die Konklusion richten muss. Denn Prämissen gibt es keine. Alle Annahmen, die wir während des Beweisens machen, auch das ist klar, müssen im Laufe des Beweises wieder aufgegeben werden. Wir müssen uns nun also zunächst fragen, welcher Operator der Primäroperator der Konklusion ist. Denn eine Einführung dieses Operators wird am Ende unseres Beweises stehen müssen. Der Primäroperator der Konklusion ist das Materiale Konditional. Am Ende des Beweises wird also jedenfalls eine →-Einführung stehen. Wie gut, dass die →-Einführungsregel darüber hinaus eine Regel ist, bei deren Anwendungen Annahmen aufgegeben werden!

Wir wissen nun schon, dass wir den gesuchten Beweis gefunden haben, sobald wir erst einmal einen Beweis für die nachstehende Folgebeziehung gefunden haben:

$A \to (B \to C) \vdash (A \to B) \to (A \to C)$

Die Konklusion dieser Folgebeziehung ist selbst kein Teilsatz der Prämisse. Dasselbe gilt für ihre Negation. Darum müssen wir uns erneut fragen, welcher Operator der Primäroperator der Konklusion ist. Auch hier handelt es sich wieder um das Materiale Konditional. Aus den bereits bekannten Gründen wissen wir nun schon, dass wir den ursprünglich von uns gesuchten Beweis gefunden haben, sobald wir die nachstehende Folgebeziehung bewiesen haben:

$A \to (B \to C), A \to B \vdash A \to C$

Man sieht schon, wie weiter vorzugehen ist. Natürlich haben wir einen Beweis hierfür – und damit eine Lösung unseres ursprünglichen Beweisproblems –, wenn wir auf einen Beweis für die untenstehende Folgebeziehung gestoßen sind:

$A \to (B \to C), A \to B, A \vdash C$

Die dritte Prämisse erlaubt nun jeweils im Verbund mit der ersten und der zweiten Prämisse die Anwendung von Modus ponendo ponens. Diese Regel liefert uns im ersten Anwendungsfall das Konditional »B → C« und im zweiten Anwendungsfall den Satz B. Wenden wir Modus ponendo ponens nochmals auf diese beiden Sätze an, so erhalten wir C. Jetzt müssen wir nur noch dreimal eine →-Einführung machen, und das Ziel ist erreicht (siehe Beweis **18**).

Viertes Beispiel
Zu beweisen: A → B ⊢ ~(A & ~B)

Wie im dritten Beispiel kommt auch hier in der Prämisse weder die Konklusion vor noch ein Satz, der ihre Negation ist oder dessen Negation sie ist. Welcher Operator, so müssen wir jetzt also fragen, ist der Primäroperator der Konklusion? Die Konklusion ist eine Negation. Wie können wir die Negation einführen? Naheliegende Antwort: Mit Hilfe der Regel Reductio ad absurdum. Wir wissen nun bereits, dass die Kombination aus »A → B« und »A & ~B« zum Widerspruch gebracht werden muss. Haben wir das gezeigt, können wir nämlich am Schluss noch die Regel Reductio ad absurdum anwenden, und wir landen dort, wo wir landen wollten. Verstehen wir das Zeichen »⊥« als Platzhalter für irgendeinen Widerspruch, dann müssen wir dementsprechend zeigen, dass gilt:

A → B, A & ~B ⊢ ⊥

Jetzt muss man sich fragen, wie sich die Primäroperatoren der Prämissen beseitigen lassen. Im Fall der zweiten Prämisse ist das nicht weiter schwer: Es handelt sich um eine Konjunktion. Da man von einer Konjunktion auf ihre beiden Konjunkte und von zwei Konjunkten zusammen auf deren Konjunktion schließen darf, läuft unser Bemühen also darauf hinaus, das Folgende zu zeigen:

A → B, A, ~B ⊢ ⊥

Man kann die Widersprüchlichkeit dieser Prämissenmenge fast schon sehen: Es braucht nur eine Anwendung der Regel Modus ponendo ponens und eine &-Einführung, um den Satz »B & ~B« zu folgern (siehe Beweis **11a**).

Fünftes Beispiel
Zu beweisen: A & (B v C) ⊢ (A & B) v (A & C)

Weder die Konklusion noch ihre Negation kommen als Teilsatz in der Prämisse vor. Die Konklusion ist eine Disjunktion. Um sie einzuführen, bedarf es eines ihrer Disjunkte. Wie können wir nun eines dieser Disjunkte aus den Prämissen ableiten? Was wir bei der Erläuterung des vierten Beispiels über konjunktive Prämissen gesagt haben, gilt auch hier. Was zu beweisen ist, lässt sich folglich auch so schreiben:

A, B v C ⊢ (A & B) v (A & C)

Wir haben es jetzt mit zwei Prämissen zu tun, von denen die zweite eine Disjunktion ist. Um die Disjunktion zu beseitigen, müssen wir die beiden nachstehenden Folgebeziehungen beweisen:

A, B ⊢ (A & B) v (A & C)
A, C ⊢ (A & B) v (A & C)

Auch hier sieht man schon, wie der Hase läuft: Man macht jeweils erst eine Konjunktionseinführung und anschließend eine Disjunktionseinführung. Wenn wir jetzt noch die Disjunktionsbeseitigung vornehmen, zu deren Zweck diese Unterbeweise geführt werden, dann sind wir fertig (siehe Beweis **22a**).

Sechstes Beispiel
Zu beweisen: ~A v B ⊢ A → B

Die Konklusion wird durch eine →-Einführung gefolgert werden müssen, und um aus der Prämissen etwas zu folgern, muss man die Disjunktion beseitigen. Das heißt, wir können unser Beweisproblem schrittweise reduzieren. Zunächst wissen wir, dass wir am Ziel angekommen sind, sobald wir diese Folgebeziehung bewiesen haben:

A, ~A v B ⊢ B

Sofern wir uns klarmachen, dass aus Satz A seine doppelte Negation folgt, und uns die Regel Modus tollendo ponens in Erinnerung rufen, sind wir damit schon am Ziel. Denn aus »~(~A)« und »~A v B« folgt gemäß dieser Regel Satz B.
Stellen wir uns aber mal vor, wir hätten die Regel Modus tollendo ponens vergessen. Was nun? Kein Grund zur Panik. Sofern wir uns wenigstens an die v-Beseitigungsregel erinnern, wissen wir, dass wir am Ziel sind, sobald wir die beiden nachstehenden Folgebeziehungen bewiesen haben:

A, ~A ⊢ B
A, B ⊢ B

Wie ein kurzer Blick auf die Regel Ex falso quodlibet lehrt, ist die erste dieser beiden Teilaufgaben leicht gelöst. Und die Reflexivität der Folgebeziehung allein garantiert bereits, dass die letzgenannte Folgebeziehung besteht (siehe Beweis **9**).

Siebtes Beispiel
Zu beweisen: A v B ⊢ ~(~A & ~B)

Die Konklusion werden wir mit Hilfe einer ~-Einführungsregel folgern müssen. Da es sich nicht um eine doppelte Negation handelt, kommt hierfür also die Regel Reductio ad absurdum in Frage. Das heißt, wir müssen zeigen, dass gilt:

A v B, ~A & ~B ⊢ ⊥

Um aus diesen Prämissen etwas zu folgern, müssen wir ihre Primäroperatoren beseitigen. Unsere früher angestellten Überlegungen zu konjunktiven Prämissen kommen auch hier wieder zum Zug. Das heißt, wir wissen, dass wir das Folgende nachweisen müssen:

A v B, ~A, ~B ⊢ ⊥

Die erste Prämisse ist eine Disjunktion, die es zu beseitigen gilt. Dies lässt sich mit Hilfe der Regel Modus tollendo ponens sehr leicht bewerkstelligen (siehe Beweis **14**).

Stellen wir uns jedoch abermals vor, diese Regel sei uns bedauerlicherweise entfallen. Wir können dann immer noch die beiden nachstehenden Folgebeziehungen unter Beweis stellen:

A, ~A, ~B ⊢ ⊥
B, ~A, ~B ⊢ ⊥

Haben wir dies erreicht, so bedarf es nun nur noch einer Anwendung der v-Beseitigungsregel, um unser ursprüngliches Beweisproblem erfolgreich zu lösen.

Achtes Beispiel
Zu beweisen: ~(A & ~B) ⊢ A → B

Die Konklusion ist ein materiales Konditional. Wenn wir also zeigen können, dass gilt:

A, ~(A & ~B) ⊢ B

dann brauchen wir, um unser Beweisziel zu erreichen, nur noch eine →-Einführung vorzunehmen. Die beiden Prämissen, mit denen wir es hier zu tun haben, erlauben die Anwendung der Regel Modus ponendo tollens. Resultat dieser Anwendung wäre nun aber »~~B«, die doppelte Negation der gewünschten Konklusion. Kein Problem! Die Konklusion folgt natürlich logisch aus ihrer doppelten Negation. Wir spalten unseren Beweis also in folgende Teilbeweise auf

A, ~(A & ~B) ⊢ ~~B
~~B ⊢ B

Eine Anwendung von Modus ponendo tollens und eine Anwendung der Doppelten-Negations-Beseitigungsregel, und wir haben unser Ziel erreicht.

Neuntes Beispiel
Zu beweisen: ~(A → B) ⊢ A & ~B

Diese Beweisaufgabe ist vertrackt. Weder taucht die Konklusion als Teilsatz der Prämisse auf, noch ein Satz, der ihre Negation ist oder dessen Negation sie ist. Die Konklusion ist zwar eine Konjunktion, aber eine Anwendung der &-Einführungsregel scheint uns hier nicht weiterzubringen: Denn es erscheint ganz undurchsichtig, wie man die beiden Konjunkte A und »~B« aus der Negation »~(A → B)« gewinnen können sollte. Welche Regel sollte man hier anwenden? Es müsste eine ~-Beseitigungsregel sein. Davon gibt es zwei basale und eine abgeleitete. Die beiden basalen sind die Regel Ex falso quodlibet und die Doppelte-Negations-Beseitigungsregel. Damit wir Ex falso quodlibet anwenden können, müsste »~(A → B)« selbstwidersprüchlich sein. Davon ist aber nichts zu merken. Und eine doppelte Negation ist sie auch nicht. Die einzige abgeleitete Negationsbeseitigungsregel ist Modus ponendo tollens. Aber auch diese Regel lässt sich hier nicht anwenden. Denn dafür bedarf es zweier Prämissen, von denen die negative die Form einer negierten Konjunktion hat. Weder das eine noch das andere trifft hier zu. Was also tun?

Hier empfiehlt es sich, den Umstand auszunutzen, dass die Konklusion aus ihrer doppelten Negation logisch folgt. Könnten wir zeigen, dass

~(A → B) ⊢ ~~ (A & ~B)

gilt, dann wären wir einen Katzensprung von unserem Beweisziel entfernt. Wir bräuchten nur noch die doppelte Negation zu beseitigen. Um die soeben genannte Folgebeziehung zu beweisen, müssen wir nur einen Beweis für die nachstehende Folgebeziehung liefern:

~(A → B), ~(A & ~B) ⊢ ⊥

Um diesen Beweis zu liefern, müssen wir offensichtlich zusätzliche Annahmen einführen, die wir gegen Ende wieder aufgeben. Aber welche? Nun, man kann es ja mal mit A probieren. In der Tat klappt dies. Aber statt nur zu raten, kann man sich auch Folgendes überlegen: Wir können zeigen, dass die letztgenannte Folgebeziehung tatsächlich besteht, wenn wir zeigen können, dass auch die untengenannte Folgebeziehung besteht:

~(A & ~B) ⊢ A → B

Denn »A → B« und »~(A → B)« zusammengenommen ergeben einen Widerspruch. Um diese Folgebeziehung zu beweisen, reicht es nun, den Beweis für das Folgende zu erbringen:

~(A & ~B), A ⊢ B

Und wenn wir uns in Erinnerung rufen, dass aus der doppelten Negation »~~B« der Satz B folgt, dann brauchen wir nur an die Regel Modus ponendo tollens zu denken, und es dämmert uns, wie wir vorgehen müssen (siehe Beweis **12a**).

14. Beweise einiger wichtiger Theoreme und Folgebeziehungen

Beweis 1:   A ⊢ ~~A   *(Doppelte-Negations-Einführung)*
1   (1)   A   Annahme
2   (2)   ~A   Annahme
1,2   (3)   A & ~A   1,2, &-Einführung
1   (4)   ~~A   2,3, RAA

> Griechenland ist Europameister. Also ist es falsch zu sagen, Griechenland sei nicht Europameister.

Beweis 2:   A, ~(A & B) ⊢ ~B   *(Modus ponendo tollens)*
1   (1)   A   Annahme
2   (2)   ~(A & B)   Annahme
3   (3)   B   Annahme
1,3   (4)   A & B   1,3, &-Einführung
1,2,3   (5)   (A & B) & ~(A & B)   2,4, &-Einführung
1,2   (6)   ~B   3,5, RAA

> Es ist nicht der Fall, dass Roth Mitglied der Fraktion ist und trotzdem Parteivorsitzende bleibt. Roth ist Mitglied der Fraktion. Angenommen, sie bliebe trotzdem Parteivorsitzende. Demnach wäre sie sowohl Mitglied der Fraktion als auch Parteivorsitzende. Das ist aber nicht der Fall. Also ist es nicht der Fall, dass sie Parteivorsitzende bleibt.

Beweis 3: ~B, A → B ⊢ ~A   *(Modus tollendo tollens)*
1	(1)	A → B	Annahme
2	(2)	~B	Annahme
3	(3)	A	Annahme
1,3	(4)	B	1,3, MPP
1,2,3	(5)	B & ~B	2,4, &-Einführung
1,2	(6)	~A	3,5, RAA

> Wenn Kalina Hunger hat, schreit sie. Kalina schreit aber nicht. Also hat sie auch keinen Hunger.

Beweis 4: A → B, B → C ⊢ A → C   *(Transitivität)*
1	(1)	A → B	Annahme
2	(2)	B → C	Annahme
3	(3)	A	Annahme
1,3	(4)	B	1, 3, MPP
1,2,3	(5)	C	2, 4, MPP
1,2	(6)	A → C	3, 5, →-Einführung

> Wenn genug Schokolade im Haus ist, dann esse ich den ganzen Tag Schokolade. Aber wenn ich den ganzen Tag Schokolade esse, dann werde ich über kurz oder lang kurzatmig. Wenn also genug Schokolade im Haus ist, dann werde ich über kurz oder lang kurzatmig.

Beweis 5: ~A v B ⊢ ~(A & ~B)
1	(1)	~A v B	Annahme
2	(2)	A & ~B	Annahme
3	(3)	~A	Annahme
2	(4)	A	2, &-Beseitigung
2,3	(5)	A & ~A	3, 4, &-Einführung
3	(6)	~(A & ~B)	2, 5, RAA
7	(7)	B	Annahme
2	(8)	~B	2, &-Beseitigung
2,7	(9)	B & ~B	7, 8, &-Einführung
7	(10)	~(A & ~B)	2, 9, RAA
1	(11)	~(A & ~B)	1, 3, 6, 7, 10, v-Beseitigung

> Daniel mag mich nicht mehr, oder ich bin bloß hypersensibel. Eins von beidem ist der Fall. Das heißt, es stimmt einfach nicht, dass ich nicht hypersensibel bin, Daniel mich aber noch mag.

Beweis 6:   ~A v B ⊢ A → B

1	(1)	~A v B	Annahme
1	(2)	~(A & ~B)	1, Folge, **Beweis 5**
3	(3)	A	Annahme
1,3	(4)	~~B	2, 3, MPT
1,3	(5)	B	4, DN-Beseitigung
1	(6)	A → B	3, 5, →-Einführung

> Wenn Daniel mich noch mag, dann bin ich einfach hypersensibel. Denn Daniel mag mich nicht mehr, oder ich bin hypersensibel.

Beweis 7:   ~A ⊢ A → B

1	(1)	~A	Annahme
1	(2)	~A v B	1, v-Einführung
1	(3)	A → B	2, Folge, **Beweis 6**

> Daniel mag mich nicht mehr. Also, wenn er mich noch mag, dann fresse ich einen Besen.

Beweis 8:   ~A, A v B ⊢ B   (*Modus tollendo ponens*)

1	(1)	~A	Annahme
2	(2)	A v B	Annahme
3	(3)	A	Annahme
1	(4)	A → B	1, Folge, **Beweis 7**
1,3	(5)	B	3, 4, MPP
6	(6)	B	Annahme
1,2	(7)	B	2,3,5,6,6, v-Beseitigung

> Entweder ziehst Du aus, oder ich ziehe aus. Ich ziehe aber nicht aus. Also ziehst Du aus!

Beweis 9:   ~A, A v B ⊢ B   (*Modus tollendo ponens*)

1	(1)	~A	Annahme
2	(2)	A v B	Annahme
3	(3)	A	Annahme
1,3	(4)	B	1, 3, EFQ
5	(5)	B	Annahme
1,2	(7)	B	2,3,4,5,5, v-Beseitigung

> Entweder ziehst Du aus, oder ich ziehe aus. Ich ziehe aber nicht aus. Also ziehst Du aus!

Beweis 10a: **A ⊢ A v A**

| 1 | (1) | A | Annahme |
| 1 | (2) | A v A | 1, v-Einführung |

> Ich habe recht. Also habe ich recht oder habe recht.

Beweis 10b: **A v A ⊢ A**

1	(1)	A v A	Annahme
2	(2)	A	Annahme
1	(3)	A	1,2,2,2,2, v-Beseitigung

> Entweder bist Du der Blöde oder Du bist der Blöde. Also, wer ist hier der Blöde? Du natürlich!

Beweis 11a: **A → B ⊢ ~(A & ~B)**

1	(1)	A → B	Annahme
2	(2)	A & ~B	Annahme
2	(3)	A	2, &-Beseitigung
2	(4)	~B	2, &-Beseitigung
1,2	(5)	B	1, 3, MPP
1,2	(6)	B & ~B	4, 5, &-Einführung
1	(7)	~(A & ~B)	2, 6, RAA

> Wenn die Bullen Dich anhalten, dann lassen sie Dich nach kurzer Zeit wieder laufen. Es ist also ausgeschlossen, dass sie Dich anhalten und nicht nach kurzer Zeit wieder laufen lassen.

Beweis 11b: **~(A & ~B) ⊢ A → B**

1	(1)	~(A & ~B)	Annahme
2	(2)	A	Annahme
3	(3)	~B	Annahme
2,3	(4)	A & ~B	2, 3, &-Einführung
1,2,3	(5)	(A & ~B) & ~(A & ~B)	1, 4, &-Einführung
1,2	(6)	~~B	3, 5, RAA
1,2	(7)	B	6, DN-Beseitigung
1	(8)	A → B	2, 7, →-Einführung

Es ist ausgeschlossen, dass Dich die Polizei anhält, aber nicht nach kurzer Zeit wieder laufen lässt. Wenn sie Dich also anhält, dann lässt sie Dich nach kurzer Zeit wieder laufen.

Beweis 12a: ~(A → B) ⊢ A & ~B

1	(1)	~(A → B)	Annahme
2	(2)	~(A & ~B)	Annahme
3	(3)	A	Annahme
2,3	(4)	~~B	2, 3, MPT
2,3	(5)	B	4, DN-Beseitigung
2	(6)	A → B	3, 5, →-Einführung
1,2	(7)	(A → B) & ~(A → B)	1, 6, &-Einführung
1	(8)	~~(A & ~B)	2, 7, RAA
1	(9)	A & ~B	8, DN-Beseitigung

Weder ist es der Fall, dass es sowohl klingelt als auch der Hund bellt, noch, dass der Hund bellt, obwohl es nicht klingelt, noch, dass es weder klingelt noch der Hund bellt *(siehe Wahrheitstafel für das Materiale Konditional)*. Wenn dies so ist, dann klingelt es also, aber der Hund bellt nicht *(siehe Ausführungen zu den Paradoxien der materialen Implikation)*.

Beweis 12b: A & ~B ⊢ ~(A → B)

1	(1)	A & ~B	Annahme
2	(2)	A → B	Annahme
1	(3)	A	1, &-Beseitigung
1	(4)	~B	1, &-Beseitigung
1,2	(5)	B	2, 3, MPP
1,2	(6)	B & ~B	4, 5, &-Einführung
1	(7)	~(A → B)	2, 6, RAA

Es klingelt, aber der Hund bellt nicht. Es ist also nicht der Fall, dass, wenn es klingelt, der Hund bellt.

Beweis 13a: ~(A v B) ⊢ ~A & ~B

1	(1)	~(A v B)	Annahme
2	(2)	A	Annahme
2	(3)	A v B	2, v-Einführung
1,2	(4)	(A v B) & ~(A v B)	1, 3, &-Einführung
1	(5)	~A	2, 4, RAA
6	(6)	B	Annahme
6	(7)	A v B	6, v-Einführung
1,6	(8)	(A v B) & ~(A v B)	1, 7, &-Einführung

1	(9)	~B	6, 8, RAA
1	(10)	~A & ~B	5, 9, &-Einführung

> Weder Berta noch Max lassen uns etwas von ihrem Kuchen übrig. Denn dass uns Berta oder Max etwas von ihrem Kuchen übrig lassen, das kannst Du getrost vergessen.

Beweis 13b: ~A & ~B ⊢ ~(A v B)

1	(1)	~A & ~B	Annahme
2	(2)	A v B	Annahme
1	(3)	~A	1, &-Beseitigung
1,2	(4)	B	2, 3, Modus tollendo ponens
1	(5)	~B	1, &-Beseitigung
1,2	(6)	B & ~B	4, 5, &-Einführung
1	(7)	~(A v B)	2, 6, Reductio ad absurdum

> Dass uns Berta oder Max mit offenen Armen empfangen, ist ausgeschlossen. Denn weder Berta noch Max werden uns mit offenen Armen empfangen.

Beweis 14: (A v B) ⊢ ~(~A & ~B)

1	(1)	A v B	Annahme
2	(2)	~A & ~B	Annahme
2	(3)	~A	2, &-Beseitigung
2	(4)	~B	2, &-Beseitigung
1,2	(5)	B	1, 4, MTP
1,2	(6)	B & ~B	4, 5, &-Einführung
1	(7)	~(~A & ~B)	2, 6, RAA

> Ich gehe nach Barcelona, oder ich bleibe in Berlin. Also kannst Du Dir eines schon aus dem Kopf schlagen, nämlich, dass ich weder nach Barcelona gehe noch in Berlin bleibe.

Beweis 15a: ~(A & B) ⊢ ~A v ~B

1	(1)	~(A & B)	Annahme
2	(2)	~(~A v ~B)	Annahme
3	(3)	A	Annahme
1,3	(4)	~B	1, 3, MPT
1,3	(5)	~A v ~B	4, v-Einführung
1,2,3	(6)	(~A v ~B) & ~(~A v ~B)	2, 5, &-Einführung
1,2	(7)	~A	3, 6, RAA
1,2	(8)	~A v ~B	7, v-Einführung
1,2	(9)	(~A v ~B) & ~(~A v ~B)	2, 8, &-Einführung

1	(10)	~~(~A v ~B)	2, 9, RAA
1	(11)	~A v ~B	10, DN-Beseitigung

> Es stimmt einfach nicht, dass ich abends ins Kino gehe und nachmittags im Café rumhänge. Also entweder gehe ich abends nicht ins Kino oder hänge nachmittags nicht im Café rum.

Beweis 15b: ~A v ~B ⊢ ~(A & B)

1	(1)	~A v ~B	Annahme
2	(2)	A & B	Annahme
2	(3)	A	2, &-Beseitigung
2	(4)	B	2, &-Beseitigung
5	(5)	~A	Annahme
2,5	(6)	A & ~A	3, 5, &-Einführung
5	(7)	~(A & B)	2, 6, RAA
8	(8)	~B	Annahme
2,8	(9)	B & ~B	4, 8, &-Einführung
8	(10)	~(A & B)	2, 9, RAA
1	(11)	~(A & B)	1, 5, 7, 8, 10, v-Beseitigung

> Entweder bin ich nicht klar im Kopf oder nicht wach genug. Also ist ausgeschlossen, dass ich sowohl wach genug als auch klar im Kopf bin.

Beweis 16: ⊢ A → A

1	(1)	A	Annahme
	(2)	A → A	1, 1, →-Einführung

> Wenn ich keine Zeit habe, dann habe ich keine Zeit. Das kann gar nicht anders sein.

Beweis 17: ⊢ (A → B) → (~B → ~A)   *(Kontraposition)*

1	(1)	A → B	Annahme
2	(2)	~B	Annahme
1,2	(3)	~A	1, 2, MTT
1	(4)	~B → ~A	2, 3, →-Einführung
	(5)	(A → B) → (~B → ~A)	1, 4, →-Einführung

> Wenn gilt, dass ich nur dann den Preis gewinne, wenn ich mich vor allen entblöße, dann gewinne ich den Preis nicht, wenn ich mich nicht vor allen entblöße. Das ist ja wohl klar wie Kloßbrühe und könnte gar nicht anders sein.

Beweis 18: ⊢ (A → (B → C)) → ((A → B) → (A → C))

1	(1)	A → (B → C)	Annahme
2	(2)	A → B	Annahme
3	(3)	A	Annahme
1,3	(4)	B → C	1, 3, MPP
2,3	(5)	B	2, 3, MPP
1,2,3	(6)	C	4, 5, MPP
1,2	(7)	A → C	3, 6, →-Einführung
1	(8)	(A → B) → (A → C)	2, 7, →-Einführung
	(9)	(A → (B → C)) → ((A → B) → (A → C))	1, 8, →-Einführung

> Wenn ich am Wettkampf teilnehme, dann habe ich nur dann eine Chance, wenn ich vorher hart trainiere. Wenn das aber so ist, dann gilt auch: Habe ich, wenn ich am Wettkampf teilnehme, eine Chance, dann nehme ich nur dann am Wettkampf teil, wenn ich vorher hart trainiere.

Beweis 19: ⊢ A v ~A

1	(1)	~(A v ~A)	Annahme
2	(2)	A	Annahme
2	(3)	A v ~A	2, v-Einführung
1,2	(4)	(A v ~A) & ~(A v ~A)	1, 3, &-Einführung
1	(5)	~A	2, 4, RAA
1	(6)	A v ~A	5, v-Einführung
1	(7)	(A v ~A) & ~(A v ~A)	1, 6, &-Einführung
	(8)	~~(A v ~A)	1, 7, RAA
	(9)	A v ~A	8, DN-Beseitigung

> Entweder ändert sich das Wetter, oder es bleibt, wie es ist. Wie könnte es anders sein?

Beweis 20: A → B ⊢ ~A v B

1	(1)	A → B	Annahme
2	(2)	~(~A v B)	Annahme
3	(3)	A	Annahme
1,3	(4)	B	1, 3, MPP
1,3	(5)	~A v B	4, v-Einführung
1,2,3	(6)	(~A v B) & ~(~A v B)	2, 5, &-Einführung
1,2	(7)	~A	3, 6, RAA
1,2	(8)	~A v B	7, v-Einführung
1,2	(9)	(~A v B) & ~(~A v B)	2, 8, &-Einführung
1	(10)	~~(~A v B)	2, 9, RAA
1	(11)	~A v B	10, DN-Beseitigung

Entweder lügst Du mich jetzt also an, oder mein Gedächtnis funktioniert nicht mehr richtig. Denn wenn mein Gedächtnis noch richtig funktioniert, dann lügst Du mich an.

Beweis 21: **A → B ⊢ A & C → B**

1	(1)	A → B	Annahme
2	(2)	A & C	Annahme
2	(3)	A	2, &-Beseitigung
1,2	(4)	B	1, 3, MPP
1	(5)	(A & C) → B	2, 4, →-Einführung

Wenn ich am Wettkampf teilnehme, dann gebe ich alles. Also verlass Dich drauf: Wenn ich am Wettkampf teilnehme und es regnet Bindfäden, dann gebe ich alles.

Beweis 22a: **A & (B v C) ⊢ (A & B) v (A & C)**

1	(1)	A & (B v C)	Annahme
1	(2)	A	1, &-Beseitigung
1	(3)	B v C	1, &-Beseitigung
4	(4)	B	Annahme
1,4	(5)	A & B	2, 4, &-Einführung
1,4	(6)	(A & B) v (A & C)	5, v-Einführung
7	(7)	C	Annahme
1,7	(8)	A & C	2, 7, &-Einführung
1,7	(9)	(A & B) v (A & C)	8, v-Einführung
1	(10)	(A & B) v (A & C)	3, 4, 6, 7, 9, v-Beseitigung

Es ist meine Schuld, aber entweder wird Dich meine Mutter entschädigen oder mein Vater. Also entweder ist es meine Schuld und Dich entschädigt meine Mutter, oder es ist meine Schuld und Dich entschädigt mein Vater.

Beweis 22b: **(A & B) v (A & C) ⊢ A & (B v C)**

1	(1)	(A & B) v (A & C)	Annahme
2	(2)	A & B	Annahme
2	(3)	A	2, &-Beseitigung
2	(4)	B	2, &-Beseitigung
2	(5)	B v C	4, v-Einführung
2	(6)	A & (B v C)	3, 5, &-Einführung
7	(7)	A & C	Annahme
7	(8)	A	7, &-Beseitigung
7	(9)	C	7, &-Beseitigung
7	(10)	B v C	9, v-Einführung

7	(11)	A & (B v C)	8, 10, &-Einführung
1	(12)	A & (B v C)	1, 2, 6, 7, 11, v-Beseitigung

> Entweder fährt er nach Mexiko und kommt wieder, oder er fährt Mexiko und lässt sich dort nieder. Demnach fährt er also nach Mexiko und kommt entweder wieder oder lässt sich dort nieder.

Beweis 23a: A v (B & C) ⊢ (A v B) & (A v C)

1	(1)	A v (B & C)	Annahme
2	(2)	A	Annahme
2	(3)	A v B	2, v-Einführung
2	(4)	A v C	2, v-Einführung
2	(5)	(A v B) & (A v C)	3, 4, &-Einführung
6	(6)	B & C	Annahme
6	(7)	B	6, &-Beseitigung
6	(8)	A v B	7, v-Einführung
6	(9)	C	6, &-Beseitigung
6	(10)	A v C	9, v-Einführung
6	(11)	(A v B) & (A v C)	8, 10, &-Einführung
1	(12)	(A v B) & (A v C)	1, 2, 5, 6, 11, v-Beseitigung

> Entweder ziehe ich aus, oder aber Du hörst mit dem Rauchen auf und wäschst Dich regelmäßig. Folglich stell Dich darauf ein: Entweder Du hörst mit dem Rauchen auf, oder ich ziehe aus. Und ebenfalls darauf: Entweder Du wäschst Dich regelmäßig, oder ich ziehe aus.

Beweis 23b: (A v B) & (A v C) ⊢ A v (B & C)

1	(1)	(A v B) & (A v C)	Annahme
2	(2)	~(A v (B & C))	Annahme
3	(3)	~A	Annahme
1	(4)	A v B	1, &-Beseitigung
1,3	(5)	B	3, 4, MTP
1	(6)	A v C	1, &-Beseitigung
1,3	(7)	C	3, 6, MTP
1,3	(8)	B & C	5, 7, &-Einführung
1,3	(9)	A v (B & C)	8, v-Einführung
1,2,3	(10)	(A v (B & C)) & ~(A v (B & C))	2, 9, &-Einführung
1,2	(11)	~~A	3, 10, RAA
1,2	(12)	A	11, DN-Beseitigung
1,2	(13)	A v (B & C)	12, v-Einführung
1,2	(14)	(A v (B & C)) & ~(A v (B & C))	2, 13, &-Einführung
1	(15)	~~(A v (B & C))	2, 14, RAA
1	(16)	A v (B & C)	15, DN-Beseitigung

Zweierlei gilt: Die Brücke hält, oder es gibt ein Unglück. Und: Die Brücke hält, oder ich verliere meinen Job. Also kann ich mir ausrechnen: Entweder hält die Brücke, oder aber es gibt ein Unglück, und ich verliere meinen Job.

III. Elementare Prädikatenlogik

15. Was ist Prädikatenlogik?

15.1 Aussagenlogische Form und prädikatenlogische Form

Die Regeln der Aussagenlogik erlauben uns bloß, solche logischen Folgebeziehungen zwischen Sätzen zu beweisen, für deren Vorliegen allein die aussagenlogische Form dieser Sätze entscheidend ist. Die aussagenlogische Form eines Satzes, so hatten wir gesagt, wird dann sichtbar, wenn man diesen Satz in seine Teilsätze zerlegt. Die aussagenlogische Analyse macht also auf der Ebene von Satzbestandteilen halt, die wiederum Sätze sind. Dabei werden nur solche Teilsätze als logisch relevante Elemente anerkannt, deren Wahrheitswert einen Einfluss auf den Wahrheitswert des ursprünglichen Satzes hat. Im Extremfall ist der einzige solche Teilsatz, aus dem ein gegebener Satz B aufgebaut ist, der Satz B selbst. Dies gilt zum Beispiel für den Satz »Paul ist wütend«. In solchen Fällen spricht man allerdings besser davon, der Satz B habe gar keine aussagenlogische Struktur. Wie wir gesehen haben, ist diese Auskunft durchaus damit verträglich, dass Satz B in aussagenlogischen Folgerungsbeziehungen zu Mengen von anderen Sätzen $A_1 \ldots A_n$ steht – Mengen von Sätzen nämlich, von denen mindestens ein Satz den Satz B als Teilsatz enthält. Ein Beispiel hierfür ist die nachstehend behauptete Folgebeziehung:

$A \lor B, \sim A \vdash B$

Wenn von zwei Sätzen A und B hingegen keiner den jeweils anderen als Teilsatz enthält, dann besteht zwischen diesen beiden Sätzen allein im Normalfall keine aussagenlogische Folgerungsbeziehung. Und wenn dasselbe für B und jedes Element einer Menge von Sätzen $A_1 \ldots A_n$ gilt, dann bestehen im Normalfall zwischen B und der Menge $A_1 \ldots A_n$ ebenfalls keine aussagenlogischen Folgerungsbeziehungen. Warum »im Normalfall«? Ein Blick auf die Theorem-Einführungsregel und die Regel Ex falso quodlibet sollte genügen, um diese Frage zu beantworten: Wenn nämlich B ein Theorem ist, dann folgt B aus jedem beliebigen Satz, und wenn aus der Satzmenge $A_1 \ldots A_n$ ein Widerspruch folgt, dann folgt aus dieser Menge – gemäß Ex falso quodlibet – jeder beliebige Satz. Wenn nun aber weder B ein Theorem ist noch die Satzmenge $A_1 \ldots A_n$ einen Widerspruch abzuleiten erlaubt, dann werden, solange B und $A_1 \ldots A_n$ keine Teilsätze gemein haben, keinerlei aussagenlogische Folgerungsbeziehungen zwischen B und $A_1 \ldots A_n$ bestehen. Wenn sich Logik auf Aussagenlogik beschränkte, dann bestünde zwischen solchen Sätzen demnach gar keine logische Beziehung.

Zwei Beispiele mögen verdeutlichen, dass dies ein unbefriedigendes Ergebnis wäre. Die beiden nachfolgenden Argumente sind intuitiv gesprochen gültig, obwohl sie sich mit aussagenlogischen Mitteln nicht als logisch gültig erweisen lassen:

1	(1)	Kein Kollege kommt zur Konferenz.	Annahme
2	(2)	Otto ist ein Kollege.	Annahme
1,2	(3)	Otto kommt nicht zur Konferenz.	[...]
4	(4)	Jeder Sünder wird vom Blitz getroffen.	Annahme
5	(5)	Kein Blitz trifft George W. Bush.	Annahme
4,5	(6)	George W. Bush ist kein Sünder.	[...]

Wenn die Prämissen dieser Argumente allesamt wahr sind, dann ist – ganz gleich, was sonst noch der Fall oder nicht der Fall sein mag – ihre jeweilige Konklusion ebenfalls wahr. Nach unserem allgemeinen Begriff der Folge folgt also die jeweilige Konklusion aus den jeweiligen Prämissen. Nun sind zugegebenermaßen nicht alle Folgebeziehungen immer auch *logische* Folgebeziehungen. Aber man kann sich des Eindrucks nur schwer erwehren, dass die intuitive Gültigkeit der Argumente etwas mit der *internen Struktur* der Sätze zu tun hat, die als ihre Prämissen bzw. Konklusionen fungieren. Dies zeigt sich daran, dass sich nach demselben Strickmuster unendlich viele andere, ebenso intuitiv gültige Argumente konstruieren lassen. Hier sind einige Beispiele dafür:

1	(1)	Keine Hummel brummt in der Brunftzeit.	Annahme
2	(2)	Dieses Tier ist eine Hummel.	Annahme
1,2	(3)	Dieses Tier brummt nicht zur Brunftzeit.	[...]
1	(1)	Kein Schwein ruft mich an.	Annahme
2	(2)	Chanchito ist ein Schwein.	Annahme
1,2	(3)	Chanchito ruft mich nicht an.	[...]
4	(4)	Jedes Mensa-Essen wird von Spitzenköchen gekocht.	Annahme
5	(5)	Kein Spitzenkoch kocht Grünkohl-Nudelauflauf mit Zigeunersauce.	Annahme
4,5	(6)	Grünkohl-Nudelauflauf mit Zigeunersauce ist kein Mensa-Essen.	[...]
4	(4)	Jedes Kind wird von einem Elternteil verhätschelt.	Annahme
5	(5)	Kein Elternteil verhätschelt César.	Annahme
4,5	(6)	César ist kein Kind.	[...]

Allerdings kann keines dieser Argumente allein mit aussagenlogischen Mitteln als logisch gültig erwiesen werden. Um dies einzusehen, versuche man zunächst, die aussagenlogische Form der Prämissen und Konklusionen anzugeben. Dabei wird man feststellen, dass es keinen Teilsatz gibt, der sowohl in der jeweiligen Konklusion vorkommt (bzw. mit ihr identisch ist) als auch in irgendeiner der Prämissen vorkommt (bzw. mit einer dieser Prämissen identisch ist). Wir wollen dies anhand des ersten der beiden eingangs genannten Beispiele veranschaulichen. Die Vermutung liegt nahe, dass sowohl die Prämisse (1) als auch die Konklusion (3) die aussagenlogische Form einer Negation hat. Nehmen wir ruhig an, diese Vermutung bestätige sich und es verhielte sich tatsächlich so. Eine Formalisierung des ersten Arguments sähe dann in etwa so aus:

1	(1)	~A	Annahme
2	(2)	B	Annahme
1,2	(3)	~C	[...]

Man sieht sofort, dass dieses Argumentschema nicht bloß logisch gültige Argumente zu generieren erlaubt, sondern unendlich viele ungültige. Hier ist ein Beispiel für ein solches ungültiges Argument:

> Kein Mensch hat Ahnung.
> Die Wahl ist nochmal gut ausgegangen.
> Also werde ich morgen nicht kommen.

Offensichtlich gibt es keine aussagenlogischen Regeln, die dieses Argument legitimierten. Da aussagenlogische Regeln aber allgemeiner Natur sind, werden die eingangs genannten, intuitiv gültigen (1)-(2)-(3)-Argumente ebensowenig allein durch aussagenlogische Regeln legitimiert. Wie kann man nun aber erklären, dass die eingangs genannten (1)-(2)-(3)-Argumente allesamt gültig sind, wenn sie denn nicht aussagenlogisch gültig sind, wie das letzte Beispiel zeigt? Offensichtlich sind die Struktureigenschaften, die die aussagenlogische Form eines Satzes bestimmen, nicht die einzigen seiner logisch relevanten Struktureigenschaften. Die Sätze (1), (2) und (3) haben eine interne Struktur, aufgrund derer sie logisch aufeinander bezogen sind. Aber die Elemente dieser Struktur sind keine Teilsätze, sondern Prädikate, Namen und logische Zeichen. Die Prädikatenlogik hat es mit genau solchen logischen Strukturen zu tun, die sich erst unterhalb der Satzebene dingfest machen lassen. Darum spricht man auch von der **prädikatenlogischen Form** von Sätzen.

Um die prädikatenlogische Form eines Satzes erkennen zu können, müssen wir mehr unterscheiden können als bloß Teilsätze und Operatoren, die sie verknüpfen oder sie – wie im Fall der Negation – modifizieren. Bevor wir uns der Frage zuwenden, worin die prädikatenlogische Struktur von Sätzen besteht und wie wir sie erkennen können, müssen wir uns zunächst mit einigen der Typen von Teilausdrücken vertraut machen, die die Elemente solcher Strukturen bilden.

15.2 Singuläre und generelle Terme

Zwei dieser Typen von Teilausdrücken sind bereits genannt worden: (1.) **Namen** und (2.) **Prädikate**.
1. Unter **Namen** wollen wir alle Individualausdrücke verstehen, also alle Ausdrücke, die, sofern sie etwas bezeichnen, einen individuellen Gegenstand bezeichnen. Individualausdrücke werden manchmal auch **singuläre Terme** genannt.

Innerhalb der Gruppe der singulären Terme (also Namen) unterscheiden wir noch einmal zwischen **Eigennamen** und sogenannten **definiten Kennzeichnungen**. Eigennamen sind – grob gesagt – Individualausdrücke, die keinen beschreibenden Charakter haben. Das heißt: Ausgehend von unserer Kenntnis des Namens eines Gegenstandes können wir noch keine Angaben über die Eigenschaften machen, die dieser Gegenstand hat. Zum Beispiel verrät uns der Name »Citlaltépetl« nichts über den Gegenstand, den er benennt. Demgegenüber sind definite Kennzeichnungen Individualausdrücke, die einen beschreibenden Charakter haben. Wenn wir wissen, dass eine bestimmte Kennzeichnung tatsächlich einen Gegenstand bezeichnet, dann wissen wir, dass dieser Gegenstand bestimmte Eigenschaften hat. Zum Beispiel wissen wir, dass der durch die Kennzeichnung »der höchste Berg Mexikos« benannte Gegenstand jedenfalls ein Berg ist. Dieser beschreibende Charakter wird durch das Wort »Kennzeichnung« angezeigt. Das Wort »definit« soll klarstellen, dass es sich um einen und nur einen Gegenstand handelt, auf den die jeweilige Beschreibung zutrifft. (Nur ein einziger Berg kann **der** höchste Berg Mexikos sein.) Die Definitheit einer Kennzeichnung kommt dadurch zum Ausdruck, dass sie einen **bestimmten Artikel** enthält (»der«, »die« oder »das«).

Um den Unterschied zwischen Eigennamen und definiten Kennzeichnungen zu verdeutlichen, sei hier eine Liste von singulären Termen beider Arten angegeben:

Singuläre Terme (Individualausdrücke, Namen)	
Eigennamen	**definite Kennzeichnungen**
»Penélope«	»Césars beste Freundin«
»Joschka Fischer«	»der gegenwärtige Bundesaußenminister«
»China«	»der gegenwärtige Kaiser von China«
»Citlaltépetl«	»der höchste Berg Mexikos«
»St. Andrews«	»die älteste Universitätsstadt Schottlands«
»Paul«	»die Hauptstadt von Dänemark«
»Otto«	»die kleinste natürliche Zahl«
»Berta«	»die größte natürliche Zahl«
»Olga«	»die Mutter von Olga«

2. **Prädikate** sind demgegenüber allgemeine Ausdrücke oder, wie man auch sagt, **generelle Terme**. Prädikate können dabei grob als Ausdrücke verstanden werden, die, wenn man sie gezielt mit einem oder mehreren, beliebig gewählten singulären Termen kombiniert, vollständige wahrheitswertfähige Sätze ergeben. Dass die singulären Terme dabei beliebig gewählt werden können, signalisiert die Allgemeinheit von Prädikaten. Offensichtlich sind Namen keine Prädikate: Wenn man Namen mit Namen kombiniert, bekommt man allenfalls eine Liste, aber keinen wahrheitswertfähigen Satz.

Neben den Prädikaten gibt es noch eine andere Kategorie von generellen Termen, die **Funktoren**. Funktoren sind allgemeine Ausdrücke, die, wenn man sie gezielt mit einem oder mehreren Namen kombiniert, definite Kennzeichnungen ergeben.

Generelle Terme	
Prädikate	**Funktoren**
»… tanzt«	»der gegenwärtige Kaiser von …«
»… ist grün«	»der höchste Berg von …«
»… ist positiv«	»die Universität von …«
»… ist ein Berg«	»der Hauptmann aus …«
»… ist eine Zahl«	»die Hauptstadt von …«
»… und — sind ein Paar«	»die Mutter von …«
»… singt lauter als —«	»der älteste Sohn von … und —«
»… liegt zwischen — und ---«	»der heißeste Ort zwischen … und —«
»…, —, --- und -·-·- sind die Seiten eines Quadrats«	»der Freund von … nach — und vor ---«

Sowohl Prädikate als auch Funktoren führen, wie man sieht, Leerstellen mit sich. Generelle Terme sind also in gewissem Sinn **unvollständige Ausdrücke**. Die Leerstellen zeigen an, wo Individualausdrücke eingesetzt werden müssen, um aus einem Prädikat einen Satz bzw. aus einem Funktor eine definite Kennzeichnung zu machen. Je nachdem, wieviele Leerstellen ein Prädikat mit sich führt, spricht man von einstelligen, zweistelligen, dreistelligen … oder schlicht von mehrstelligen Prädikaten. Entsprechendes gilt für Funktoren. Wenn in einem Satz ein Prädikat mit n Leerstellen vorkommt, von denen mindestens eine durch einen singulären Term gefüllt ist, so lässt sich dieses Prädikat immer auch als $n-1$-stelliges Prädikat analysieren, indem man nämlich den betreffenden singulären Term mit zum Prädikatsausdruck rechnet. Zum Beispiel kann man den Satz »Otto geht auf die Konferenz« wahlweise in das zweistellige Prädikat »… geht auf —« und die beiden singulären Terme »Otto« und »die Konferenz« oder in das einstellige Prädikat »… geht auf die Konferenz« und den singulären Term »Otto« zerlegen. (Wie weit man die Analyse treiben sollte, wird davon abhängen, welche Analyse für den Nachweis welcher prädikatenlogischen Folgebeziehungen vonnöten ist. Doch dazu später mehr.)

Wie man an den Beispielen sieht, bezeichnen Funktoren offenbar Funktionen, deren Input in der Regel individuelle Gegenstände und deren Output in der Regel wieder individuelle Gegenstände sind. Manchmal kommt es allerdings vor, dass es für einen Gegenstand als Input keinen Gegenstand als Output gibt. Zum Beispiel bezeichnet die definite Kennzeichnung, die man erhält, wenn man in den Funktor »der gegenwärtige Kaiser von —« den Eigennamen »Deutschland« einsetzt, glücklicherweise gar nichts.

Prädikate können entsprechend als Ausdrücke verstanden werden, die Funktionen bezeichnen, deren Input Gegenstände und deren Output Wahrheitswerte sind. Dies hat man sich so vorzustellen: Vervollständigt man ein n-stelliges Prädikat durch n Individualausdrücke, dann erhält man einen wahrheitswertfähigen Satz; der Wahrheitswert dieses Satzes ist dann der Wert, den die von dem Prädikat bezeichnete Funktion ausspuckt, wenn man sie mit den Gegenständen füttert, die die Individualausdrücke bezeichnen.

Wir werden später noch sehen, dass sich Sätze, in denen Funktoren vorkommen, systematisch in Sätze übersetzen lassen, die keine Funktoren mehr enthalten und stattdessen komplexe mehrstellige Prädikate. Funktoren als eigenständige Kategorie von Ausdrücken sind also für die Belange der logischen Analyse verzichtbar. Ebenso lassen sich auch Sätze, die definite Kennzeichnungen enthalten, in Sätze übersetzen, die keine definiten Kennzeichnungen mehr enthalten (siehe Kapitel 19). Diese Möglichkeit ist besonders dann sehr willkommen, wenn man es mit definiten Kennzeichnungen zu tun hat, die nichts bezeichnen. An dieser Stelle mag uns allerdings gestattet sein, bis auf weiteres definite Kennzeichnungen als nicht weiter zerlegt zu denken, sondern – ganz so wie Eigennamen auch – als nicht weiter analysierbare Namen zu behandeln. Funktoren werden demnach bis auf weiteres keine Rolle mehr spielen, definite Kennzeichnungen hingegen schon.

Im weiteren Verlauf wird es nützlich sein, sowohl Prädikate als auch Namen (Eigennamen und definite Kennzeichnungen) zu formalisieren. Analog den aus der Aussagenlogik bereits hinlänglich bekannten schematischen Satzbuchstaben werden demnach schematische Buchstaben gebraucht, die jeweils Platzhalter für Prädikate oder Namen sind. Wir wollen für diese Zwecke die folgende Festsetzung treffen: Die Großbuchstaben »F«, »G«, »H«, ..., »L« werden wir als Prädikatbuchstaben gebrauchen; hingegen werden die (kursiv gesetzten) Kleinbuchstaben »m«, »n«, und »o« künftig als Platzhalter für singuläre Terme dienen. Dabei gehen wir künftig stets davon aus, dass »m«, »n«, und »o« tatsächlich etwas bezeichnen. Sollte der Fall eintreten, dass wir im Rahmen unserer logischen Rekonstruktionsbemühungen mehr schematische Buchstaben für Prädikate bzw. singuläre Terme benötigen, dann ist es uns hiermit erlaubt, die bereits genannten Buchstaben mit fortlaufenden Indizes zu versehen und auf diese Weise unbegrenzt viele Platzhalter zu generieren (»F_1«, »F_2«, »F_3«, ... bzw. »m_1«, »m_2«, »m_3«, ...). Die (2)er Prämissen

> Otto ist ein Kollege.
> Dieses Tier ist eine Hummel.
> Chanchito ist ein Schwein.

können also durch die prädikatenlogische Formel

> Fm

repräsentiert werden. Entsprechend können die (3)er Konklusionen

> Otto kommt nicht zur Konferenz.
> Dieses Tier brummt nicht zur Brunftzeit.
> Chanchito ruft mich nicht an.

formalsprachlich durch

> ~Gm

repräsentiert werden.

Für die prädikatenlogische Form von Sätzen ist nun aber nicht nur entscheidend, dass sie aus singulären und generellen Termen bestehen. In den Prämissen aller (1)-(2)-(3)-Argumente und den Prämissen aller (4)-(5)-(6)-Argumente kommen neben Prädikaten, Eigennamen und Kennzeichnungen beispielsweise auch Ausdrücke wie »kein« und »jeder« vor. Und es ist unter anderem das

Vorkommen dieser Ausdrücke, das für die logische Gültigkeit all dieser Argumente gleichermaßen verantwortlich zu sein scheint. Denn während in den jeweiligen (1)-(2)-(3)-Argumenten ganz unterschiedliche Prädikate, Eigennamen und Kennzeichnungen vorkommen, enthalten die (1)er-Prämissen allesamt in derselben Position das Wort »kein« bzw. »keine«. Entsprechendes gilt für die (4)-(5)-(6)-Argumente: In den (4)er-Prämissen kommt ausnahmslos an derselben Stelle das Wort »jeder« bzw. »jedes« vor, und in den (5)er-Prämissen kommt ausnahmslos an derselben Stelle das Wort »kein« bzw. »keine« vor. Was die restlichen Satzbestandteile betrifft, so unterscheiden sich diese Prämissen jedoch voneinander. Es liegt also nahe, dass sich die unterschiedslose Gültigkeit aller (4)-(5)-(6)-Argumente im Rückgriff darauf erklären lässt, dass in ihnen der Ausdruck »jeder« bzw. »jedes« in einheitlicher Weise vorkommt.

→ Übung G

15.3 Allquantifizierte und existenzquantifizierte Sätze

Wörter wie »kein« und »jede« erfüllen in der Tat wichtige prädikatenlogische Funktionen, die wir noch klären müssen. Aber diese Wörter sind nicht die einzigen Wörter, die sich von Prädikaten, Eigennamen und Kennzeichnungen unterscheiden und über deren prädikatenlogische Rolle wir uns erst noch klarwerden müssen. Um sich dies vor Augen zu führen und zugleich unsere Liste zu erweitern, betrachten wir die folgenden Argumente:

1	(1)	Der letzte Gast möchte Kaffee.	Annahme
1	(2)	Mindestens einer möchte Kaffee.	[...]
1	(1)	Alle werden langsam dicker.	Annahme
1	(2)	Sven wird langsam dicker.	[...]
1	(1)	Alle Frösche sind Amphibien.	Annahme
2	(2)	Einige Frösche haben gelbe Hälse.	Annahme
1,2	(3)	Einige Amphibien haben gelbe Hälse.	[...]
1	(1)	Alle Frösche sind Amphibien.	Annahme
2	(2)	Alle Amphibien schlüpfen aus Eiern.	Annahme
1,2	(3)	Alle Frösche schlüpfen aus Eiern.	[...]
1	(1)	Niemand liebt mich.	Annahme
1	(2)	Ich liebe mich nicht.	[...]
1	(1)	Nichts funktioniert.	Annahme
1	(2)	Mein Gehirn funktioniert nicht.	[...]
1	(1)	Jemand fängt an zu singen.	Annahme
2	(2)	Jeder, der anfängt zu singen, hört irgendwann zu singen auf.	Annahme
1,2	(3)	Jemand hört irgendwann zu singen auf.	[...]

Wichtige Wörter, die uns neben »kein« und »jeder« etwas über die prädikatenlogische Form von Prämissen und Konklusionen verraten, sind »alle«, »mindestens einer«, »einige«, »jemand«, »niemand« und »nichts«. Zu welcher Kategorie von Ausdrücken gehören diese Wörter? Zu den aussagenlogischen Operatoren gehören sie offensichtlich nicht. Das Kriterium für Prädikate erfüllen sie ebensowenig: Wie immer man beispielsweise die Ausdrücke »jemand«, »niemand« oder »jeder« mit Eigennamen kombiniert, ein wahrheitswertfähiger Satz kommt dabei jedenfalls nicht heraus. Dass diese Ausdrücke ebensowenig wie Individualausdrücke funktionieren, zeigt die folgende Überlegung: Wenn »jemand« und »niemand« wie Individualausdrücke funktionierten, dann müssten die beiden nachstehenden Sätze dasselbe besagen – vorausgesetzt nur, dass, wenn einer mit einem anderen tanzt, beide miteinander tanzen:

Jemand tanzt mit niemandem.

und

Niemand tanzt mit jemandem.

Offensichtlich besagen diese Sätze aber etwas Grundverschiedenes. Ein Fest, auf dem getanzt wird, überlebt zwar Gäste, die mit niemandem tanzen, aber wenn niemand tanzt, dann ist der Ofen aus. Nun mag man geneigt sein zuzugeben, dass »niemand« zwar kein singulärer Term ist, sondern soviel besagt wie »es ist nicht der Fall, dass jemand«, aber trotzdem weiterhin steif und fest behaupten, zumindest der Ausdruck »jemand« funktioniere wie ein Name. Auch dies ist jedoch falsch, wie man sich leicht klarmacht. Funktionierte der Ausdruck »jemand« wie ein Name, dann müsste nämlich folgender Schluss erlaubt sein:

> Jemand lenkt, und jemand schiebt an.
> Also: Jemand lenkt und schiebt an.

Dieser Schluss ist aber ungültig. Nicht nur jemand, der einmal mit dem Auto liegen geblieben ist, weiß, weshalb das so ist.

Wörter wie »jemand«, »niemand«, »nichts«, »jeder«, »keine«, »alle« und »einige« gehören offenkundig in keine der bislang genannten Kategorien. Sofern sie überhaupt zusammengehören, bilden sie eine eigenständige Gruppe. Um die Funktion dieser Ausdrücke zu erklären, beginnen wir mit der Betrachtung der folgenden aussagenlogischen Verknüpfung:

Wenn Paul bei Pollenflug die Augen jucken, dann ist Paul Allergiker.

Diese aussagenlogische Verknüpfung besteht aus zwei konditional verknüpften Teilsätzen. In diesen Teilsätzen kommen jeweils ein Name und ein Prädikat vor. Obwohl in den beiden Teilsätzen verschiedene Prädikate vorkommen, kommt in ihnen derselbe Name vor. Wir ersetzen nun in dieser Verknüpfung alle Vorkommnisse dieses Namens durch Vorkommnisse einer **Variablen**. In diesem Fall wählen wir dafür den (kursiv gesetzten) Buchstaben »x«. Wir erhalten dann:

Wenn x bei Pollenflug die Augen jucken, dann ist x Allergiker.

Wir nennen die Ergebnisse solcher Ersetzungen **offene Sätze**. Wir verwandeln den offenen Satz in einen abgeschlossenen, d. h. vollständigen Satz, indem wir beispielsweise schreiben:

> Für jedes x gilt: Wenn x bei Pollenflug die Augen jucken, dann ist x Allergiker.

Dieser Satz entspricht den umgangssprachlichen Sätzen:

> Jeder, dem bei Pollenflug die Augen jucken, ist Allergiker.

und

> Alle, denen bei Pollenflug die Augen jucken, sind Allergiker.

Die Wendung »Für jedes x gilt« ist ebenso wie die Wendung »Für alle x gilt« das, was Logiker einen **Allquantor** nennen. Allquantoren »binden« die Variablen, die in offenen Sätzen »ungebunden« vorkommen. Um zu verstehen, was das heißt bzw. worauf es hinausläuft, müssen wir uns erst klarmachen, was offene Sätze eigentlich sind. Wir hatten den offenen Satz

> Wenn x bei Pollenflug die Augen jucken, dann ist x Allergiker.

dadurch aus dem ursprünglichen Satz

> Wenn Paul bei Pollenflug die Augen jucken, dann ist Paul Allergiker.

gewonnen, dass wir den Namen »Paul« eliminierten und durch die Variable »x« ersetzten. Dort, wo zunächst der Name »Paul« vorkam, kam daraufhin die Variable »x« vor. Die Variable »x« markierte daraufhin also die Leerstellen, die die Tilgung des Namens »Paul« hinterlassen hatte. Wenn wir diesen Prozess nun umkehren und die Leerstellen wieder mit dem Namen »Paul« ausfüllen, dann erhalten wir einen wahrheitswertfähigen Satz. Und wir erhalten ebenfalls einen wahrheitswertfähigen Satz, wenn wir die Leerstellen statt mit dem Namen »Paul« mit einem beliebigen anderen Namen ausfüllen. Zum Beispiel sind die nachstehenden Ausdrücke allesamt wahrheitswertfähige Sätze:

> Wenn Paul bei Pollenflug die Augen jucken, dann ist Paul Allergiker.
> Wenn Olga bei Pollenflug die Augen jucken, dann ist Olga Allergikerin.
> Wenn Otto bei Pollenflug die Augen jucken, dann ist Otto Allergiker.
> Wenn Edmund bei Pollenflug die Augen jucken, dann ist Edmund Allergiker.

Offene Sätze verhalten sich diesbezüglich genauso wie Prädikate. In der Tat hätten wir in unserer Liste mit Prädikaten die Leerstellen statt mit Punkten und Strichen auch mit Variablen markieren können. Zum Beispiel so:

> »x tanzt«
> »x ist grün«
> »x ist positiv«
> »x ist ein Berg«
> »x ist eine Zahl«
> »x und y sind ein Paar«
> »x singt lauter als y«
> »x liegt zwischen y und z«
> »x_1, x_2, x_3 und x_4 sind die Seiten eines Quadrats«

Sobald wir uns erst einmal mit dem Gedanken angefreundet haben, dass Prädikate logisch komplex sein können, steht unserer Einsicht nichts mehr im Wege, dass Prädikate nichts anderes als offene Sätze sind und offene Sätze nichts anderes sind als Prädikate.

Wir können nun in aller Deutlichkeit sagen, welche Funktion der Allquantor »Für alle x gilt« (oder »Für jedes x gilt«) erfüllt, wenn er die Variablen eines offenen Satzes »bindet«: Der Satz, der daraus resultiert, sagt von einem Prädikat die Eigenschaft aus, durch jeden Gegenstand erfüllt zu werden. Zum Beispiel besagt der Satz

> Für jedes x gilt: Wenn x bei Pollenflug die Augen jucken, dann ist x Allergiker,

dass jeder Gegenstand die Bedingung erfüllt, Allergiker zu sein, *wenn* ihm bei Pollenflug die Augen jucken. Entsprechend besagen die Sätze

> Für jedes x gilt: x ist gottgewollt.
> Für alle x und y gilt: Wenn x die Ursache von y ist, dann geht x y zeitlich voraus.

einerseits, dass jeder Gegenstand (einschließlich Gott selbst) die Bedingung erfüllt, gottgewollt zu sein, und andererseits, dass jedes Paar von Gegenständen die Bedingung erfüllt, dass, wenn einer der beiden Gegenstände den jeweils anderen Gegenstand verursacht, er dem anderen Gegenstand zeitlich vorausgeht.

Man sieht hier schon, dass der Ausdruck »Gegenstand« jedes Ding gleich welcher Art einfängt – d. h. jedes Ding, ob es sich dabei nun um eine Person, ein Ereignis, einen Zustand, eine Zahl, ein Loch im Käse oder eine Billardkugel handelt. Die umgangssprachlichen Entsprechungen der genannten Sätze kommen zwar ohne einen solch allgemeinen Ausdruck aus, aber das heißt natürlich noch nicht, dass man diese Entsprechungen verstehen kann, ohne eine Vorstellung von Gegenständen als Dingen gleich welcher Art zu haben:

> Alles ist gottgewollt.
> Jede Ursache geht dem, was sie verursacht, zeitlich voraus.

Ein Verständnis des ersten Satzes kommt ohne eine solche Vorstellung kaum aus. Beim zweiten Satz scheint das anders zu sein. Es scheint nur um Dinge zu gehen, die etwas verursachen können. Ebenso scheint die umgangssprachliche Version unseres Allergiker-Satzes nur von Personen zu handeln. Allerdings ist dies bloß ein oberflächlicher Eindruck. Denn wie wir noch sehen werden, sagt der Allergiker-Satz auch etwas über Dinge aus, die keine Allergiker sind, zum Beispiel über Zahlen oder Hühnersuppen (nämlich, dass ihnen keinesfalls bei Pollenflug die Augen jucken). Und der Satz über Kausalität sagt ebenso etwas über Dinge aus, die einander zeitlich nicht vorausgehen, zum Beispiel über zwei Primzahlen oder zwei Tonhöhen (nämlich, dass sie einander keinesfalls verursachen).

Sofern sich alle Sätze, in denen die umgangssprachlichen Wörter »alle« und »jeder« vorkommen, in Sätze übersetzen lassen, in denen an ihrer Stelle Allquantoren wie »Für alle x gilt« oder »Für jedes y gilt« vorkommen, haben wir damit zugleich erklärt, welche Rolle diese umgangssprachlichen Wörter spielen. Wir können nun bei unseren Bemühungen, umgangssprachliche Sätze prädikatenlogisch zu analysieren, noch ein bisschen weitergehen und den Satz

> Für jedes x gilt: Wenn x bei Pollenflug die Augen jucken, dann ist x Allergiker.

schrittweise formalisieren. Zunächst ersetzen wir »wenn ..., dann —« durch das Materiale Konditional. Dies hätten wir schon gleich zu Beginn tun können, noch bevor wir den Namen »Paul« durch »x« ersetzten. Wir erhalten also:

> Für jedes x gilt: x jucken bei Pollenflug die Augen → x ist Allergiker.

Anschließend ersetzen wir den Allquantor »Für jedes x gilt« durch sein **formalsprachliches Äquivalent** »$\forall x$« und schließen den Rest wie folgt in Klammern ein:

> $\forall x(x$ jucken bei Pollenflug die Augen → x ist Allergiker).

Wir hatten ja bereits in Bezug auf die in Kapitel 15.1 genannten (1)-(2)-(3)-Argumente und (4)-(5)-(6)-Argumente festgestellt, dass die spezifische Bedeutung der in ihren Prämissen und Konklusionen jeweils vorkommenden Prädikate für die Frage ihrer Gültigkeit unerheblich ist. Darum können wir zum Zweck der Rekonstruktion prädikatenlogisch gültiger Argumente umgangssprachliche Prädikate getrost durch Prädikatbuchstaben ersetzen. Wie bereits gesagt, wählen wir zu diesem Zweck die Buchstaben »F«, »G«, »H«, etc. So wie bei der Formalisierung aussagenlogischer Verknüpfungen auch kommt es dabei entscheidend darauf an, *verschiedene Prädikate* durch *verschiedene Prädikatbuchstaben* zu ersetzen. Ansonsten verfälschte man die logische Struktur, die die fraglichen Prämissen und Konklusionen tatsächlich aufweisen. Um im Zuge der Formalisierung keine relevanten Strukturmerkmale unter den Tisch fallen zu lassen, sollte man umgekehrt *dieselben Prädikate* durch *dieselben Prädikatbuchstaben* ersetzen.

Wir ersetzen nun »x jucken bei Pollenflug die Augen« durch »Fx« und »x ist Allergiker« durch »Gx«. Demnach ergibt sich:

> $\forall x(\mathrm{F}x \rightarrow \mathrm{G}x)$

Dieser formalsprachliche Ausdruck gibt die prädikatenlogische Form unseres Allergiker-Satzes an. Die vollständigen Formalisierungen der umgangssprachlichen Sätze

> Alles ist gottgewollt.
> Jede Ursache geht dem, was sie verursacht, zeitlich voraus.

sehen dementsprechend wie folgt aus. Sei »Fx« die Formalisierung von »x ist gottgewollt«, dann kann man die prädikatenlogische Form des ersten dieser beiden Sätze mit Hilfe des formalsprachlichen Satzes

> $\forall x \mathrm{F} x$

angeben. Ersetzen wir »x verursacht y« durch »Gxy« und »x geht y zeitlich voraus« durch »Hxy«, dann erhalten wir die folgende Formalisierung, die die logische Form des Kausalitätssatzes anzeigt:

> $\forall x \forall y(\mathrm{G}xy \rightarrow \mathrm{H}xy)$

Hintereinandergeschaltete Allquantoren liest man so: »Für alle x und für alle y gilt« bzw. »Für jedes x und für jedes y gilt«.

Wenn zur Vervollständigung eines offenen Satzes mehrere Quantoren erforderlich sind, werden wir – wie hier geschehen – *pro Quantor stets eine jeweils verschiedene Variable* wählen. Den Nutzen dieser Vorgehensweise macht man sich leicht klar, wenn man sich den folgenden Formalisierungsvorschlag ansieht: »$\forall x \forall x (Gxx \rightarrow Hxx)$«.

Sätze, die mit einem Allquantor beginnen oder durch Sätze übersetzt werden, die mit einem Allquantor beginnen, heißen allquantifizierte Sätze oder **Allsätze**. Manchmal werden sie auch universelle Sätze, Allaussagen, Verallgemeinerungen oder Generalisierungen genannt.

Auf unserer Liste mit klärungsbedürftigen prädikatenlogisch relevanten Ausdrücken stehen noch die Ausdrücke »niemand«, »nichts« und »kein« sowie die Ausdrücke »jemand«, »mindestens eine« und »einige«. Betrachten wir zunächst die ersten drei Ausdrücke und fragen uns, was ein Satz besagt, der wie der folgende das Wort »nichts« enthält:

Nichts funktioniert.

Der Ausdruck »nichts« ist ebensowenig ein Name wie »niemand«. Wenn »nichts« nämlich ein Name für etwas wäre – ein Name für das Nichts – dann müsste es ja intuitiv korrekt sein, aus der Tatsache, dass ich nichts zum Geburtstag bekomme, zu folgern, dass ich etwas zum Geburtstag bekomme. Aber diese Folgerung ist im Gegenteil völlig absurd. Welchen Beitrag das Wort »nichts« leistet, lässt sich wie im Fall von »jeder« und »alle« nur festmachen, wenn wir sein Vorkommen im Satzzusammenhang betrachten. Der Satz »Nichts funktioniert« besagt nun dasselbe wie der Satz:

Für alle x gilt: Es ist nicht der Fall, dass x funktioniert.

Dieser Satz geht aus dem offenen Satz

Es ist nicht der Fall, dass x funktioniert.

hervor, wenn man die in ihm vorkommende ungebundene Variable durch den Allquantor »Für alle x gilt« bindet. Was immer also das Wort »nichts« zur Bedeutung von Sätzen beiträgt, in denen es vorkommt, wir können diese Sätze in bedeutungsgleiche Sätze übersetzen, in denen das Wort »nichts« nicht mehr vorkommt. Die prädikatenlogische Form des Satzes »Nichts funktioniert« wird also durch die folgende prädikatenlogische Formel zum Ausdruck gebracht:

$\forall x \sim Fx$

Ganz entsprechend analysieren wir den Satz

Niemand liebt mich.

zunächst als

Für alle x gilt: Es ist nicht der Fall, dass x mich liebt.

und geben dann seine prädikatenlogische Form so an:

$\forall x \sim Fxm$

Hier ist »m« ein Name für den Sprecher. Betrachten wir als nächstes die beiden Sätze

> Kein Kollege kommt zur Konferenz.
> Kein Mensch ist eine Insel.

Diese Sätze können jeweils wie folgt analysiert werden:

> Für alle x gilt: Wenn x ein Kollege ist, dann ist es nicht der Fall, dass x zur Konferenz kommt.
> Für alle x gilt: Wenn x ein Mensch ist, dann ist es nicht der Fall, dass x eine Insel ist.

Ihre prädikatenlogische Form wird demnach durch die nachstehende Formel zum Ausdruck gebracht:

> $\forall x(Fx \rightarrow \sim Gx)$

Während also ein Satz wie

> Niemand kommt zur Konferenz.

besagt, dass alle Gegenstände die Eigenschaft haben, nicht zur Konferenz zu kommen, besagt der Satz

> Kein Kollege kommt zur Konferenz.

nur soviel, dass alle Gegenstände die Eigenschaft haben, dass sie dann nicht zur Konferenz kommen, *wenn* sie Kollegen sind. Kurz: Dieser Satz besagt, dass alle Kollegen – und nicht etwa, dass alle Gegenstände – die Eigenschaft haben, nicht zur Konferenz zu kommen. Die Wahrheit von

> Kein Kollege kommt zur Konferenz.

ist ja durchaus damit verträglich, dass einige Leute – zum Beispiel Studenten – zur Konferenz kommen. Es kommen eben bloß keine Kollegen. Demgegenüber schließt die Wahrheit von

> Niemand kommt zur Konferenz.

aus, dass irgendjemand zur Konferenz kommt. Dieser Unterschied spiegelt sich in der prädikatenlogischen Form beider Sätze wider:

> Kein Kollege kommt zur Konferenz. $\forall x(Fx \rightarrow \sim Gx)$
> Niemand kommt zur Konferenz. $\forall x \sim Gx$

Auch die Wörter »niemand«, »kein« und »keine« sind also – wie das Wort »nichts« – strenggenommen entbehrlich: Was wir mit ihrer Hilfe ausdrücken können, können wir ebensogut ohne ihre Hilfe, dafür aber mit Hilfe allquantifizierter Sätze ausdrücken. Trotzdem sind diese Ausdrücke natürlich prädikatenlogisch relevant, insofern sie, wenn sie vorkommen, eine wichtige logische Funktion erfüllen.

Auf unserer Liste prädikatenlogisch relevanter Ausdrücke stehen noch die Wörter »einige«, »mindestens einer« und »jemand«. Wie können wir die Funktionsweise dieser Wörter im Satzzusammenhang erklären? Betrachten wir zu diesem Zweck die beiden Beispielsätze

> Mindestens einer möchte Kaffee.
> Jemand fängt an zu singen.

Diese Sätze kann man sich aus offenen Sätzen konstruiert denken. Die einschlägigen offenen Sätze sind:

x möchte Kaffee.
x fängt an zu singen.

Was unsere Beispielsätze besagen, kann man nun so reformulieren:

Es gibt mindestens ein x, so dass gilt: x möchte Kaffee.
Es gibt mindestens ein x, so dass gilt: x fängt an zu singen.

Hier wird die Variable des betreffenden offenen Satzes jeweils durch den Quantor »Es gibt mindestens ein x, so dass gilt« gebunden. Dieser Quantor heißt **Existenzquantor**. (Warum dieser Quantor so heißt, macht man sich leicht klar, wenn man bedenkt, dass »es gibt ein x« und »es existiert ein x« austauschbare Formulierungen sind.) Der Existenzquantor wird in der logischen Formalsprache durch sein **formalsprachliches Äquivalent** »∃x« ausgedrückt. Demnach haben unsere beiden Beispielsätze die folgende prädikatenlogische Form:

$\exists x F x$

Hier muss man sich wieder den Buchstaben als Platzhalter für die jeweiligen Prädikate denken – in unserem Fall also jeweils für »möchte Kaffee« und »fängt an zu singen«.

Sätze, die mit einem Existenzquantor beginnen oder durch Sätze übersetzt werden, die mit einem Existenzquantor beginnen, heißen existenzquantifizierte Sätze oder schlicht **Existenzsätze**. Sätze, die mit einem Existenzquantor beginnen, kann man in zwei Teile zerlegen, in den Existenzquantor und einen offenen Satz, dessen Variablen durch den Existenzquantor gebunden werden. Umgekehrt kann man solche Sätze konstruieren, indem man die bis dahin ungebundenen Variablen eines offenen Satzes durch Vorschalten des Existenzquantors bindet. Der Existenzquantor erfüllt dabei die folgende Funktion: Der Satz, der entsteht, wenn man die Variablen eines offenen Satzes mit Hilfe eines Existenzquantors bindet, besagt, dass es mindestens einen Gegenstand gibt, der den offenen Satz erfüllt.

Im Vergleich zu den beiden eben behandelten Sätzen hat der Satz

Einige Frösche haben gelbe Hälse.

eine komplexere prädikatenlogische Struktur – und das, obwohl auch dieser Satz ein Existenzsatz ist. Er besagt nämlich soviel wie der Satz

Es gibt mindestens ein x, so dass gilt: x ist ein Frosch, und x hat einen gelben Hals.

Seine prädikatenlogische Form wird demzufolge durch die nachstehende prädikatenlogische Formel wiedergegeben:

$\exists x (F x \ \& \ G x)$

Dieselbe Form weisen auch Sätze auf, in denen an prominenter Stelle ein *unbestimmter Artikel* vorkommt, z. B.:

Ein Auto fährt vorbei.
Eine Frau überquert die Straße.
Ein Obdachloser singt.

An dieser Stelle soll noch kurz auf eine kleine Schwierigkeit eingegangen werden, die mit der Übersetzung umgangssprachlicher Sätze zu tun hat, in denen das Wort »jemand« vorkommt, und die uns dazu nötigt, das bisher Gesagte mit Vorsicht zu genießen. Nicht immer wird die Bedeutung solcher Vorkommnisse nämlich mit Hilfe existenzquantifizierter Sätze angemessen zum Ausdruck gebracht. Oft sagen wir Dinge wie:

> Wenn jemand betrunken Auto fährt, dann riskiert er sein Leben.

Was wir hiermit meinen, wird in der Formalsprache am besten durch einen Allsatz wiedergegeben:

> $\forall x(x$ fährt betrunken Auto $\rightarrow x$ riskiert sein Leben).

Demgegenüber bringt der formalsprachliche Satz

> $\exists x(x$ fährt betrunken Auto) $\rightarrow \exists y(y$ riskiert sein Leben).

etwas ganz anderes zum Ausdruck, nämlich:

> Wenn jemand betrunken Auto fährt, dann riskiert jemand sein Leben.

Einen Grund, diesen Satz für wahr zu halten und den erstgenannten für falsch, könnte beispielsweise die folgende Überlegung liefern: »Ein Besoffener, der angeschnallt und in einem Auto mit Überrollbügel durch die Straßen kreuzt, mag keinen Grund haben, um sein Leben zu fürchten. Anders sieht es da schon mit den Fußgängern aus, die seinen Weg kreuzen.«

Der Unterschied zwischen den beiden genannten umgangssprachlichen »wenn–dann«-Konstruktionen wird dadurch markiert, dass im Nachsatz des ersten Satzes das Pronomen »er« steht, wo im Nachsatz des zweiten Satzes ein weiteres Mal das Wort »jemand« vorkommt. Schon deshalb kommt das genannte Konditional nicht als angemessene Übersetzung unseres ursprünglichen Satzes in Frage. Das Pronomen bezieht sich nämlich auf eine Person, von der bereits die Rede war. Aber auch der Existenzsatz

> $\exists x(x$ fährt betrunken Auto $\rightarrow x$ riskiert sein Leben).

drückt nicht das aus, was wir sagen wollten, als wir sagten, wenn jemand betrunken Auto fahre, riskiere er sein Leben. Denn die Wahrheit des eben angeführten Existenzsatzes ist ja durchaus damit verträglich, dass es auch noch eine andere Person gibt, die, obwohl sie betrunken Auto fährt, ihr Leben nicht riskiert. (In der Tat ist der eben angeführte Existenzsatz bereits dann wahr, wenn es niemanden gibt, der Auto fährt!) Was wir im Unterschied dazu behaupten wollten, war ein allgemeiner Zusammenhang zwischen Trunkenheit am Steuer und Lebensgefahr – ein Zusammenhang, der durch einen Allsatz ausgedrückt wird. Nicht alle Vorkommnisse von »jemand« verlangen also nach der Übersetzung durch Existenzsätze. Dasselbe gilt auch für Substantive mit unbestimmtem Artikel (»Wenn ein Baby schreit, hat es Hunger oder Schmerzen«).

Trotz dieser einschränkenden Überlegungen haben wir in diesem Kapitel ein Instrumentarium an die Hand bekommen, das es uns erlaubt, wenigstens die prädikatenlogische Struktur der in den Kapiteln 15.1 und 15.3 genannten Argumente anzugeben:

Kein Kollege kommt zur Konferenz.	$\forall x(Fx \rightarrow \sim Gx)$
Otto ist ein Kollege.	Fm
Otto kommt nicht zur Konferenz.	$\sim Gm$
Jeder Sünder wird vom Blitz getroffen.	$\forall x(Fx \rightarrow Gx)$
Kein Blitz trifft George W. Bush.	$\sim Gm$
George W. Bush ist kein Sünder.	$\sim Fm$
Der letzte Gast möchte Kaffee.	Fm
Mindestens einer möchte Kaffee.	$\exists xFx$
Alle werden langsam dicker.	$\forall xFx$
Sven wird langsam dicker.	Fm
Nichts funktioniert.	$\forall x\sim Fx$
Mein Gehirn funktioniert nicht.	$\sim Fm$
Niemand liebt mich.	$\forall x\sim Fxm$
Ich liebe mich nicht.	$\sim Fmm$
Alle Frösche sind Amphibien.	$\forall x(Fx \rightarrow Gx)$
Einige Frösche haben gelbe Hälse.	$\exists x(Fx \& Hx)$
Einige Amphibien haben gelbe Hälse.	$\exists x(Gx \& Hx)$
Alle Frösche sind Amphibien.	$\forall x(Fx \rightarrow Gx)$
Alle Amphibien schlüpfen aus Eiern.	$\forall x(Gx \rightarrow Hx)$
Alle Frösche schlüpfen aus Eiern.	$\forall x(Fx \rightarrow Hx)$
Jemand fängt an zu singen.	$\exists xFx$
Jeder, der singt, hört damit irgendwann auf.	$\forall x(Fx \rightarrow Gx)$
Jemand hört irgendwann zu singen auf.	$\exists xGx$

Um die prädikatenlogische Gültigkeit dieser Argumente zu demonstrieren, benötigen wir dementsprechend prädikatenlogische Regeln, die es uns unter anderem erlauben, die nachstehenden Folgebeziehungen zu beweisen:

$\forall x(Fx \rightarrow Gx), Fm \vdash Gm$
$\forall x(Fx \rightarrow Gx), \sim Gm \vdash \sim Fm$
$Fm \vdash \exists xFx$
$\forall xFx \vdash Fm$
$\forall x(Fx \rightarrow Gx), \exists x(Fx \& Hx) \vdash \exists x(Gx \& Hx)$
$\forall x(Fx \rightarrow Gx), \forall x(Gx \rightarrow Hx) \vdash \forall x(Fx \rightarrow Hx)$
$\exists xFx, \forall x(Fx \rightarrow Gx) \vdash \exists xGx$

In den Kapiteln 17 und 18 werden wir vier solcher prädikatenlogischen Regeln kennenlernen. Diese Regeln sind die einzigen, die wir neben den aussagenlogischen Regeln für die Prädikatenlogik brauchen. Mit ihrer Hilfe lassen sich weitere Folgebeziehungen beweisen. Es steht uns dann frei, manche dieser bewiesenen Folgebeziehungen in (abgeleitete) Schlussregeln umzumünzen, die zusammen mit den vier Grundregeln ein praktikables prädikatenlogisches Regelwerk ergeben. Bevor wir uns den vier Grundregeln zuwenden, müssen wir allerdings noch ein paar Überlegungen zur Rede über Gegenstände anstellen. Wie sich nämlich später

zeigt, sind diese Überlegungen für ein angemessenes Verständnis der Grundregeln unabdingbar.
→ Übung H

16. Die Rede von beliebigen, besonderen und typischen Gegenständen

Stellen wir uns einen Sack mit Kartoffeln vor, aus dem wir eine Kartoffel herausgreifen und auf den Küchentisch legen. Was wir uns da gerade vorgestellt haben, ist, dass wir aus einem Sack mit Kartoffeln *irgendeine beliebige* Kartoffel herausgreifen und auf den Küchentisch legen. Dieses Szenario ist von solchen gedachten Fällen zu unterscheiden, in denen wir *jede* Kartoffel herausgreifen und auf den Küchentisch legen. Aber unser Szenario unterscheidet sich ebenfalls von gedachten Fällen, in denen wir eine *besondere* Kartoffel herausgreifen und auf den Küchentisch legen. Wenn wir uns von der dicksten Kartoffel Brandenburgs vorstellten, wir griffen sie aus dem Sack, dann stellten wir uns nicht länger vor, wir griffen irgendeine beliebige Kartoffel aus dem Sack. Von der dicksten Kartoffel Brandenburgs zu reden, heißt nicht, von irgendeiner beliebigen Kartoffel zu reden, sondern von einer besonderen.

Wenn wir uns vorstellen, wir griffen irgendeine beliebige Kartoffel aus dem Sack, dann lässt sich die Frage, ob die Kartoffel, die wir herausgreifen, die dickste Kartoffel Brandenburgs ist, ebensowenig beantworten wie die Frage, ob diese Kartoffel nun einen grünlichen Schimmer hat, oder die Frage, ob sie von einer Bäuerin oder einem Bauern aufgelesen wurde. Diese Fragen lassen sich nicht bloß deshalb nicht beantworten, weil wir zu wenig wissen, sondern weil unser Szenario überhaupt gar keine Annahmen enthält, die eine eindeutige Antwort auf diese Fragen festlegten. In dem entworfenen Szenario, in dem wir irgendeine beliebige Kartoffel aus dem Sack herausgreifen, ist bezüglich des Gegenstands, den wir herausgreifen, bislang nicht mehr und nicht weniger festgelegt, als dass es sich jedenfalls um eine Kartoffel aus dem Sack handelt. Was aus unserem Szenario über den Gegenstand, den wir herausgreifen, folgt, geht also nicht über das hinaus, was aus seiner Eigenschaft, eine Kartoffel aus dem Sack zu sein, folgt – abgesehen natürlich davon, dass wir diesen Gegenstand auch noch herausgreifen und auf den Küchentisch legen.

Wenn wir uns hier und jetzt vorstellen, wir griffen eine beliebige Kartoffel aus dem Sack, und nachher tatsächlich in die Küche gehen und aus dem dort befindlichen Sack eine mittelgroße Kartoffel herausgreifen, werden wir nicht sagen: »Jetzt ist ein Fall eingetreten, der zwar so ähnlich ist wie der, den wir uns vorhin vorgestellt haben, der sich aber dennoch aufgrund der Größe der Kartoffel von ihm unterscheidet«. Im Gegenteil: Der Fall, den wir uns hier und jetzt vorstellen, tritt ein, wenn wir irgendeine beliebige Kartoffel aus dem Sack herausgreifen, gleichgültig von welcher Größe sie tatsächlich ist.

Natürlich können wir das Szenario schrittweise mit mehr Details füllen, indem wir weitere Annahmen über die Kartoffel machen, die wir herausgreifen. So können wir uns vorstellen, wir griffen eine beliebige Kartoffel aus dem Sack, und uns dann noch weitergehend vorstellen, diese Kartoffel wöge zweieinhalb Kilo und habe die Eigenschaft, die dickste Kartoffel Brandenburgs zu sein. Das ist immer noch etwas anderes, als sich *von der Kartoffel, die diese Eigenschaft tatsächlich hat* – d. h. von der dicksten Kartoffel Brandenburgs – vorzustellen, wir griffen sie aus dem Sack. Wenn wir uns die dickste Kartoffel Brandenburgs vorstellen, dann stellen wir uns eine besondere Kartoffel vor und keine x-beliebige. In demselben Sinne bedeutet, mir vorzustellen, ich träfe irgendeinen beliebigen Kollegen, etwas anderes als mir von einem Kollegen – zum Beispiel Eduardo – vorzustellen, ich träfe ihn.

So weit zunächst zur Unterscheidung zwischen der Rede von beliebigen oder, wie man auch sagen kann, **beliebig gewählten Gegenständen** und der Rede von **besonderen Gegenständen**. Gehen wir wieder an den Anfang zurück. Wir stellen uns vor, wir griffen eine beliebige Kartoffel aus dem Sack und legten sie auf den Küchentisch. Um unser Szenario mit mehr Details zu füllen, stellen wir uns weitergehend vor, wir griffen zwar irgendeine beliebige, jedenfalls aber eine grünlich schimmernde Kartoffel aus dem Sack heraus. Dass sich eine solche grünlich schimmernde Kartoffel in dem Sack befindet, haben wir in unserem Szenario nicht ausdrücklich ausgeschlossen; und insoweit sind derlei Zusatzannahmen auch ganz in Ordnung und untergraben noch nicht bereits die Vorstellung, die Kartoffel sei ansonsten beliebig gewählt. Aber was wir nicht länger voraussetzen dürfen, ist, dass der durch solche Zusatzannahmen näher charakterisierte Gegenstand eine *typische* Kartoffel aus dem Sack ist. Natürlich ist irgendeine beliebige, jedenfalls aber grünlich schimmernde Kartoffel ein typisches Exemplar grünlich schimmernder Kartoffeln. Aber so ist freilich auch irgendeine beliebig gewählte, jedenfalls aber tropfenförmige, mit Silberfarbe bemalte und von einem Neunjährigen aufgelesene Kartoffel ein typisches Exemplar tropfenförmiger, mit Silberfarbe bemalter und von Neunjährigen aufgelesener Kartoffeln. Was hier als typisches Exemplar gilt, ist eben relativ zu der charakterisierten Art von Gegenstand. Als wir unser ursprüngliches Szenario entwarfen, stellten wir uns eben einen Sack mit Kartoffeln vor, und nicht etwa einen Sack mit grünlich schimmernden Kartoffeln oder einen Sack mit tropfenförmigen, silbern bemalten und von Neunjährigen aufgelesenen Kartoffeln.

Wenn wir uns also eine Art von Gegenständen vorstellen und uns dabei irgendein beliebiges Exemplar dieser Art denken – nennen wir es *a* – dann gilt *a* als **ein für diese Art typisches Exemplar**, solange wir keine Zusatzannahmen über *a* machen – also keine Annahmen, die über die Annahme, dass *a* Gegenstand der betreffenden Art ist, und deren logische Folgen hinausgehen. Nicht jede Eigenschaft eines beliebig gewählten Exemplars einer Art ist nämlich auch eine für Exemplare dieser Art typische Eigenschaft.

Nachdem wir uns klar gemacht haben, dass zwischen der Rede von beliebig gewählten Gegenständen im Allgemeinen und der Rede von typischen Gegenständen (oder Exemplaren) im Speziellen zu unterscheiden ist, soll jetzt noch etwas genauer illustriert werden, wie wir über beliebig gewählte Gegenstände reden.

Sich irgendeine beliebige Kartoffel vorzustellen, die über ihr Kartoffelsein hinaus auch noch andere Eigenschaften hat (z. B. die Eigenschaft, grün zu schimmern), bedeutet aufgrund dieser zusätzlichen Eigenschaften allein noch nicht bereits, sich eine besondere Kartoffel vorzustellen (z. B. die Kartoffel, die mir mein Nachbar gestern gezeigt hat, oder die tatsächlich dickste Kartoffel Brandenburgs). Wir können uns also irgendeine beliebige Kartoffel denken und anschließend weitere Annahmen über die in dieser Weise beliebig gewählte Kartoffel machen. Wir denken uns dann immer noch eine beliebige, keine besondere Kartoffel. Sobald wir dies tun, müssen wir freilich sicherstellen, dass wir uns fortan auf just diejenige Kartoffel beziehen, die wir ursprünglich beliebig gewählt haben – also auf *dieselbe* beliebig gewählte Kartoffel. Wenn wir zusätzlich annehmen, dass die beliebige Kartoffel, die wir aus dem Sack herausgreifen und auf den Küchentisch legen, von uns geschält wird, dann darf diese Zusatzannahme nun nicht lauten: »Und dann wird irgendeine beliebige Kartoffel von uns geschält«. Denn diese Annahme verriete gar nichts darüber, ob die Kartoffel, die wir herausgreifen und auf den Küchentisch legen, *dieselbe* ist wie die, die dann von uns geschält wird. Wir wollten ja aber zusätzlich annehmen, dass es dieselbe beliebig gewählte Kartoffel ist, die von uns auch noch geschält wird, und nicht etwa irgendeine beliebige andere. Diese Annahme betrifft einen **fest, aber beliebig gewählten Gegenstand.** (Diese Rede von »fest« hat offensichtlich Anklänge an unser Reden davon, jemand hielte etwas gedanklich fest.)

Um von denselben beliebig gewählten Gegenständen zu sprechen – zum Beispiel von irgendeiner beliebigen, aber doch derselben Kartoffel oder von irgendeinem, aber doch demselben Kollegen – werden wir von **besonderen Individualausdrücken** Gebrauch machen müssen. Eigennamen oder definite Kennzeichnungen im üblichen Sinn taugen für diese Zwecke nämlich nicht. Denn so, wie Eigennamen oder definite Kennzeichnungen gebraucht werden, bezeichnen sie immer besondere Gegenstände, nicht beliebige. So bezeichnet »Eduardo« einen besonderen und nicht etwa einen beliebigen Kollegen. Ebenso bezeichnet die Kennzeichnung »die (tatsächlich) dickste Kartoffel Brandenburgs« eine besondere und nicht etwa eine beliebige Kartoffel (nicht einmal eine beliebige, jedenfalls aber mehr als zwei Kilo schwere Kartoffel).

Bevor wir die spezielle Art von Individualausdrücken einführen, die wir benötigen, um uns erfolgreich auf fest, aber beliebig gewählte Gegenstände zu beziehen, stellen wir folgende Überlegung an:

> Eine beliebige Kartoffel ist ein beliebiger Gegenstand des gesamten Redebereichs, der jedenfalls eine Kartoffel ist.

Was hier für Kartoffeln gilt, gilt entsprechend für jede Art von Gegenstand. Der gesamte Redebereich ist hierbei als der Bereich all derjenigen Gegenstände zu verstehen, die den offenen Satz »x ist mit x identisch« erfüllen. (Da der Satz »$\forall x(x$ ist mit x identisch)« wahr ist, sind also alle Gegenstände Gegenstände des gesamten Redebereichs.) Die Rede von irgendeiner beliebigen Kartoffel lässt sich dieser Überlegung zufolge durch die Rede von irgendeinem beliebigen Gegenstand des gesamten Redebereichs, der jedenfalls eine Kartoffel ist, systematisch ersetzen. Um anzuzeigen, dass wir über denselben beliebigen Gegenstände bestimmter Art sprechen, bedürfen wir also singulärer Terme, die es uns erlauben, uns auf fest, aber beliebig gewählte Gegenstände des gesamten Redebereichs zu beziehen. Wir reservieren für diese Zwecke die (kursiv gesetzten) Kleinbuchstaben »*a*«, »*b*«, »*c*« und »*d*«. Sei »F« das Prädikat »ist eine Kartoffel« und »G« das Prädikat »ist ein Kollege«, dann kürzen »F*a*« und »G*b*« jeweils einen der folgenden beiden Sätze ab:

Der beliebig gewählte Gegenstand *a* ist eine Kartoffel.
Der beliebig gewählte Gegenstand *b* ist ein Kollege.

Individualausdrücke wie »*a*« und »*b*« sind also von den gewöhnlichen Namen »*m*«, »*n*« und »*o*« zu unterscheiden. Denn »*m*«, »*n*« und »*o*« sind stets Namen für besondere Gegenstände. Auf welche Gegenstände sie sich beziehen – ihre Referenz – steht bereits fest und ist keine Frage der Wahl mehr. Die Wahrheit der Sätze »F*m*« und »G*n*« hängt demnach allein davon ab, ob Gegenstand *m* tatsächlich eine Kartoffel und Gegenstand *n* tatsächlich ein Kollege ist. Anders als die Wahrheit der Sätze »F*a*« und »G*b*« lässt sich die Wahrheit der Sätze »F*m*« und »G*n*« nicht durch geschickte Wahl der Gegenstände, von denen in diesen Sätzen die Rede ist, herstellen.

Wählen wir zur Veranschaulichung des Gesagten noch ein anderes Beispiel – weg von Kartoffeln, hin zur Politik. Wir schreiben das Jahr 2003. Auf dem unten stehenden Foto sind neben dem Bundespräsidenten die einzelnen Mitglieder der Bundesregierung zu sehen:

Wir können bestimmte Politiker erkennen, zum Beispiel Joschka Fischer (erste Reihe, vierter von links), Renate Künast (erste Reihe, zweite von rechts) oder Gerhard Schröder (erste Reihe, dritter von rechts).

Wenn wir nun über Joschka Fischer reden oder auf ihn zeigen, dann haben wir einen besonderen Gegenstand (Politiker) im Sinn. An besondere Gegenstände denken wir unter anderem dann, wenn es uns auf ihre individuell verschiedenen Eigenheiten ankommt. Wenn wir diese Gedanken mitteilen, dann verwenden wir

(Quelle: Presse- und Informationsamt der Bundesregierung, Berlin).

Eigennamen (»Joschka Fischer«) oder definite Kennzeichnungen (»der deutsche Außenminister«, »der Herr im grauen Anzug«).

Es kann aber genauso gut sein, dass wir über ein beliebiges Regierungsmitglied reden wollen, gleichgültig, um wen es sich im Einzelfall handelt. Zu diesem Zweck wäre uns auch mit der folgenden Abbildung gedient, in der – bis auf die Position – alle individuellen Unterschiede verloren gehen:

Ein Fotograf, der sich vorab Gedanken darüber macht, welche Aufstellung für das offizielle Foto der Bundesregierung die günstigste ist, mag zum Beispiel wie folgt überlegen:

> Die Regierungsmitglieder stellen sich am besten in zwei Reihen hintereinander auf. In der ersten Reihe stehen sieben Regierungsmitglieder. Zwischen dem vierten von links und dem dritten von rechts bleibt eine Lücke für den Bundespräsidenten. In der zweiten Reihe stehen ebenfalls sieben Regierungsmitglieder, und zwar so, dass mit Ausnahme des Regierungsmitglieds ganz rechts in der ersten Reihe hinter jedem Regierungsmitglied in der ersten Reihe und der Lücke je ein Regierungsmitglied steht.

Hierbei ist die Rede von demjenigen Regierungsmitglied, das ganz rechts in der ersten Reihe steht, die Rede von einem beliebigen Mitglied der Bundesregierung, das jedenfalls als einziges Regierungsmitglied ganz rechts in der ersten Reihe steht. In diesem Zusammenhang spielt es gar keine Rolle, ob dieses Regierungsmitglied nun die Bundesministerin für wirtschaftliche Zusammenarbeit und Entwicklung ist oder der Bundesaußenminister.

Wenn das obige Schaubild hingegen in einem Text zur politischen Bildung auftaucht, ist die Positionierung der Regierungsmitglieder vollkommen unerheblich. In einem solchen Text mag demgegenüber folgende Überlegung angestellt werden:

> Das Regierungsmitglied *a* ist wie alle anderen Regierungsmitglieder auch durch eine Wahl legitimiert. Sofern *a* durch eine Wahl legitimiert ist, ist *a* seinen Wählern Rechenschaft schuldig. [...] Sofern *a* ein Ministeramt bekleidet, kann sich *a* durch einen seiner beiden Staatssekretäre, *b* oder *c*, vertreten lassen. Fällt *b* wegen Krankheit aus, dann übernimmt *c* die Aufgaben von *b*.

Hier wird an Stelle einer definiten Kennzeichnung (»das Regierungsmitglied in der ersten Reihe ganz rechts«) mit Hilfe des Namens »a« auf ein beliebiges Regierungsmitglied Bezug genommen. Unter der Annahme, dass a ein Ministeramt bekleidet, werden die Namen »b« und »c« als Namen für zwei beliebige Staatssekretäre ein und desselben Bundesministeriums, dem a als Bundesminister vorsteht, eingeführt. Die Staatssekretäre b und c vertreten nicht irgendein beliebiges Regierungsmitglied, das ein Ministeramt bekleidet – b und c sind keine Tausendsassa mit variablem Arbeitsgebiet – vielmehr vertreten b und c jedenfalls Minister a. Wir sehen hier, wie wichtig es ist, über Namen für beliebige Gegenstände zu verfügen, die es einem erlauben, sich auf dieselben beliebig gewählten Gegenstände des Redebereichs zu beziehen.

Wir werden auf die beweistheoretische Relevanz der in diesem Kapitel angestellten Überlegungen in Kürze zurückkommen. Hier ging es vorwiegend darum, uns mit der Rede von fest, aber beliebig gewählten Gegenständen vertraut zu machen und die Funktionsweise von Namen für beliebig gewählte Gegenstände zu erklären. Trotzdem sei an dieser Stelle bereits so viel verraten: Wenn man annimmt, dass ein beliebiger Gegenstand a eine bestimmte Eigenschaft hat – sagen wir, die Eigenschaft, grün zu sein – dann hat man bis dahin etwas Wahres angenommen, solange es nur im gesamten Redebereich irgendeinen grünen Gegenstand gibt. Dazu muss man a ja nur geschickt so wählen, dass a diese Eigenschaft jedenfalls hat. Wenn man hingegen *folgernd zeigt*, dass ein beliebiger Gegenstand a eine bestimmte Eigenschaft hat, *ohne* dies zu diesem Zweck bereits von a eigens anzunehmen – d.h. ohne a extra so zu wählen, dass a jedenfalls die betreffende Eigenschaft hat – dann hat man damit etwas geleistet, was nicht schon dadurch gesichert ist, dass es irgendeinen Gegenstand gibt, der die betreffende Eigenschaft hat. Man hat dann nämlich etwas Allgemeines gezeigt, sofern nämlich a dann als typischer Gegenstand des Redebereichs gelten kann. Was man in einem solchen Fall gezeigt hat, ist dies: Welchen Gegenstand des Redebereichs man auch immer wählt, er hat die relevante Eigenschaft. Und daraus kann man schließen, dass für jeden Gegenstand des Redebereichs gilt, dass er diese Eigenschaft hat. Dass dies ein legitimer Schluss ist, bezeugt die Gültigkeit prädikatenlogischer Regeln, denen wir uns jetzt zuwenden.

17. Regeln für den Allquantor

In diesem Kapitel werden wir zunächst die Beseitigungsregel für den Allquantor und dann erst die entsprechende Einführungsregel kennenlernen. Im darauffolgenden Kapitel wird es dann um die Einführungs- und Beseitigungsregeln für den Existenzquantor gehen.

Die Beseitigungsregel für den Allquantor »$\forall x$« – die $\forall$-**Beseitigungsregel** – besagt: Wenn man aus einer gegebenen Annahmenmenge logisch folgern kann, dass alle Gegenstände des gesamten Redebereichs die Eigenschaft F besitzen, dann gilt für jeden beliebigen Gegenstand des gesamten Redebereichs, dass man aus derselben Annahmenmenge logisch folgern kann, dass dieser Gegenstand die

Eigenschaft F besitzt. Was für beliebige Gegenstände gilt, gilt dabei freilich auch für besondere Gegenstände. In Kurzform erhalten wir demnach:

∀-Beseitigung	
X ⊢ ∀xFx	X ⊢ ∀xFx
X ⊢ Fm	X ⊢ Fa

Bei Anwendung dieser Regel wird *jedes* Vorkommnis der vom Allquantor gebundenen Variablen »x« systematisch durch den Term »m« bzw. »a« ersetzt. Für »F« kann hier jedes Prädikat eingesetzt werden, gleichgültig wie komplex es ist. Wir können also festhalten, dass bei Anwendung der ∀-Beseitigungsregel *alle und nur diejenigen* Vorkommnisse von »x« ersetzt werden, die tatsächlich durch den Allquantor gebunden sind.

(Sollte in dem relevanten Prädikat dieselbe Variable – also »x« – noch einmal durch einen anderen Quantor gebunden vorkommen, dann werden diese Vorkommnisse von »x« *nicht* ersetzt. Sonst gibt es nämlich ein Durcheinander, und solch ein Durcheinander gebiert Widersprüche. Setzte man für »F« beispielsweise das komplexe Prädikat »$(x = x)$ & $\exists x(x$ ist dick & $x \neq$ Sven)« ein, dann erlaubte einem die obige Regel andernfalls, aus dem zweifellos wahren Satz »$\forall x((x = x)$ & $\exists x(x$ ist dick & $x \neq$ Sven))« den offensichtlich falschen Satz »Sven = Sven & $\exists x(x$ ist dick & Sven $\neq$ Sven)« zu folgern. Sofern es Sven gibt, ist Sven mit Sven identisch. Also kann es dann nichts und niemanden Dickes geben, so dass ferner gilt, dass Sven nicht mit Sven identisch ist. Da wir uns ja ohnehin die Praxis zu Eigen gemacht haben, *pro Quantor* (und damit pro Variablenbindung) *je verschiedene Variablen* zu benutzen, sollte es nicht weiter schwierig sein, zu erkennen, welche Vorkommnisse einer Variablen durch welchen Quantor gebunden werden.)

Die Regel der ∀-Beseitigung legitimiert beispielsweise den Schluss von

$\forall x(x$ ist ein Mensch → (x ist verliebt v x ist verheiratet)).

auf

Eduardo ist ein Mensch → (Eduardo ist verliebt v Eduardo ist verheiratet).

Wir illustrieren die Art und Weise, in der die Regel der ∀-Beseitigung in unserer Formatvorlage dokumentiert wird, zunächst anhand zweier simpler Argumentschemata:

1	(1)	$\forall x Fx$	Annahme
1	(2)	Fm	1, ∀-Beseitigung

1	(1)	$\forall x(Fx \to Gx)$	Annahme
1	(2)	$Fm \to Gm$	1, ∀-Beseitigung

Beispiele für Einsetzungsinstanzen dieser Schemata sind:

1	(1)	$\forall x(x$ ist eine Zahl v x ist dreidimensional).	Annahme
1	(2)	Eduardo ist eine Zahl v Eduardo ist dreidimensional.	1, $\forall$-Beseitigung

1	(1)	$\forall x(x$ ist ein Vulkan $\to x$ ist gefährlich).	Annahme
1	(2)	Citlaltépetl ist ein Vulkan $\to$ Citlaltépetl ist gefährlich.	1, $\forall$-Beseitigung

In welchen Kontexten es entscheidend ist, die $\forall$-Beseitigungsregel anzuwenden, um zu Aussagen über einen **beliebig gewählten Gegenstand** zu gelangen, werden wir einsehen, sobald erst einmal die $\forall$-Einführungsregel im Spiel ist. Dieser Regel wenden wir uns nun zu.

Die Einführungsregel für den Allquantor »$\forall x$« – die $\forall$-**Einführungsregel** – besagt: Wenn aus einer gegebenen Annahmenmenge logisch folgt, dass ein aus dem gesamten Redebereich beliebig gewählter Gegenstand die Eigenschaft F hat, dann folgt aus derselben Annahmenmenge ebenfalls logisch, dass *jeder* Gegenstand aus dem gesamten Redebereich diese Eigenschaft hat.

$\forall$-**Einführung**

$$X \vdash Fa$$
$$\overline{} \quad *$$
$$X \vdash \forall x Fx$$

Hier kann für »F« wieder jedes Prädikat eingesetzt werden, ganz gleich wie prädikatenlogisch komplex es auch sein mag. Wieder gilt: *Pro Quantor benutze man je verschiedene Variablen!* Solange man dies im Hinterkopf behält, können wir es jedoch bei der obigen Formulierung der $\forall$-Einführungsregel belassen.

(Sollte in diesem Prädikat die Variable »x« bereits gebunden vorkommen, müssen wir bei Anwendung der $\forall$-Einführungsregel – wie schon bei der Konstruktion von Allsätzen – den Term »m« bzw. »a« systematisch durch eine von »x« verschiedene Variable ersetzen. Sonst gibt es ein heilloses Durcheinander, und zwar eines, das Widersprüche generiert. Wäre »Fa« der wahre Satz »a ist ein Mensch $\to \exists x(x$ ist die Mutter von $a)$«, dann erlaubte uns die Regel andernfalls, daraus den Satz »$\forall x(x$ ist ein Mensch $\to \exists x(x$ ist die Mutter von $x)$« zu folgern. Aber natürlich mag es Menschen geben, ohne dass irgendjemand die Mutter ihrer selbst ist.)

Die $\forall$-Einführungsregel unterliegt allerdings, wie das Sternchen andeutet, einer wichtigen Einschränkung. Diese Einschränkung lautet:

---

* Die $\forall$-Einführungsregel ist nur unter der Bedingung anwendbar, dass in der Menge X von Annahmen, von denen Fa abhängt, keine Annahme zu finden ist, in der »a« vorkommt.

Diese Einschränkung wird verständlich, wenn wir uns in Erinnerung rufen, dass ein beliebig gewählter Gegenstand *a* nicht länger als typisches Exemplar des Redebereichs gelten kann, solange in Bezug auf diesen Gegenstand *a* Annahmen gemacht werden, die über die Annahme, dass *a* ein Gegenstand des Redebereichs ist, hinausgehen. Die Einschränkung besagt also, dass die Regel der ∀-Einführung nur anwendbar ist, solange der beliebig gewählte Gegenstand *a* als typisches Exemplar des Redebereichs gelten kann. Mit anderen Worten: Wenn die Wahrheit von »F*a*« gezeigt werden kann, ohne bereits bestimmte Annahmen über *a* zu machen, dann kann damit gezeigt werden, dass auch jeder andere Gegenstand des Redebereichs die Eigenschaft F hat, und die ∀-Einführungsregel greift. Muss man hingegen, um die Wahrheit von »F*a*« zu zeigen, spezifische Annahmen über *a* machen, so ist nicht länger gewährleistet, dass, wenn »F*a*« wahr ist, dann auch jeder andere Gegenstand des Redebereichs die Eigenschaft F hat, und man darf die ∀-Einführungsregel nicht anwenden.

Ein Beispiel: Wenn Euklid beweist, dass alle Dreiecke die Eigenschaft haben, dass die Summe ihrer Winkel 180° beträgt, dann beweist er dies, indem er zeigt, dass ein beliebiges Dreieck ABC diese Eigenschaft hat:

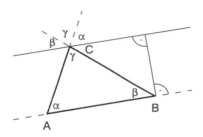

Die Zeichnung, die wir hier zu diesem Zweck verwenden, hätte ebensogut ein gleichseitiges Dreieck oder ein Dreieck mit einem spitzeren γ-Winkel zeigen können. Auf diese Unterschiede kommt es nämlich gar nicht an. Das Dreieck ABC ist ein beliebig gewähltes Dreieck. Solange es nur ein Dreieck ist, sind alle weiteren Eigenschaften dieses Dreiecks für die Zwecke des euklidischen Beweises unerheblich. Und nur weil ABC ein beliebig gewähltes Dreieck ist, über das keine weitergehenden Annahmen gemacht werden müssen – ABC in diesem Maße also ein *typisches* Dreieck ist – kann der Nachweis, dass die Summe seiner Winkel 180° beträgt, als Beweis dafür dienen, dass dies für *jedes* Dreieck gilt.

Im Unterschied hierzu kann der Nachweis, dass die Strecke AB größer ist als die Strecke BC und die Strecke BC größer ist als die Strecke AC, keinesfalls als Beweis dafür dienen, dass alle Dreiecke die Eigenschaft haben, drei unterschiedlich große Seiten zu besitzen. (Gleichseitige Dreiecke besitzen diese Eigenschaft gerade nicht.) Denn der Nachweis, dass das Dreieck ABC unterschiedlich große Seiten hat, geht von Besonderheiten dieses Dreiecks aus, so dass es unter der Annahme dieser Besonderheiten nicht länger als typisches Dreieck gilt (wenngleich es immer noch ein typisches Exemplar der Menge von Dreiecken mit unterschiedlich großen Seiten ist).

In welche Schwierigkeiten uns die Regel der ∀-Einführung bringen würde, wenn man die genannte Einschränkung nicht machte, verdeutlicht das folgende Beispiel:

1	(1)	∀x(x ist ein Junggeselle → x ist männlich).	Annahme
1	(2)	a ist ein Junggeselle → a ist männlich.	1, ∀-Beseitigung
3	(3)	a ist ein Junggeselle.	Annahme
1,3	(4)	a ist männlich.	2, 3, MPP
* 1,3	(5)	∀x(x ist männlich).	4, ∀-Einführung *

Wenn dieses Argument gültig wäre, dann könnte man aus der Annahme, dass alle Junggesellen männlich sind – Zeile (1) – und der Annahme, dass der beliebig gewählte Gegenstand a Junggeselle und also männlich ist – Zeile (3) – folgern, dass alle Objekte männlich sind. Das Argument ist aber nicht gültig, weil die Anwendung der ∀-Einführungsregel im Übergang von Zeile (4) zu Zeile (5) gegen die Einschränkung verstößt, der diese Regel unterliegt. Denn die Annahmenmenge, von der Zeile (4) abhängt, enthält eine Annahme – die Annahme aus Zeile (3) – in der »a« vorkommt. Diese Zusatzannahme untergräbt die Vorstellung, bei dem beliebig gewählten Gegenstand a handele es sich um ein typisches Exemplar des Redebereichs. Ein aus der Menge aller Hunde beliebig gewählter Hund, von dem wir des Weiteren annehmen, er sei dreibeinig, ist kein typischer Hund. Genauso ist ein aus dem gesamten Redebereich beliebig gewählter Gegenstand, von dem wir des Weiteren annehmen, er sei Junggeselle und also männlich, kein typischer Gegenstand des gesamten Redebereichs.

Im Gegensatz zu dem eben genannten ist das folgende Argument prädikatenlogisch gültig:

1	(1)	∀x(x ist ein Philosoph → x ist ein Mensch).	Annahme
2	(2)	∀x(x ist ein Mensch → x ist sterblich).	Annahme
1	(3)	a ist ein Philosoph → a ist ein Mensch.	1, ∀-Beseitigung
2	(4)	a ist ein Mensch → a ist sterblich.	2, ∀-Beseitigung
1,2	(5)	a ist ein Philosoph → a ist sterblich.	3, 4, Transitivität
1,2	(6)	∀x(x ist ein Philosoph → x ist sterblich).	5, ∀-Einführung

Neben den allgemeinen Annahmen in den Zeilen (1) und (2), in denen der Name »a« gar nicht vorkommt, wird in Bezug auf den Gegenstand a keine Zusatzannahme gemacht, von der die Konklusion in Zeile (6) abhinge. Der beliebig gewählte Gegenstand a kann ohne weiteres als typisches Exemplar des gesamten Redebereichs gelten. (Man bedenke, dass die Prämissen in den Zeilen (3) und (4) bereits wahr sind, wenn a weder ein Philosoph noch ein Mensch, sondern beispielsweise ein Fisch ist.)

An dem soeben angeführten Beispielargument kann man besonders gut sehen, inwieweit Prädikatenlogik und Aussagenlogik ineinander greifen. Die ∀-Beseitigungsregel gestattet den Übergang von Allsätzen der Form »∀x(Fx → Gx)« zu materialen Konditionalen über beliebige Gegenstände. Diese materialen Konditionale unterliegen wie andere Konditionale auch den Regeln der Aussagenlogik. Unser mit Hilfe aussagenlogischer Regeln geführter Beweis **4** (siehe Kapitel 9.2) erwies, dass materiale Konditionale dem Gesetz der Transitivität unterliegen, dass also gilt:

$A \to B, B \to C \vdash A \to C$

Der Beweisschritt, der uns von den Zeilen (3) und (4) zu Zeile (5) führt, ist also aussagenlogisch gültig. Die Anwendung der $\forall$-Einführungsregel auf Zeile (5) liefert uns dann wieder einen Allsatz, nämlich die Konklusion aus Zeile (6). Indem wir also von Allsätzen zu Sätzen über beliebige Gegenstände hinabsteigen und von Sätzen über beliebige Gegenstände wieder zu Allsätzen hinaufsteigen, können wir uns in der Prädikatenlogik das gesamte aussagenlogische Regelwerk zunutze machen.

Dass es bei diesem Ab- und Aufsteigen mit rechten Dingen zugeht, wird durch die Gültigkeit der $\forall$-Einführungs- und der $\forall$-Beseitigungsregel garantiert. Diese Regeln gelten – so wie die Regeln der Aussagenlogik auch – *per definitionem*. Mit anderen Worten: Der Allquantor ist so zu verstehen, dass diese Regeln von ihm gelten; und wer die Gültigkeit dieser Regeln bezweifelt, der ist nur unzulänglich oder gar nicht mit der Bedeutung des Allquantors vertraut. Allerdings können wir nun zum Zwecke der Erläuterung nicht einfach Wahrheitstafeln für Allsätze angeben, wie wir von der Erläuterung aussagenlogischer Regeln gewohnt sind. Es lässt sich also nicht in der gewohnten Weise die Wahrheitsfunktion angeben, die der Allquantor bezeichnet. Dies liegt nicht allein daran, dass Allsätze keine vollwertigen Sätze als Satzteile enthalten. Es liegt vor allem daran, dass es unendlich viele Gegenstände gibt, die den offenen Satz »x ist mit x identisch« erfüllen und demnach zu dem gehören, was wir den gesamten Redebereich genannt haben. Diese Bemerkungen sind selbst erläuterungsbedürftig.

Stellen wir uns vor, wir schränkten kurzzeitig unseren Redebereich auf drei Gegenstände ein – sagen wir, auf drei Personen. Wir geben diesen drei Personen Namen, nämlich »o_1«, »o_2« und »o_3«. Wir können also sagen, dass im angenommenen Fall o_1, o_2 und o_3 zusammen alle Gegenstände unseres Redebereichs sind. Vergleichen wir nun unter dieser Voraussetzung die beiden folgenden Aussagen

$\forall x(x$ ist weiblich)
o_1 ist weiblich & o_2 ist weiblich & o_3 ist weiblich

Unter der gemachten Voraussetzung folgte aus der Wahrheit des Allsatzes logisch nicht mehr als das, was bereits aus der Wahrheit der Konjunktion logisch folgt. Denn dass alle Gegenstände weiblich sind, erfordert laut Voraussetzung nicht mehr, als dass o_1 und o_2 und o_3 weiblich sind. Und umgekehrt folgte alles, was aus der Wahrheit der Konjunktion folgt, auch aus der Wahrheit des Allsatzes. Denn die Wahrheit der Konjunktion folgt jedenfalls aus der Wahrheit des Allsatzes. Die $\forall$-Beseitigungsregel entspricht demnach ganz der &-Beseitigungsregel, wonach aus der Wahrheit einer Konjunktion die Wahrheit jedes ihrer Konjunkte logisch folgt. Und die $\forall$-Einführungsregel entspräche unter der besonderen Voraussetzung, die wir hier gemacht haben, ebenfalls der &-Einführungsregel, wonach die Wahrheit einer Konjunktion aus der Wahrheit all ihrer Konjunkte logisch folgt.

Bei einem auf drei Gegenstände beschränkten Redebereich funktionieren Allsätze also wie Konjunktionen mit drei Konjunkten. Entsprechend funktionieren

Allsätze bei einem auf 35 Gegenstände beschränkten Redebereich wie Konjunktionen mit 35 Konjunkten. Und Entsprechendes gilt für jede endliche Anzahl von Gegenständen, auf die der Redebereich eingeschränkt wird. Mit anderen Worten: Solange der Redebereich nur endlich viele Gegenstände umfasst, ließen sich die Wahrheitsbedingungen von Allsätzen im Prinzip als Wahrheitsbedingungen von Konjunktionen auffassen. Im gedachten Fall sähe eine Wahrheitstafel für den Allquantor so aus:

Fo_1	Fo_2	Fo_3	$\forall xFx$	$(Fo_1 \& Fo_2) \& Fo_3$
W	W	W	W	W
W	W	F	F	F
W	F	W	F	F
W	F	F	F	F
F	W	W	F	F
F	W	F	F	F
F	F	W	F	F
F	F	F	F	F

Wenn wir über alle Gegenstände unseres gesamten Redebereichs etwas sagen wollen, können wir nun aber nicht davon ausgehen, dass sich die Wahrheitsbedingungen der Allsätze, die wir hierfür gebrauchen, auf analoge Weise angeben lassen. Denn unser gesamter Redebereich enthält **unendlich viele Gegenstände** – wie man sich leicht klarmacht, wenn man bedenkt, dass es unendlich viele natürliche Zahlen gibt, über die wir sprechen, wenn wir Mathematik betreiben. Vor diesem Hintergrund sind Allsätze also eher wie unendlich lange Konjunktionen zu verstehen – nämlich wie Konjunktionen mit unendlich vielen Konjunkten. Für solche Konjunktionen lassen sich nun aber keine Wahrheitstafeln angeben – wenigstens nicht von endlichen Wesen, wie wir es sind. Trotzdem können wir natürlich die Wahrheitsbedingungen von Sätzen der prädikatenlogischen Form »$\forall xFx$« angeben: Ein Satz der Form »$\forall xFx$« ist wahr, wenn jeder Gegenstand des gesamten Redebereichs den offenen Satz »Fx« erfüllt, und andernfalls falsch.

An dieser Stelle wenden wir uns einigen der Argumente zu, die bereits in Kapitel 15 zur Sprache kamen, deren logische Gültigkeit wir bis dahin aber nicht unter Beweis stellen konnten. Mit Hilfe der $\forall$-Beseitigungsregel und der $\forall$-Einführungsregel können wir nun die prädikatenlogische Gültigkeit dieser Argumente demonstrieren:

Kein Kollege kommt zur Konferenz.	1	(1)	$\forall x(Fx \to {\sim}Gx)$	Annahme
Otto ist ein Kollege.	2	(2)	Fm	Annahme
Otto kommt nicht zur Konferenz.	1	(3)	$Fm \to {\sim}Gm$	1, $\forall$-Beseitigung
	1,2	(4)	${\sim}Gm$	2, 3, MPP

Jeder Sünder wird vom Blitz getroffen.	1	(1)	$\forall x(Fx \to Gx)$	Annahme
Kein Blitz trifft George W. Bush.	2	(2)	${\sim}Gm$	Annahme
George W. Bush ist kein Sünder.	1	(3)	$Fm \to Gm$	1, $\forall$-Beseitigung
	1,2	(4)	${\sim}Fm$	2, 3, MTT

Alle werden langsam dicker.	1	(1) $\forall x Fx$	Annahme
Sven wird langsam dicker.	1	(2) Fm	1, $\forall$-Beseitigung
Nichts funktioniert.	1	(1) $\forall x {\sim} Fx$	Annahme
Mein Gehirn funktioniert nicht.	1	(2) ${\sim}Fm$	1, $\forall$-Beseitigung
Niemand liebt mich.	1	(1) $\forall x {\sim} Fxm$	Annahme
Ich liebe mich nicht.	1	(2) ${\sim}Fmm$	1, $\forall$-Beseitigung
Alle Frösche sind Amphibien.	1	(1) $\forall x(Fx \to Gx)$	Annahme
Alle Amphibien schlüpfen aus Eiern.	2	(2) $\forall x(Gx \to Hx)$	Annahme
Alle Frösche schlüpfen aus Eiern.	1	(3) $Fa \to Ga$	1, $\forall$-Beseitigung
	2	(4) $Ga \to Ha$	2, $\forall$-Beseitigung
	1,2	(5) $Fa \to Ha$	3, 4, Transitivität
	1,2	(6) $\forall x(Fx \to Hx)$	5, $\forall$-Einführung

Um die verbleibenden Argumente als gültig zu erweisen, bedürfen wir prädikatenlogischer Regeln für den Existenzquantor. Diese Regeln werden wir im nächsten Kapitel kennenlernen. Bevor wir dies jedoch tun, wollen wir uns einige der bereits bewiesenen Folgebeziehungen, auf die wir mittels der Folge-Einführungsregel künftig zurückgreifen können, noch einmal kurz vergegenwärtigen und sie – der Einfachheit halber – in Form abgeleiteter Regeln darstellen. Um diesen abgeleiteten Regeln Namen zu geben, die wir uns leichter merken können, beziehen wir sie auf die aussagenlogischen Regeln, die wir bei ihrer Ableitung nach Anwendung der $\forall$-Beseitigungsregel – also nach Abstieg vom Level des Allgemeinen – gebrauchen. Betrachten wir den folgenden Beweis:

Beweis 24: $\forall x(Fx \to Gx), Fm \vdash Gm$

1	(1)	$\forall x(Fx \to Gx)$	Annahme
2	(2)	Fm	Annahme
1	(3)	$Fm \to Gm$	1, $\forall$-Beseitigung
1,2	(4)	Gm	2, 3, MPP

Bei diesem Beweis gebrauchen wir beispielsweise die aussagenlogische Regel Modus ponendo ponens:

Modus ponendo ponens
$X \vdash A \to B \quad Y \vdash A$
$X, Y \vdash B$

Darum nennen wir die abgeleitete prädikatenlogische Regel **allspezialisierender Modus ponendo ponens**. Der Zusatz »allspezialisierend« erklärt sich daraus, dass bei Anwendung dieser Regel aus den jeweils gemachten Annahmen folgen muss, dass die Antezedensbedingung eines Satzes der Form »$\forall x(Fx \to Gx)$« – d. h. also der offene Satz »Fx« – von einem speziellen Gegenstand erfüllt ist. Der Kürze halber können wir den Zusatz »allspezialisierend« jedoch künftig auch weglassen und uns auf diese Regel schlicht mit dem Namen »**Modus ponendo ponens**« beziehen, denn es handelt sich dabei ja sozusagen um eine Version des Modus ponendo ponens:

(allspezialisierender) **Modus ponendo ponens**
$X \vdash \forall x(Fx \rightarrow Gx) \qquad Y \vdash Fm$
$X, Y \vdash Gm$

Was hier für Sätze mit gewöhnlichen singulären Termen gilt, gilt natürlich entsprechend auch für Sätze, die Namen für beliebige Gegenstände enthalten. Es gibt also auch eine »a«-Version dieser Regel.

Betrachten wir nun den folgenden Beweis:

Beweis 25: $\quad \forall x(Fx \rightarrow Gx), \sim Gm \vdash \sim Fm$
1   (1) $\forall x(Fx \rightarrow Gx)$ Annahme
2   (2) $\sim Gm$ Annahme
1   (3) $Fm \rightarrow Gm$ 1, $\forall$-Beseitigung
1,2   (4) $\sim Fm$ 2, 3, Modus tollendo tollens

Hier machen wir von der aussagenlogischen Regel Modus tollendo tollens Gebrauch:

Modus tollendo tollens
$X \vdash A \rightarrow B \qquad Y \vdash \sim B$
$X, Y \vdash \sim A$

Entsprechend nennen wir die abgeleitete prädikatenlogische Regel **allspezialisierender Modus tollendo tollens** – oder der Kürze halber schlicht **Modus tollendo tollens**:

(allspezialisierender) **Modus tollendo tollens**
$X \vdash \forall x(Fx \rightarrow Gx) \qquad Y \vdash \sim Gm$
$X, Y \vdash \sim Fm$

(Wieder gibt es hierzu eine Version für die Rede über beliebige Gegenstände.) Es ist eine gute Übung, unter Zuhilfenahme der $\forall$-Beseitigungsregel und jeweils einer der beiden aussagenlogischen Regeln Modus ponendo tollens und Modus tollendo ponens zunächst die Folgebeziehungen

$\forall x\sim(Fx \,\&\, Gx), Fm \vdash \sim Gm$
$\forall x(Fx \lor Gx), \sim Fm \vdash Gm$

zu beweisen, um anschließend allspezialisierende prädikatenlogische Versionen der beiden aussagenlogischen Regeln zu formulieren (siehe Beweise 26 und 27 in Kapitel 22). Hier sei nur noch eine **prädikatenlogische Transitivitätsregel** ausdrücklich genannt, die wir in entsprechender Weise erhalten, indem wir von dem folgenden Beweis ausgehen:

Beweis 28: $\forall x(Fx \rightarrow Gx), \forall x(Gx \rightarrow Hx) \vdash \forall x(Fx \rightarrow Hx)$

1	(1)	$\forall x(Fx \rightarrow Gx)$	Annahme
2	(2)	$\forall x(Gx \rightarrow Hx)$	Annahme
1	(3)	$Fa \rightarrow Ga$	1, $\forall$-Beseitigung
2	(4)	$Ga \rightarrow Ha$	2, $\forall$-Beseitigung
1,2	(5)	$Fa \rightarrow Ha$	3, 4, Transitivität
1,2	(6)	$\forall x(Fx \rightarrow Hx)$	5, $\forall$-Einführung

Wir können nun das Ergebnis unseres prädikatenlogischen Beweises ebenfalls in die Form einer abgeleiteten Regel gießen, die wir die Regel der **allquantifizierten Transitivität** nennen:

(allquantifizierte) **Transitivität**

$X \vdash \forall x(Fx \rightarrow Gx) \qquad Y \vdash \forall x(Gx \rightarrow Hx)$

$X, Y \vdash \forall x(Fx \rightarrow Hx)$

Den Zusatz »allquantifiziert« können wir der Kürze halber künftig auch weglassen.

18. Regeln für den Existenzquantor

Im letzten Kapitel haben wir zuerst die $\forall$-Beseitigungsregel und anschließend die $\forall$-Einführungsregel kennen gelernt. Dies hatte damit zu tun, dass die $\forall$-Beseitigungsregel wesentlich einfacher zu verstehen ist als die $\forall$-Einführungsregel. In diesem Kapitel, in dem wir die Grundregeln für den Existenzquantor kennen lernen, werden wir in umgekehrter Reihenfolge verfahren. Zunächst machen wir uns mit der $\exists$-Einführungsregel vertraut und erst im Anschluß daran mit der $\exists$-Beseitigungsregel.

Die $\exists$-**Einführungsregel** besagt: Wenn für einen beliebig gewählten Gegenstand und eine gegebene Annahmenmenge gilt, dass aus diesen Annahmen logisch folgt, dass dieser Gegenstand die Eigenschaft F besitzt, dann folgt aus derselben Annahmenmenge logisch, dass es mindestens einen Gegenstand des gesamten Redebereichs gibt, der die betreffende Eigenschaft F hat. Was für beliebige Gegenstände gilt, gilt ebenso für besondere Gegenstände. Wenn also aus einer gegebenen Annahmenmenge logisch folgt, dass ein besonderer Gegenstand die Eigenschaft F besitzt, dann folgt aus derselben Annahmenmenge ebenfalls logisch, dass es mindestens einen Gegenstand des gesamten Redebereichs gibt, der die Eigenschaft F hat. In Kurzform erhalten wir demnach:

∃-Einführung	
X ⊢ Fm	X ⊢ Fa
X ⊢ ∃xFx	X ⊢ ∃xFx

Hier gilt wie bisher auch, dass man für »F« jedes beliebige und beliebig komplexe Prädikat einsetzen kann. (Sollte in diesem Prädikat die Variable »x« jedoch bereits gebunden vorkommen, müssen wir bei Anwendung der ∃-Einführungsregel den Term »m« bzw. »a« systematisch durch eine von »x« verschiedene Variable ersetzen.)

Die Regel der ∃-Einführung legitimiert beispielsweise den Schluss von

(Alfonso hat Zeit & Alfonso hat Geld) v (~(Alfonso hat Zeit) & Alfonso arbeitet).

auf

∃x((x hat Zeit & x hat Geld) v (~(x hat Zeit) & x arbeitet))

Wir veranschaulichen die Art und Weise, wie Anwendungen dieser Regel in unserer Formatvorlage dokumentiert werden, anhand eines simplen Schemas, in dem die Prämisse, aus der mittels dieser Regel gefolgert wird, als Annahme fungiert:

| 1 | (1) | Fm | Annahme |
| 1 | (2) | ∃xFx | 1, ∃-Einführung |

Beispiele für Einsetzungsinstanzen dieses Schemas sind:

| 1 | (1) | Der Fuchs hat die Gans gestohlen. | Annahme |
| 1 | (2) | ∃x(x hat die Gans gestohlen). | 1, ∃-Einführung |

| 1 | (1) | Der Fuchs hat die Gans gestohlen. | Annahme |
| 1 | (2) | ∃x(der Fuchs hat x gestohlen). | 1, ∃-Einführung |

An diesem Beispiel wird deutlich, dass auch die Einsetzungsinstanzen des folgenden Schemas stets prädikatenlogisch gültige Argumente sind:

1	(1)	Fmn	Annahme
1	(2)	∃xFxn	1, ∃-Einführung
1	(3)	∃y∃xFxy	2, ∃-Einführung

Eine Einsetzungsinstanz dieses Schemas ist das folgende Argument:

1	(1)	Der Fuchs hat die Gans gestohlen.	Annahme
1	(2)	∃x(x hat die Gans gestohlen).	1, ∃-Einführung
1	(3)	∃y∃x(x hat y gestohlen).	2, ∃-Einführung

Man kann also die ∃-Einführungsregel wiederholt anwenden, bis man alle Namen des Ausgangssatzes durch Variablen ersetzt hat, die jeweils durch Existenzquantoren gebunden werden. Man gelangt so zu Existenzsätzen mit mehreren Existenzquantoren.

In welchen Kontexten es entscheidend sein kann, die ∃-Einführungsregel auf Sätze über beliebig gewählte Gegenstände – also Sätze der Form »Fa« – anzuwenden, wird vor dem Hintergrund der ∃-Beseitigungsregel noch einsichtig werden. Das folgende Schema, das ausnahmslos prädikatenlogisch gültige Einsetzungsinstanzen besitzt, illustriert eine derartige Anwendung der ∃-Einführungsregel:

1	(1)	$\forall x F x$	Annahme
1	(2)	Fa	1, ∀-Beseitigung
1	(3)	$\exists x F x$	2, ∃-Einführung

Das folgende Argument ist ein Beispiel für eine solche prädikatenlogisch gültige Einsetzungsinstanz:

1	(1)	$\forall x(x$ ist abstrakt v $\sim(x$ ist eine Zahl$))$.	Annahme
1	(2)	a ist abstrakt v $\sim(a$ ist eine Zahl$)$.	1, ∀-Beseitigung
1	(3)	$\exists x(x$ ist abstrakt v $\sim(x$ ist eine Zahl$))$.	2, ∃-Einführung

Im Vergleich zur ∃-Einführungsregel ist die ∃-Beseitigungsregel etwas schwieriger nachzuvollziehen. Und dies liegt nicht zuletzt daran, dass ihre Gültigkeit – wie schon die der ∀-Einführungsregel – einer wichtigen Einschränkung unterliegt.

Die **∃-Beseitigungsregel** besagt: Wenn es wahr ist, dass es mindestens einen Gegenstand des gesamten Redebereichs gibt, der die Eigenschaft F hat, und wenn aus der Annahme, irgendein beliebiger Gegenstand dieses Bereichs habe F, der Satz C logisch folgt, dann ist Satz C jedenfalls auch wahr. Mit anderen Worten: Wenn daraus, dass irgendein Gegenstand a F hat, C folgt – gleichgültig welcher Gegenstand a auch ist – dann folgt C bereits aus der Annahme, dass es überhaupt einen Gegenstand gibt, der F hat. Etwas präziser schreiben wir diese Regel so:

∃-Beseitigung
$X \vdash \exists x F x \qquad Y, Fa \vdash C$
─────────────────────── *
$X, Y \vdash C$

Hier ist »F« wieder ein Platzhalter für beliebige und beliebig komplexe Prädikate, in denen die Variable »x« nur ungebunden vorkommt. Und das Sternchen markiert wieder, dass die Gültigkeit der Regel systematisch eingeschränkt werden muss. Die **Einschränkung** lautet:

> * Die ∃-Beseitigungsregel ist nur unter der Bedingung anwendbar, dass »a« weder in der Konklusion C noch in der Annahmenmenge Y, mit deren Hilfe C aus Fa gefolgert wird, vorkommt.

Diese Einschränkung wird verständlich, sobald man sich vor Augen führt, welche Konsequenzen Anwendungen der ∃-Beseitigungsregel hätten, und zwar in Fällen, in denen die in der Einschränkung genannten Bedingungen nicht erfüllt sind. Zu diesem Zweck nehmen wir die beiden Teilbedingungen nacheinander in den Blick. Wir beginnen mit der Frage, was passieren könnte, wollte man die ∃-Beseitigungsregel auch dann anwenden, wenn in Y von dem beliebigen Gegenstand a bereits die Rede ist.

Wenn weitere Annahmen über den Gegenstand a gemacht werden müssten, um aus seinem F-Sein auf C schließen zu können – »a« also in Y vorkäme – dann wäre es eben nicht länger richtig zu sagen, C folge aus dem F-Sein eines beliebigen Gegenstandes, gleichgültig, um welchen Gegenstand es sich dabei auch handele. Der beliebige Gegenstand müsste ja darüber hinaus auch noch die in Y enthaltenen Zusatzannahmen erfüllen. Wenn es aber nicht länger richtig ist zu sagen, C folge aus dem F-Sein eines beliebigen Gegenstandes, gleichgültig, um welchen Gegenstand es sich dabei handelt, dann wäre es vermessen, die Wahrheit von C bereits aus dem Umstand ableiten zu wollen, dass es unter den Gegenständen des gesamten Redebereichs einige gibt, die die Eigenschaft F besitzen. Denn unter diesen Voraussetzungen könnte es sich ja so treffen, dass die Gegenstände, die tatsächlich die Eigenschaft F besitzen und deren F-Sein die Existenzaussage wahr macht, nicht diejenigen durch Y näher charakterisierten Gegenstände sind, deren F-Sein für die Wahrheit von C hinreichend wäre. Betrachten wir folgendes Beispiel:

> Beinhalte X die Annahme, dass Leos Lieblingsspielzeug ein Ball ist und alle Bälle rund sind.
> Sei »∃xFx« die Prämisse, dass es mindestens einen runden Gegenstand gibt.
> Sei a ein beliebiger Gegenstand.
> Beinhalte Y die Annahme, dass a ein Würfel ist und kein Würfel rund ist.
> Sei »Fa« die Annahme, dass a rund ist.
> Sei C die These, dass im Himmel Jahrmarkt ist.

Mit Hilfe der &-Beseitigungsregel, Modus ponendo ponens und der ∃-Einführungsregel leiten wir zunächst »∃xFx« aus X ab:

1	(1)	Leos Lieblingsspielzeug ist ein Ball & ∀x(x ist ein Ball → x ist rund).	Annahme (X)
1	(2)	∀x(x ist ein Ball → x ist rund).	1, &-Bes.
1	(3)	Leos Lieblingsspielzeug ist ein Ball.	1, &-Bes.
1	(4)	Leos Lieblingsspielzeug ist rund.	2, 3, MPP
1	(5)	∃x(x ist rund).	4, ∃-Einf. (=∃xFx)

Aus Y und »Fa« können wir mit Hilfe der &-Beseitigungsregel, Modus ponendo ponens und Ex falso quodlibet die These C folgern:

6	(6)	a ist rund.	Annahme (=Fa)
7	(7)	a ist ein Würfel & ∀x(x ist ein Würfel → ~(x ist rund)).	Annahme aus Y
7	(8)	∀x(x ist ein Würfel → ~(x ist rund)).	7, &-Bes.
7	(9)	a ist ein Würfel.	7, &-Bes.

7	(10)	~(a ist rund).	8, 9, MPP
6,7	(11)	Im Himmel ist Jahrmarkt.	6, 10, EFQ

Könnten wir an dieser Stelle nun die ∃-Beseitigungsregel anwenden, dann könnten wir aus den Annahmen in den Zeilen (1) und (7) – d.h. aus unseren Annahmen(mengen) X und Y – auf unsere These C schließen, nämlich die These, dass im Himmel Jahrmarkt ist. Da man einen beliebigen Gegenstand problemlos so wählen kann, dass Zeile (7) wahr wird, und Zeile (1) tatsächlich wahr ist, würden wir also darauf schließen müssen, dass im Himmel Jahrmarkt ist. Das ist natürlich absurd. Darum ist die Anwendung der ∃-Beseitigungsregel in diesem Fall nicht gestattet:

* 1,7	(12)	Im Himmel ist Jahrmarkt	5, 6, 11, ∃-**Beseitigung** *

Dass die Anwendung der ∃-Beseitigungsregel in diesem Fall nicht gestattet ist, erklärt sich wie folgt. So wie a nämlich durch Y charakterisiert ist, kann es sich bei diesem ansonsten beliebig gewählten Gegenstand unmöglich um ein typisches Exemplar der Menge runder Dinge handeln. Die Einschränkung der ∃-Beseitigungsregel bezweckt also zu gewährleisten, dass der jeweils beliebig gewählte Gegenstand, insofern er ein F-Ding ist, als ein **typisches Exemplar** der Menge von F-Dingen angesehen werden kann.

Was passierte nun, wenn zwar nicht in Y, wohl aber in C von dem beliebigen Gegenstand a bereits die Rede wäre und wir die ∃-Beseitigungsregel anwendeten? Wir nähern uns einer Antwort auf diese Frage in vier Schritten.

1. Erinnern wir uns daran, dass die Konklusion eines Arguments als Prämisse eines anderen Arguments fungieren kann. Wir können also Argumente hintereinander schalten und erhalten dann ein längeres Argument mit mehreren Beweisschritten. Wenn also die Anwendung der ∃-Beseitigungsregel auch dann erlaubt wäre, wenn in der Konklusion C von dem beliebigen Gegenstand a die Rede wäre, dann könnte diese Konklusion als Prämisse eines weiteren Arguments dienen, das aus Annahmen über a etwas beweist.
2. Im letzten Kapitel haben wir solche Argumente bereits kennen gelernt – Argumente nämlich, im Zuge derer die ∀-Einführungsregel zum Einsatz kommt. Wie wir dort ebenfalls gesehen haben, unterliegt die Anwendung der ∀-Einführungsregel einer Beschränkung: Man darf sie nur anwenden, wenn gewährleistet ist, dass in den Annahmen, von denen die Herleitung der relevanten Prämisse »Fa« abhängt, von dem Gegenstand a noch nicht bereits die Rede ist. Könnten wir diese Prämisse tatsächlich mit Hilfe der ∃-Beseitigungsregel herleiten, dann bedeutete dies, dass weder in X noch in Y von dem Gegenstand a die Rede sein dürfte.
3. Diese Bedingung lässt sich allerdings kinderleicht erfüllen, indem man X mit dem Existenzsatz »∃xFx« gleichsetzt und Y als leer annimmt. Denn die erforderlichen Folgebeziehungen bestehen dann trivialerweise, insofern gilt:

   A ⊢ A
4. Ist nun aber erst einmal sichergestellt, dass der Anwendung der ∀-Einführungsregel nichts mehr im Wege steht, dann könnten wir nun ausgehend von

einem Existenzsatz via ∃-Beseitigung und anschließender ∀-Einführung auf einen Allsatz schließen. Also zum Beispiel könnten wir dann ausgehend von der Tatsache, dass jemand Bundesaußenminister ist, darauf schließen, dass jeder Bundesaußenminister ist. Das wäre natürlich ein absolut hirnrissiger Schluss, und tatsächlich ist er ungültig, weil die ∃-Beseitigungsregel hier nicht anwendbar ist:

1	(1)	∃x(x ist Bundesaußenminister)	Annahme
2	(2)	a ist Bundesaußenminister	Annahme
*1	(3)	**a ist Bundesaußenminister**	1, 2, 2, ∃-Beseitigung *
1	(4)	∀x(x ist Bundesaußenminister)	3, ∀-Einführung

Die Einschränkung der Anwendungsbedingungen für die ∃-Beseitigungsregel erklärt sich also auch hier wieder daraus, dass wir ohne sie etwas, was wir eigens bezüglich des Gegenstandes a annehmen, später als etwas deklarieren könnten, das nicht länger den Status einer Extra-Annahme hat, und sogar für alle Gegenstände des Redebereichs typisch ist. Wie man nämlich anhand des – wohlgemerkt, ungültigen – Arguments leicht sieht, würde uns die uneingeschränkte Anwendbarkeit der ∃-Beseitigungsregel erlauben, eine mittels der Annahme-Einführungsregel allererst ins Spiel gebrachte und entsprechend gekennzeichnete Prämisse zunächst als Annahme aufzugeben, nur um sie anschließend folgernd wieder einzuführen, wobei sie ihren Status als Extra-Annahme jedoch einbüßte. So könnte man dann also genausogut auch aus den beiden – sicherlich wahren – Annahmen »∃x(x ist rund)« und »∃x~(x ist rund)« folgern, dass der beliebig gewählte Gegenstand a sowohl rund als auch nicht rund ist. Reductio ad absurdum würde uns dann zu dem Schluss nötigen, dass es, sofern es etwas Rundes gibt, nicht einen Gegenstand gibt, der nicht rund ist, bzw. dass es, sofern es etwas gibt, was nicht rund ist, nicht einen runden Gegenstand gibt. Und dies wäre freilich ein vollkommen inakzeptables Ergebnis.

Ferner ist zu beobachten: Wäre die ∃-Beseitigungsregel uneingeschränkt anwendbar, dann würde damit auch die Einschränkung der ∀-Einführungsregel systematisch unterlaufen. Denn diese Einschränkung sollte ja ausschließen, dass wir einen Allsatz einfach aus einer Annahme folgern können, deren Wahrheit wir schon dadurch herstellen können, dass wir den Gegenstand a, von dem sie handelt, geschickt wählen. Um dies zu verhindern, wurde verlangt, dass der Satz über a, auf den die ∀-Einführungsregel »zugreift«, weder selbst eine bloße Annahme noch eine Folgerung aus Annahmen sein dürfe, die spezielle Annahmen über a sind. In dem soeben gezeigten – und ungültigen – Argument würde Prämisse (3) diesen Anforderungen zweifellos genügen, und der Anwendung der ∀-Einführungsregel stünde dann nichts mehr im Wege. Aber wie schon gesagt, gelangten wir zu Zeile (3) ja nur aufgrund eines Etikettenschwindels: Die – freilich illegitime – Anwendung der ∃-Beseitigungsregel im Übergang von Zeile (2) zu Zeile (3) münzt die explizite Annahme aus Zeile (2) in etwas um, was in Zeile (3) nicht länger als eine solche Annahme erscheint.

Bislang haben wir uns nur mit Beispielen für unerlaubte Anwendungen der ∃-Beseitigungsregel beschäftigt. Und dabei haben wir uns ebensowenig darum geschert zu erläutern, wie Anwendungen der ∃-Beseitigungsregel in unserer Formatvorlage dokumentiert werden. All dies soll jetzt nachgeholt werden. Zu diesem Zweck betrachten wir das folgende Beweisschema:

Beweis 29: $\forall x(Fx \rightarrow Gx), \exists xFx \vdash \exists xGx$

1	(1)	$\forall x(Fx \rightarrow Gx)$	Annahme
2	(2)	$\exists xFx$	Annahme
3	(3)	Fa	Annahme
1	(4)	$Fa \rightarrow Ga$	1, $\forall$-Beseitigung
1,3	(5)	Ga	3, 4, Modus ponendo ponens
1,3	(6)	$\exists xGx$	5, $\exists$-Einführung
1,2	(7)	$\exists xGx$	2, 3, 6, $\exists$-Beseitigung

Bevor wir zur Veranschaulichung eine Einsetzungsinstanz dieses Schemas angeben, sollten wir uns klarmachen, was hier eigentlich vor sich geht. In den Zeilen (1) und (2) machen wir zwei allgemeine Annahmen über den gesamten Redebereich, in Zeile (1), dass alle Gegenstände dieses Bereichs den offenen Satz »$Fx \rightarrow Gx$« erfüllen, und in Zeile (2), dass es mindestens einen Gegenstand dieses Bereichs gibt, der den offenen Satz »Fx« erfüllt. In Zeile (3) machen wir dann eine zusätzliche Annahme, nämlich dass der beliebig gewählte Gegenstand a jedenfalls die Eigenschaft aufweist, den offenen Satz »Fx« zu erfüllen. Ausgehend von diesen drei Annahmen stellen wir nun den folgenden Gedankengang an. Was für alle Gegenstände des gesamten Redebereichs gilt, gilt freilich auch für a. Sofern die Annahme aus Zeile (1) wahr ist, erfüllt also auch a den offenen Satz »$Fx \rightarrow Gx$«. Mit Hilfe der $\forall$-Beseitigungsregel gelangen wir also zu Zeile (4). Auf Zeile (3) und (4) können wir nun in vertrauter Weise die aussagenlogische Regel Modus ponendo ponens anwenden und gelangen so zu Zeile (5). Zeile (5) besagt, dass der beliebig gewählte Gegenstand a den offenen Satz »Gx« erfüllt. Wenn nun aber der beliebig gewählte Gegenstand a den offenen Satz »Gx« erfüllt, dann gibt es also im gesamten Redebereich mindestens einen Gegenstand, der den offenen Satz »Gx« erfüllt. Aus Zeile (5) können wir also mit Hilfe der $\exists$-Einführungsregel die Zeile (6) ableiten.

So weit, so gut. Aber was passiert denn nun beim letzten Schritt, der uns zur Zeile (7) führt? Inwiefern ist es eine Anwendung der $\exists$-Beseitigungsregel, die uns Zeile (7) abzuleiten erlaubt? Kommt in Zeile (7) nicht wieder ein Existenzsatz vor? Und warum machen wir eigentlich nicht einfach in Zeile (6) Schluss?

Zunächst einmal fällt auf, dass in der linken Spalte der Zeilen (6) und (7) verschiedene Annahmen genannt sind. Zeile (6) ist von der Annahme aus Zeile (2) vollkommen unabhängig. Ja, wie die Eintragungen in der rechten Spalte dokumentieren, spielt Zeile (2) nirgends bei der schrittweisen Ableitung von Zeile (6) eine Rolle. Stattdessen hängt aber, wie man links sehen kann, Zeile (6) von der Annahme aus Zeile (3) ab. Bei Zeile (7) verhält es sich umgekehrt. Zeile (7) hängt von der Annahme aus Zeile (2) ab, nicht aber von der Annahme aus Zeile (3). Die Ableitung von Zeile (6) beweist, dass die nachstehende logische Folgebeziehung besteht:

$\forall x(Fx \rightarrow Gx), Fa \vdash \exists xGx$

Wenn in Zeile (7) in der Tat alles mit rechten Dingen zugeht und unsere Eintragungen stimmen, dann haben wir im Zuge der Ableitung dieser Zeile (7) bewiesen, dass die nachstehende Folgebeziehung gilt:

$\forall x(Fx \rightarrow Gx), \exists xFx \vdash \exists xGx$

Wie wir uns bereits an anderer Stelle klargemacht haben, gilt für jedweden Satz A:

$A \vdash A$

Insbesondere gilt dann auch:

$\exists xFx \vdash \exists xFx$

Vor diesem Hintergrund ist nun leicht zu sehen, inwiefern der Übergang zu Zeile (7) gerechtfertigt ist. Denn es gilt ja die ∃-Beseitigungsregel:

∃-Beseitigung
$X \vdash \exists xFx \quad Y, Fa \vdash C$
─────────────────────────── *
$X, Y \vdash C$
* sofern »a« weder in Y noch in C vorkommt

Wir müssen uns nun bloß »X« durch »∃xFx« und »Y« durch »∀x(Fx → Gx)« ersetzt denken und feststellen, dass weder in »∃xFx« noch in »∀x(Fx → Gx)« von dem beliebigen Gegenstand a die Rede ist.

Wir können jetzt zu einer Beantwortung unserer Fragen kommen. Die Folgerung von Zeile (7) ist in der Tat legitim. Obwohl nun der Satz aus Zeile (7) derselbe ist wie der, der bereits in Zeile (6) steht, zeigt erst der Übergang zu Zeile (7), dass die Wahrheit dieses Satzes nur von allgemeinen Annahmen abhängt. Er hängt von dem Allsatz aus Zeile (1) und von dem Existenzsatz aus Zeile (2) ab. So wie ein Allsatz drückt auch ein Existenzsatz eine allgemeine Annahme aus und nicht etwa eine Annahme über einen individuellen Gegenstand.

Der Zwischenbeweis, der zur Zeile (6) führte, gestattete die Anwendung aussagenlogischer Regeln, der eine Anwendung der ∀-Beseitigungsregel vorausging und eine Anwendung der ∃-Einführungsregel folgte. Die Anwendung aussagenlogischer Regeln war dabei unproblematisch, insofern sie nämlich auf *quantorenfreie* Sätze »zugriffen«, nämlich auf Sätze über den beliebig gewählten Gegenstand a. Die Ableitbarkeit der Zeile (7) verdeutlicht somit einmal mehr, dass wir uns aussagenlogische Folgebeziehungen prädikatenlogisch zunutze machen können. Denn sie zeigt, dass der Satz aus Zeile (7) auch aus quantifizierten Sätzen folgt.

Bleibt noch die Frage, inwiefern hier von einer ∃-Beseitigung die Rede sein kann, wenn uns doch die Anwendung der genannten Regel einen Existenzsatz folgern lässt – nämlich den Satz aus Zeile (7), d.h. »∃xGx«. Die Antwort lautet: Der Existenzsatz, der hier im Zuge der Anwendung der ∃-Beseitigungsregel »beseitigt« wird, ist der Satz aus Zeile (2), d.h. »∃xFx«.

In diesem Zusammenhang ist eine Warnung angebracht: Das **Beseitigen**, von dem hier die Rede ist, darf nicht mit dem **Aufgeben** von Annahmen verwechselt werden! Zeile (7) hängt immer noch von der Annahme aus Zeile (2) ab, d. h. von »∃xFx«. Trotzdem haben wir beim Übergang zu Zeile (7) auf einen Satz geschlossen, der den Satz »∃xFx« nicht mehr enthält. In diesem Sinne haben wir den Satz »∃xFx« bzw. den darin vorkommenden Existenzquantor beseitigt. Auf unsere Darstellungsweise logischer Regeln gemünzt lässt sich dieser Unterschied kurz und knapp so markieren: Ein Satz S bzw. ein in S vorkommendes logisches Zeichen wird im Zuge einer Regelanwendung beseitigt, wenn S vor Anwendung der Regel *rechts* des Folgezeichens »⊢« vorkommt, nach Anwendung der Regel aber *nicht mehr rechts* des Folgezeichens »⊢« vorkommt. Eine Annahme wird im Zuge einer Regelanwendung aufgegeben, wenn sie vor Anwendung der Regel *links* des Folgezeichens »⊢« vorkommt, nach Anwendung der Regel aber *nicht mehr links* des Folgezeichens »⊢« vorkommt. In diesem Sinne haben wir also die Annahme aus Zeile (3), d. h. »Fa«, aufgegeben.

Kehren wir zu unserem Beweisschema zurück und vergegenwärtigen wir uns, welche Eintragungen uns die Formatvorlage abverlangt, sobald wir die ∃-Beseitigungsregel anwenden.

1	(1)	$\forall x(Fx \to Gx)$	Annahme
2	(2)	$\exists x Fx$	Annahme
3	(3)	Fa	Annahme
1	(4)	$Fa \to Ga$	1, ∀-Beseitigung
1,3	(5)	Ga	3, 4, MPP
1,3	(6)	$\exists x Gx$	5, ∃-Einführung
1,2	(7)	$\exists x Gx$	2, 3, 6, ∃-Beseitigung

Was in Zeile (7) in der linken Spalte steht, ergibt sich unmittelbar aus der ∃-Beseitigungsregel: Zunächst werden dort diejenigen Annahmen angeführt, von denen der beseitigte Existenzsatz abhängt. Da wir den Existenzsatz, der abschließend beseitigt wird, mittels der Annahmeregel eingeführt haben, ist dies die Annahme des Existenzsatzes selbst, d. h. die Annahme aus Zeile (2). Des Weiteren müssen die Zusatzannahmen genannt werden, die wir benötigen, um unsere Konklusion aus dem Satz über den beliebig gewählten Gegenstand *a* abzuleiten – abgesehen natürlich von diesem Satz selbst, dessen Annahme wir ja wieder aufgeben. In unserem Falle ist die einzig relevante Zusatzannahme die aus Zeile (1). In der rechten Spalte von Zeile (7) tragen wir nun die folgenden drei Nummern ein:

– Die Nummer der Zeile, in welcher der zu beseitigende Existenzsatz steht,
– die Nummer der Zeile, in welcher der relevante Satz über den beliebigen Gegenstand steht,
– die Nummer der Zeile, in welcher die Konklusion aus dem relevanten Satz über den beliebigen Gegenstand gefolgert wird.

In unserem Schema ist der zu beseitigende Existenzsatz der Satz »∃xFx«. Er steht in Zeile (2). Der relevante Satz über den beliebigen Gegenstand ist bei uns der Satz »Fa«. Er steht in Zeile (3). Die Konklusion ist der Satz »∃xGx«. Er wird (vor dem

Hintergrund einer weiteren Annahme) in Zeile (6) aus »Fa« gefolgert. Demnach tragen wir in die rechte Spalte von Zeile (7) die Nummern »2«, »3« und »6« ein.

Das nachstehende Beispielargument ist eine Einsetzungsinstanz des bislang betrachteten Schemas:

1	(1)	∀x(x ist korrupt → x ist erfolgreich).	Annahme
2	(2)	∃x(x ist korrupt).	Annahme
3	(3)	a ist korrupt.	Annahme
1	(4)	a ist korrupt → a ist erfolgreich.	1, ∀-Beseitigung
1,3	(5)	a ist erfolgreich.	3, 4, MPP
1,3	(6)	∃x(x ist erfolgreich).	5, ∃-Einführung
1,2	(7)	∃x(x ist erfolgreich).	2, 3, 6, ∃-Beseitigung

Ein weiteres, allerdings etwas komplizierteres Beweisschema ist das nachfolgende:

Beweis 30: ∀x(Fx → Gx), ∃x(Fx & Hx) ⊢ ∃x(Gx & Hx)

1	(1)	∀x(Fx → Gx)	Annahme
2	(2)	∃x(Fx & Hx)	Annahme
3	(3)	Fa & Ha	Annahme
1	(4)	Fa → Ga	1, ∀-Beseitigung
3	(5)	Fa	3, &-Beseitigung
1,3	(6)	Ga	4, 5, MPP
3	(7)	Ha	3, &-Beseitigung
1,3	(8)	Ga & Ha	6, 7, &-Einführung
1,3	(9)	∃x(Gx & Hx)	8, ∃-Einführung
1,2	(10)	∃x(Gx & Hx)	2, 3, 9, ∃-Beseitigung

Auch hier erklären sich die Eintragungen in der letzten Zeile nach dem bereits bekannten Muster. In der linken Spalte sind die Annahmen aufgeführt, von denen der beseitigte Existenzsatz abhängt – hier Annahme 2 – sowie die Zusatzannahmen, die nötig sind, um aus der Annahme über den beliebig gewählten Gegenstand auf die Konklusion zu schließen – hier Annahme 1. In der rechten Spalte sind die Prämissen aufgeführt, auf die die ∃-Beseitigungsregel »zugreift«: Prämisse 2 (der zu beseitigende Existenzsatz), Prämisse 3 (die Annahme über den beliebigen Gegenstand), Prämisse 9 (die aus dieser Annahme gefolgerte Konklusion).

Eine Einsetzungsinstanz des zweitgenannten Beweisschemas ist das nachstehende Argument:

1	(1)	∀x(x ist ein Vanillepudding → x ist eine Süßspeise).	Annahme
2	(2)	∃x(x ist ein Vanillepudding & x ist im Kühlschrank).	Annahme
3	(3)	a ist ein Vanillepudding & a ist im Kühlschrank.	Annahme
1	(4)	a ist ein Vanillepudding → a ist eine Süßspeise.	1, ∀-Beseitigung
3	(5)	a ist ein Vanillepudding.	3, &-Beseitigung
1,3	(6)	a ist eine Süßspeise.	4, 5, MPP

3	(7)	*a* ist im Kühlschrank.	3, &-Beseitigung
1,3	(8)	*a* ist eine Süßspeise & *a* ist im Kühlschrank.	6, 7, &-Einführung
1,3	(9)	∃*x*(*x* ist eine Süßspeise & *x* ist im Kühlschrank).	8, ∃-Einführung
1,2	(10)	∃*x*(*x* ist eine Süßspeise & *x* ist im Kühlschrank).	2, 3, 9, ∃-Beseitigung

Auch hier wird wieder deutlich, welchen beweistheoretischen Nutzen die prädikatenlogischen Grundregeln haben. Ganz so wie die Regeln für den Allquantor erlauben auch die Regeln für den Existenzquantor den Abstieg vom Allgemeinen zum Individuellen und den Aufstieg vom Individuellen zum Allgemeinen. Dank dieser Erlaubnis, ab- und wiederzuaufsteigen, können wir nun prädikatenlogische Folgebeziehungen unter Zuhilfenahme aussagenlogischer Mittel beweisen. Zwei solche prädikatenlogischen Folgebeziehungen haben wir in der Tat soeben bewiesen:

∀*x*(F*x* → G*x*), ∃*x*F*x* ⊢ ∃*x*G*x*
∀*x*(F*x* → G*x*), ∃*x*(F*x* & H*x*) ⊢ ∃*x*(G*x* & H*x*)

Und damit sind auch die aus Kapitel 15 noch verbliebenen Argumente allesamt als gültig erwiesen:

Der letzte Gast möchte Kaffee.	1	(1)	F*m*	Annahme
Mindestens einer möchte Kaffee.	1	(2)	∃*x*F*x*	1, ∃-Einführung

Alle Frösche sind Amphibien.	1	(1)	∀*x*(F*x* → G*x*)	Annahme
Einige Frösche haben gelbe Hälse.	2	(2)	∃*x*(F*x* & H*x*)	Annahme
Einige Amphibien haben gelbe Hälse.	1	(3)	F*a* → G*a*	1, ∀-Beseitigung
	4	(4)	F*a* & H*a*	Annahme
	4	(5)	F*a*	4, &-Beseitigung
	4	(6)	H*a*	4, &-Beseitigung
	1,4	(7)	G*a*	3, 5, MPP
	1,4	(8)	G*a* & H*a*	6, 7, &-Einf.
	1,4	(9)	∃*x*(G*x* & H*x*)	8, ∃-Einführung
	1,2	(10)	∃*x*(G*x* & H*x*)	2, 4, 9, ∃-Beseit.

Jemand fängt an zu singen.	1	(1)	∃*x*F*x*	Annahme
Jeder, der singt, hört irgendwann zu singen auf.	2	(2)	∀*x*(F*x* → G*x*)	Annahme
	2	(3)	F*a* → G*a*	2, ∀-Beseitigung
Jemand hört irgendwann zu singen auf.	4	(4)	F*a*	Annahme
	2,4	(5)	G*a*	3, 4, MPP
	2,4	(6)	∃*x*G*x*	5, ∃-Einführung
	1,2	(7)	∃*x*G*x*	1, 4, 6, ∃-Beseit.

Diese Argumente sind logisch gültig, insofern neben den beiden Grundregeln für den Allquantor auch die beiden Grundregeln für den Existenzquantor logische Regeln sind. Tatsächlich gelten die Grundregeln für den Existenzquantor ebenfalls *per definitionem*: Der Existenzquantor ist so zu verstehen, dass von Sätzen, in denen er vorkommt, diese Regeln gelten.

Allerdings können wir auch in diesem Fall die Bedeutung des Existenzquantors nicht mit Hilfe einer Wahrheitstafel angeben. Stattdessen müssen wir uns darauf beschränken, die Wahrheitsbedingungen wie folgt zu spezifizieren: Ein Satz der Form »∃xFx« ist wahr, wenn mindestens ein Gegenstand des gesamten Redebereichs den offenen Satz »Fx« erfüllt, und ansonsten ist ein Satz der Form »∃xFx« falsch. (Auch hier sei wieder daran erinnert, dass der Prädikatbuchstabe »F« ein Platzhalter für beliebig komplexe Prädikate ist.)

Diese Beschränkung hat wieder etwas damit zu tun, dass unendlich viele Gegenstände in unseren Redebereich gehören. Gäbe es hingegen nur endlich viele Gegenstände – sagen wir, allein die drei Objekte o_1, o_2 und o_3 – dann fielen die Wahrheitsbedingungen des Existenzsatzes »∃xFx« mit den Wahrheitsbedingungen der Disjunktion »(Fo_1 v Fo_2) v Fo_3« zusammen, und wir könnten sie demnach mit Hilfe der folgenden Wahrheitstafel darstellen:

Fo_1	Fo_2	Fo_3	∃xFx	(Fo_1 v Fo_2) v Fo_3
W	W	W	W	W
W	W	F	W	W
W	F	W	W	W
W	F	F	W	W
F	W	W	W	W
F	W	F	W	W
F	F	W	W	W
F	F	F	F	F

Denn laut Voraussetzung erfordert die Wahrheit von »∃xFx« nicht mehr und nicht weniger, als dass mindestens eines der Objekte o_1, o_2 und o_3 die Eigenschaft F hat. Und dass mindestens eines dieser drei Objekte die Eigenschaft F hat, erfordert laut Voraussetzung nicht mehr und nicht weniger, als dass es im Redebereich mindestens einen Gegenstand gibt, der diese Eigenschaft aufweist. Denn laut Voraussetzung umfasst der Redebereich nur die Objekte o_1, o_2 und o_3 und keinen anderen Gegenstand.

Bei einem auf drei Gegenstände beschränkten Redebereich funktionieren Existenzsätze also wie Disjunktionen mit drei Disjunkten. Ebenso funktionieren Existenzsätze bei einem auf 35 Gegenstände beschränkten Redebereich wie Disjunktionen mit 35 Disjunkten. Und Entsprechendes gilt für jede endliche Anzahl von Gegenständen, auf die der Redebereich eingeschränkt wird. Bei einem Redebereich mit unendlich vielen Gegenständen funktionieren Existenzsätze entsprechend wie unendlich lange Disjunktionen – nämlich wie Disjunktionen mit unendlich vielen Disjunkten. Es lassen sich aber keine Wahrheitstafeln für Disjunktionen mit unendlich vielen Disjunkten angeben.

Genauso wäre es ein Trugschluss zu glauben, alles, was sich mit Hilfe prädikatenlogischer Mittel ausdrücken lässt, ließe sich auch ohne Hilfe dieser Mittel ausdrücken. Die Äußerung einer Disjunktion mit unendlich vielen Disjunkten kommt nie zu einem Ende. Wir erreichen also nie einen Punkt, an dem wir diese

Disjunktion geäußert haben. Aber solange wir einen solchen Punkt nicht erreichen, haben wir auch noch nichts Bestimmtes gesagt, das auf seinen Wahrheitswert hin zu untersuchen wäre. Entsprechendes gilt für Konjunktionen mit unendlich vielen Konjunkten. Existenzsätze und Allsätze sind sprachliche Mittel, die es uns gestatten, in endlicher Zeit über unendlich Vieles zu sprechen.

In diesem Kapitel haben wir die zwei Grundregeln für den Existenzquantor kennen gelernt, ihre Anwendungsbedingungen erläutert sowie die Dokumentation ihrer Anwendung in der Formatvorlage geklärt. Wir haben gesehen, wie sich mit ihrer Hilfe prädikatenlogische Folgebeziehungen beweisen lassen. Bevor wir im nächsten Kapitel zur Betrachtung von Sätzen übergehen, in denen mehrere Quantoren – Allquantoren und Existenzquantoren – vorkommen, wollen wir hier den bereits bewiesenen Folgebeziehungen noch weitere an die Seite stellen. Die Ergebnisse dieser Bemühungen werden später durch die Beweise in Kapitel 22 komplettiert. Zunächst beweisen wir die nachstehenden Folgebeziehungen:

$\exists x Fx \quad \vdash \quad \sim\forall x \sim Fx$
$\sim\forall x \sim Fx \quad \vdash \quad \exists x Fx$

$\exists x \sim Fx \quad \vdash \quad \sim\forall x Fx$
$\sim\forall x Fx \quad \vdash \quad \exists x \sim Fx$

$\forall x Fx \quad \vdash \quad \sim\exists x \sim Fx$
$\sim\exists x \sim Fx \quad \vdash \quad \forall x Fx$

$\forall x \sim Fx \quad \vdash \quad \sim\exists x Fx.$
$\sim\exists x Fx \quad \vdash \quad \forall x \sim Fx$

Diese Folgebeziehungen sind paarweise geordnet. Das hat seinen Grund darin, dass sie jeweils zusammengenommen ergeben, dass zwei Sätze auseinander logisch folgen, diese Sätze also **logisch äquivalent** sind. Alle Folgebeziehungen zusammen zeigen, dass man alles, was man mit Hilfe des Existenzquantors ausdrücken kann, stattdessen auch mit Hilfe des Allquantors ausdrücken kann und dass man umgekehrt alles, was man mit Hilfe des Allquantors ausdrücken kann, genauso gut auch ausdrücken kann, indem man stattdessen den Existenzquantor gebrauchte. Die beiden Quantoren sind also wechselseitig definierbar.

Wir listen hier die Beweise der Folgebeziehungen kurzerhand auf. Diese Beweise sind nicht ganz einfach, aber es lohnt sich, sie einmal nachzuvollziehen – unter anderem, um sich zu vergegenwärtigen, wieviel man mittels weniger Regeln erreichen kann. In der Tat brauchen wir nämlich zu diesem Zweck neben den vier prädikatenlogischen Grundregeln nur noch drei weitere, die &-Einführungsregel, Reductio ad absurdum und Doppelte-Negations-Beseitigung. Nachdem wir diese Beweise hier einmal nachvollzogen haben, wird es künftig in erster Linie darauf ankommen zu wissen, dass die Folgebeziehungen, die sie beweisen, tatsächlich gelten, und nicht so sehr darauf, diese Beweise selbst zu erinnern. Wir können in Zukunft einfach die Folge-Einführungsregel gebrauchen, wenn wir beim Argumentieren auf die fraglichen Folgebeziehungen zurückgreifen.

Beweis 31a: $\exists xFx \vdash \sim\forall x\sim Fx$

1	(1)	$\forall x\sim Fx$	Annahme
2	(2)	$\exists xFx$	Annahme
3	(3)	Fa	Annahme
1	(4)	$\sim Fa$	1, $\forall$-Bes.
1,3	(5)	$Fa \,\&\, \sim Fa$	3, 4, &-Einf.
3	(6)	$\sim\forall x\sim Fx$	1, 5, RAA
2	(7)	$\sim\forall x\sim Fx$	2, 3, 6, $\exists$-Bes.

Beweis 31b: $\sim\forall x\sim Fx \vdash \exists xFx$

1	(1)	$\sim\forall x\sim Fx$	Annahme
2	(2)	$\sim\exists xFx$	Annahme
3	(3)	Fa	Annahme
3	(4)	$\exists xFx$	3, $\exists$-Einf.
2,3	(5)	$\exists xFx \,\&\, \sim\exists xFx$	2, 4, &-Einf.
2	(6)	$\sim Fa$	3, 5, RAA
2	(7)	$\forall x\sim Fx$	6, $\forall$-Einf.
1,2	(8)	$\forall x\sim Fx \,\&\, \sim\forall x\sim Fx$	1, 7, &-Einf.
1	(9)	$\sim\sim\exists xFx$	2, 8, RAA
1	(10)	$\exists xFx$	9, DN-Bes.

Beweis 32a: $\exists x\sim Fx \vdash \sim\forall xFx$

1	(1)	$\forall xFx$	Annahme
2	(2)	$\exists x\sim Fx$	Annahme
3	(3)	$\sim Fa$	Annahme
1	(4)	Fa	1, $\forall$-Bes.
1,3	(5)	$Fa \,\&\, \sim Fa$	3, 4, &-Einf.
3	(6)	$\sim\forall xFx$	1, 5, RAA
2	(7)	$\sim\forall xFx$	2, 3, 6, $\exists$-Bes.

Beweis 32b: $\sim\forall xFx \vdash \exists x\sim Fx$

1	(1)	$\sim\forall xFx$	Annahme
2	(2)	$\sim\exists x\sim Fx$	Annahme
3	(3)	$\sim Fa$	Annahme
3	(4)	$\exists x\sim Fx$	3, $\exists$-Einf.
2,3	(5)	$\exists x\sim Fx \,\&\, \sim\exists x\sim Fx$	2, 4, &-Einf.
2	(6)	$\sim\sim Fa$	3, 5, RAA
2	(7)	Fa	6, DN-Bes.
2	(8)	$\forall xFx$	7, $\forall$-Einf.
1,2	(9)	$\forall xFx \,\&\, \sim\forall xFx$	1, 8, &-Einf.
1	(10)	$\sim\sim\exists x\sim Fx$	2, 9, RAA
1	(11)	$\exists x\sim Fx$	10, DN-Bes.

Beweis 33a: $\forall x Fx \vdash \sim\exists x \sim Fx$

1	(1)	$\forall x Fx$	Annahme
2	(2)	$\exists x \sim Fx$	Annahme
3	(3)	$\sim Fa$	Annahme
1	(4)	Fa	1, $\forall$-Bes.
1,3	(5)	$Fa \,\&\, \sim Fa$	3, 4, &-Einf.
3	(6)	$\sim\forall x Fx$	1, 5, RAA
2	(7)	$\sim\forall x Fx$	2, 3, 6, $\exists$-Bes.
1,2	(8)	$\forall x Fx \,\&\, \sim\forall x Fx$	1, 7, &-Einf.
1	(9)	$\sim\exists x \sim Fx$	2, 8, RAA.

Beweis 33b: $\sim\exists x \sim Fx \vdash \forall x Fx$

1	(1)	$\sim\exists x \sim Fx$	Annahme
2	(2)	$\sim Fa$	Annahme
2	(3)	$\exists x \sim Fx$	2, $\exists$-Einf.
1,2	(4)	$\exists x \sim Fx \,\&\, \sim\exists x \sim Fx$	1, 3, &-Einf.
1	(5)	$\sim\sim Fa$	2, 4, RAA
1	(6)	Fa	5, DN-Bes.
1	(7)	$\forall x Fx$	6, $\forall$-Einf.

Beweis 34a: $\forall x \sim Fx \vdash \sim\exists x Fx$

1	(1)	$\forall x \sim Fx$	Annahme
2	(2)	$\exists x Fx$	Annahme
3	(3)	Fa	Annahme
1	(4)	$\sim Fa$	1, $\forall$-Bes.
1,3	(5)	$Fa \,\&\, \sim Fa$	3, 4, &-Einf.
3	(6)	$\sim\forall x \sim Fx$	1, 5, RAA
2	(7)	$\sim\forall x \sim Fx$	2, 3, 6, $\exists$-Bes.
1,2	(8)	$\forall x \sim Fx \,\&\, \sim\forall x \sim Fx$	1, 7, &-Einf.
1	(9)	$\sim\exists x Fx$	2, 8, RAA.

Beweis 34b: $\sim\exists x Fx \vdash \forall x \sim Fx$

1	(1)	$\sim\exists x Fx$	Annahme
2	(2)	Fa	Annahme
2	(3)	$\exists x Fx$	2, $\exists$-Einf.
1,2	(4)	$\exists x Fx \,\&\, \sim\exists x Fx$	1, 3, &-Einf.
1	(5)	$\sim Fa$	2, 4, RAA
1	(6)	$\forall x \sim Fx$	5, $\forall$-Einf.

Wie man sehen kann, ist der in **31b** von Zeile (2) bis (7) geführte Unterbeweis mit **34b** identisch, und der in **32b** von Zeile (2) bis (8) geführte Unterbeweis ist mit **33b** identisch. Ebenso ist der in **33a** von Zeile (1) bis (7) geführte Unterbeweis mit **32a** identisch und der in **34a** von Zeile (1) bis (7) geführte Unterbeweis ist mit **31a** identisch. Wir hätten die ganze Angelegenheit also durch geschicktes Anwenden der Folge-Einführungsregel abkürzen können.

Diese wechselseitige Definierbarkeit der beiden Quantoren hat zur Konsequenz, dass auch die folgenden zu Gruppen geordneten Sätze der Umgangssprache jeweils in Hinsicht auf ihre logische Formalisierung äquivalent sind:

»**Alle** sind beleidigt«
»**Jeder** ist beleidigt«
»Es gibt **nicht einen**, der **nicht** beleidigt ist«
»Es gibt **keinen**, der **nicht** beleidigt ist«

»**Alle** sind damit **nicht** einverstanden«
»**Jeder** ist damit **nicht** einverstanden«
»Es gibt **nicht einen**, der damit einverstanden ist«
»**Keiner** ist damit einverstanden«

»**Nicht alle** sind beleidigt«
»**Nicht jeder** ist beleidigt«
»Es gibt **einige**, die **nicht** beleidigt sind«
»**Manche** sind **nicht** beleidigt«

»**Nicht alle** sind damit **nicht** einverstanden«
»**Nicht jeder** ist damit **nicht** einverstanden«
»Es gibt **einige**, die damit einverstanden sind«
»**Manche** sind damit einverstanden«

Diese bereits in der Umgangssprache möglichen **Äquivalenzumformungen** lassen sich verallgemeinern. Allerdings sparen wir uns hier eine allgemeine Formulierung, weil man dabei nämlich auf zu viele syntaktische Feinheiten der Umgangssprache achten muss. Man sieht auch so schon, wie der Hase läuft.

Dass diese Äquivalenzumformungen erlaubt sind, ist bei der logischen Rekonstruktion umgangssprachlicher Argumente sehr hilfreich. Denn es entscheidet sich schon bei der Formalisierung der Prämissen und der Konklusion, welche prädikatenlogischen Regeln zuerst zum Einsatz kommen müssen, wenn es darum geht, die Gültigkeit des betreffenden Arguments nachzuweisen. Nun kann man natürlich jederzeit auf die Beweise **31a** bis **34b** zurückgreifen; und in diesem Sinne ist es ganz gleich, welchen Quantor man bei der Formalisierung gebraucht. Aber je nachdem, welche prädikatenlogischen Regeln zuerst greifen, fällt der Nachweis, dass das Argument gültig ist, kürzer oder umständlicher aus.

Darum empfiehlt es sich, schon bei der Formalisierung vorauszudenken und die umgangssprachlichen Sätze noch in der Umgangssprache entsprechend zu paraphrasieren.

→ **Übungen I und J**

19. Sätze mit mehreren Quantoren

In diesem Kapitel werden wir Sätze, in denen mehrere Quantoren vorkommen, einer genaueren Betrachtung unterziehen. Insbesondere werden wir unser Augenmerk dabei auf Sätze richten, die jeweils eine Kombination aus Existenz- und Allquantor enthalten. Mit diesen Betrachtungen sind zwei Ziele verbunden: Einerseits wird es darum gehen, einen subtilen Bedeutungsunterschied herauszupräparieren, dessen Missachtung desaströse Konsequenzen haben kann und der etwas mit der Reihenfolge zu tun hat, in der Existenz- und Allquantoren hintereinandergeschaltet werden. Andererseits wird es darum gehen, die geniale Auflösung eines Problems vorzustellen und zu erläutern, das unsere bisherigen Bemühungen um einen Kanon logisch gültiger Regeln auf den ersten Blick zu untergraben droht. Doch bevor wir uns diesem Problem und seiner erfolgreichen Auflösung zuwenden, wollen wir uns zunächst der erstgenannten Aufgabe widmen und herausarbeiten, was sich Instruktives über die Bedeutung von Sätzen sagen lässt, in denen mehrere Quantoren vorkommen.

Wir haben bereits Sätze mit mehreren Allquantoren und Sätze mit mehreren Existenzquantoren kennen gelernt. Unsere Beispiele waren:

$\forall x \forall y (x$ verursacht $y \rightarrow x$ geht y zeitlich voraus$)$.
$\exists x \exists y (x$ hat y gestohlen$)$.

Betrachten wir den zweiten Satz. Diesen Satz gewinnen wir, indem wir zunächst sukzessive alle Vorkommnisse singulärer Terme in dem folgenden Satz der Form »Gmn« durch Variablen ersetzen:

Der Fuchs hat die Gans gestohlen.

Wir erhalten so den offenen Satz:

x hat y gestohlen.

Die ungebundenen Variablen werden nun durch jeweils einen Existenzquantor gebunden, und wir erhalten schließlich den fraglichen Existenzsatz:

$\exists x \exists y (x$ hat y gestohlen$)$.

Nichts hält uns jedoch davon ab, ausgehend von dem gerade angeführten offenen Satz stattdessen die folgenden Sätze zu bilden:

(i) $\exists x \forall y (x$ hat y gestohlen$)$.
(ii) $\forall x \exists y (x$ hat y gestohlen$)$.

Diese Sätze gehen aus dem genannten offenen Satz hervor, indem man dessen ungebundene Variablen durch je verschiedene Quantoren bindet. Stattdessen können wir den genannten offenen Satz aber auch wie folgt vervollständigen:

(iii) $\exists x \exists y (x$ hat y gestohlen$)$.
(iv) $\forall x \forall y (x$ hat y gestohlen$)$.

Die Sätze (i) bis (iv) unterscheiden sich in ihrer Bedeutung voneinander. Was diese vier Sätze jeweils besagen, lässt sich umgangssprachlich etwa so fassen:

(i) $\exists x \forall y (x$ hat y gestohlen$)$. ⇔ Es gibt jemanden, der alles gestohlen hat.
(ii) $\forall x \exists y (x$ hat y gestohlen$)$. ⇔ Jeder hat etwas gestohlen.
(iii) $\exists x \exists y (x$ hat y gestohlen$)$. ⇔ Es gibt jemanden, der etwas gestohlen hat.
(iv) $\forall x \forall y (x$ hat y gestohlen$)$. ⇔ Alle haben alles gestohlen.

Die Bedeutungsunterschiede zwischen diesen Sätzen sind eine unmittelbare Konsequenz der Tatsache, dass in ihnen verschiedene Kombinationen von Quantoren vorkommen, die die zwei Variablen ein und desselben offenen Satzes binden:

x hat y gestohlen.

Daran ist nichts Bemerkenswertes. Im Gegenteil: Dass sich aus dem Gebrauch unterschiedlicher Quantoren Bedeutungsunterschiede ergeben, ist gerade zu erwarten. Allerdings gibt es noch ein Paar von Sätzen, die sich in ihrer Bedeutung sowohl voneinander als auch von allen bereits genannten Sätzen unterscheiden, *obwohl* in ihnen dieselben Quantoren jeweils dieselben Variablen binden wie in den beiden erstgenannten Sätzen, (i) und (ii). Sie unterscheiden sich von diesen Sätzen allein in der *Reihenfolge* der dem offenen Satz vorgeschalteten Quantoren. Die beiden fraglichen Sätze und ihre jeweiligen umgangssprachlichen Paraphrasen sind:

(v) $\forall y \exists x(x$ hat y gestohlen).   ⇔   Alles ist von jemanden gestohlen worden.
(vi) $\exists y \forall x(x$ hat y gestohlen).   ⇔   Es gibt etwas, das alle gestohlen haben.

Satz (v) unterscheidet sich von Satz (i) allein in der Reihenfolge der Quantoren. In beiden Fällen wird die x-Variable durch einen Existenzquantor und die y-Variable durch einen Allquantor gebunden. Ebenso unterscheidet sich Satz (vi) von Satz (ii) allein in der Reihenfolge der Quantoren. Bei beiden Sätzen wird die x-Variable durch einen Allquantor und die y-Variable durch einen Existenzquantor gebunden. Vor diesem Hintergrund können wir die vier Sätze (i), (ii), (v) und (vi) neu gruppieren, indem wir sie jeweils zu Paaren zusammenfassen:

(i) $\exists x \forall y(x$ hat y gestohlen).   ⇔   Es gibt jemanden, der alles gestohlen hat.
(v) $\forall y \exists x(x$ hat y gestohlen).   ⇔   Alles ist von jemanden gestohlen worden.

und

(ii) $\forall x \exists y(x$ hat y gestohlen).   ⇔   Jeder hat etwas gestohlen.
(vi) $\exists y \forall x(x$ hat y gestohlen).   ⇔   Es gibt etwas, das alle gestohlen haben.

Welche logischen Beziehungen bestehen jeweils zwischen den Sätzen dieser Paare? Um diese Frage zu beantworten, betrachten wir zunächst die folgenden umgangssprachlichen Argumente, die jeweils unterschiedliche Folgebeziehungen zwischen den Sätzen (ii) und (vi) unterstellen:

> Es gibt da etwas, das wir alle gestohlen haben.
> Also hat jeder von uns etwas gestohlen.

> Jeder von uns hat etwas gestohlen.
> Also gibt es da etwas, das wir alle gestohlen haben.

Das erste dieser Argumente ist sicher intuitiv gültig. Wenn es da etwas gibt, das wir alle gestohlen haben – z. B. wenn wir alle an ein und demselben Raub der Kronjuwelen beteiligt gewesen sind – dann hat jeder von uns etwas gestohlen –

nämlich z. B. die Kronjuwelen. Wie verhält es sich nun aber mit dem zweiten Argument? Ist es intuitiv gültig? Wenn jeder von uns etwas gestohlen hat – z. B. Du die Kronjuwelen und ich einen Kugelschreiber – dann folgt daraus noch lange nicht, dass es da etwas gibt, was jeder von uns gestohlen hat. Du magst eine lange Diebeskarriere hinter Dir haben, bevor Du Dich an die Kronjuwelen wagst – eine Karriere, in deren Verlauf Du so manchen Gegenstand gestohlen hast – und trotzdem magst Du nie mit dem Kugelschreiber, meiner ersten und einzigen Diebesbeute, in Berührung gekommen sein. Kurz und gut: Das zweitgenannte Argument ist intuitiv ungültig.

Unsere prädikatenlogischen Regeln geben unseren Intuitionen hier Recht. In der Tat nämlich lässt sich mit den bereits bekannten Regeln zeigen, dass zwar die nachstehende Folgebeziehung jedenfalls gilt:

$\exists y \forall x Fxy \vdash \forall x \exists y Fxy$

Demgegenüber ist die Behauptung, es bestünde umgekehrt ebenfalls eine Folgebeziehung, falsch.

Der Nachweis, dass die erstgenannte Folgebeziehung tatsächlich besteht, wird durch das folgende Argument erbracht (siehe Kapitel 22, Beweis **49**):

1	(1)	$\exists y \forall x Fxy$	Annahme
2	(2)	$\forall x Fxa$	Annahme
2	(3)	Fba	2, $\forall$-Beseitigung
2	(4)	$\exists y Fby$	3, $\exists$-Einführung
2	(5)	$\forall x \exists y Fxy$	4, $\forall$-Einführung
1	(6)	$\forall x \exists y Fxy$	1, 2, 5, $\exists$-Beseitigung

Der Übergang zu Zeile (5) ist legitim, weil in (2) der Term »b« nicht vorkommt. Im Gegensatz dazu verstößt der Versuch, zu zeigen, dass umgekehrt (1) auch aus (6) logisch folgt, gegen die Beschränkungen, denen die prädikatenlogischen Regeln unterliegen:

1	(1)	$\forall x \exists y Fxy$	Annahme
1	(2)	$\exists y Fay$	1, $\forall$-Beseitigung
3	(3)	Fab	Annahme
* 3	(4)	**$\forall x Fxb$**	3, **$\forall$-Einführung** *
3	(5)	$\exists y \forall x Fxy$	4, $\exists$-Einführung
1	(6)	$\exists y \forall x Fxy$	2, 3, 5, $\exists$-Beseitigung

Hier verstößt der Schritt von Zeile (3) zu Zeile (4) gegen die Vorschrift, die Regel der $\forall$-Einführung dürfe nur dann zur Anwendung kommen, wenn die Prämisse, auf die sie zugreift, von keinerlei Annahmen abhängt, in denen bereits explizit von dem beliebig gewählten Gegenstand die Rede ist, von dem diese Prämisse handelt. Prämisse (3), die den beliebig gewählten Gegenstand a betrifft, hängt nun aber gerade von Annahmen ab, in denen ausdrücklich von a die Rede ist, nämlich von sich selbst. Denn Prämisse (3) ist mit Hilfe der Annahme-Einführungsregel eigens eingeführt worden.

Wie zu Beginn dieses Kapitels angekündigt, wenden wir uns nun einem Problem zu, das unsere Bemühungen um einen Kanon logisch gültiger Regeln zu untergraben droht. Die Formulierung dieses Problems nimmt ihren Ausgang von der Beobachtung, dass es Namen gibt, die zwar in wahrheitswertfähigen Sätzen vorkommen – d. h. in Sätzen, die prinzipiell wahr oder falsch sein können – aber tatsächlich gar nichts bezeichnen. Ein Beispiel hierfür ist die Kennzeichnung »der gegenwärtige Kaiser von Deutschland«, die in dem Satz »Der gegenwärtige Kaiser von Deutschland säuft« vorkommt. Ein anderes Beispiel ist der Name »Odysseus«, der in dem Satz »Odysseus hat Hunger« vorkommt. Das Problem kann nun kurz und knapp wie folgt formuliert werden:

> Es gibt singuläre Terme, die keinen Gegenstand bezeichnen. Deshalb scheinen Sätze, in denen diese singulären Terme vorkommen, weder wahr noch falsch zu sein. Sätze, die zwar wahrheitswertfähig, aber tatsächlich weder wahr noch falsch sind, erzwingen jedoch eine Logik, in der »A v ~A« kein logisches Theorem ist. Aber wie Beweis **19** zeigt, ist »A v ~A« in der von uns entwickelten Logik ein logisches Theorem.

Die Sorge ist also, dass Sätze, in denen derartige **leere Namen** vorkommen, sich als **weder wahr noch falsch** herausstellen. Denn, so scheint es auf den ersten Blick jedenfalls, solchen Sätzen gelingt es weder, etwas Wahres über einen Gegenstand zu sagen, noch, etwas Falsches über einen Gegenstand zu sagen. Im angenommenen Fall gibt es nämlich gar keinen Gegenstand, von dem sie etwas Wahres oder Falsches aussagen könnten. Nehmen wir an, »k« sei ein leerer Name und »Fk« in der Tat ein Satz, der weder wahr noch falsch ist. Aus der Wahrheitstafel für die Negation ergibt sich nun, dass im angenommenen Fall »~Fk« ebensowenig wahr ist:

A	~A
W	F
F	W

Wenn nun aber weder »Fk« noch »~Fk« wahr sind, dann ergibt sich aus der Wahrheitstafel für die Disjunktion, dass »Fk v ~Fk« ebensowenig wahr ist, denn die Wahrheit einer Disjunktion erfordert die Wahrheit mindestens eines ihrer Disjunkte:

A	B	A v B
W	W	W
W	F	W
F	W	W
F	F	F

Nun hatten wir aber bereits mit Hilfe aussagenlogischer Regeln bewiesen, dass alle Sätze der aussagenlogischen Form »A v ~A« logisch wahre Sätze, nämlich logische Theoreme sind:

Beweis 19: ⊢ **A v ~A**

1	(1)	~(A v ~A)	Annahme
2	(2)	A	Annahme
2	(3)	A v ~A	2, v-Einführung
1,2	(4)	(A v ~A) & ~(A v ~A)	1, 3, &-Einführung
1	(5)	~A	2, 4, Reductio ad absurdum
1	(6)	A v ~A	5, v-Einführung
1	(7)	(A v ~A) & ~(A v ~A)	1, 6, &-Einführung
	(8)	~~(A v ~A)	1, 7, Reductio ad absurdum
	(9)	A v ~A	8, Doppelte-Negations-Beseitigung

Es hat also den Anschein, als lieferten unsere aussagenlogischen Regeln ein falsches Ergebnis. Denn obwohl der Satz »Fk v ~Fk« die aussagenlogische Form »A v ~A« aufweist, ist er laut Voraussetzung weder wahr noch falsch, also jedenfalls nicht logisch wahr. Wenn dies jedoch so ist, dann können nicht alle aussagenlogischen Regeln, die im Beweis **19** zur Anwendung kommen, logisch gültig sein. Was nun?

Es liegt auf der Hand, was jemand sagen muss, der an der logischen Gültigkeit der fraglichen Regeln festhält: Er muss entweder behaupten, logische Regeln seien auf Sätze mit leeren Namen nicht anwendbar, oder andernfalls bestreiten, dass Sätze wie »Der gegenwärtige Kaiser von Deutschland säuft« weder wahr noch falsch sind.

Die erste Option ist wenig attraktiv. Denn selbst wenn ein Satz einen Namen enthält, der *de facto* nichts bezeichnet, so büßt dieser Satz darum noch nicht bereits seine **Wahrheitswertfähigkeit** ein. Das heißt, es gibt desungeachtet denkmögliche Umstände, in denen dieser Satz wahr oder falsch ist – denkmögliche Umstände nämlich, in denen der fragliche Name etwas bezeichnet. (Demgegenüber gibt es keine denkmöglichen Umstände, in denen der Satz »Wie spät ist es?« wahr oder falsch ist.) Die hier in Rede stehende Option läuft also auf die Behauptung hinaus, logische Regeln besäßen nicht für alle wahrheitswertfähigen Sätze Gültigkeit. Wie erklärt man dann aber beispielsweise, dass es hier und heute tatsächlich so ist, dass, wenn »Fk« wahr wäre, dann auch »Fk v es regnet« wahr wäre, gleichgültig, was sonst noch der Fall oder nicht der Fall wäre? Und dass es hier und heute so ist, dass, wenn »~~Fk« wahr wäre, »Fk« jedenfalls wahr wäre? Wie es scheint, haben wir darauf keine andere Antwort parat als die, dass hier und heute »Fk v es regnet« logisch aus »Fk« folgt und dass hier und heute »Fk« logisch aus »~~Fk« folgt. Diese Antwort verböte sich aber, wenn ein Satz wie »Fk« de facto in gar keinen logischen Beziehungen zu anderen Sätzen stünde.

Uns bleibt also nur die zweite Option: Solange wir an unseren logischen Regeln festhalten, müssen wir bestreiten, dass Sätze wie »Der gegenwärtige Kaiser von Deutschland säuft« weder wahr noch falsch sind. Wie können wir diese Haltung plausibilisieren? Da solche Sätze jedenfalls nicht wahr sind, müssen sie folglich falsch sein. Eine Nominalphrase zu enthalten, die gar keinen Gegenstand bezeichnet, muss demnach als eine Art und Weise verstanden werden, in der ein Satz falsch sein kann. (Die andere Art und Weise ist freilich die, einem bezeichneten

Gegenstand eine Eigenschaft zuzuschreiben, die dieser nicht hat.) Wie aber können wir uns klarmachen, dass Gegenstandslosigkeit eine Form der Falschheit ist?

Hier kommt nun die **Theorie der Kennzeichnungen** des britischen Philosophen und Mathematikers Bertrand Russell (1872–1970) ins Spiel. Dieser Theorie zufolge hat ein Satz wie:

> Der gegenwärtige Kaiser von Deutschland säuft.

allem Anschein zum Trotz nicht die prädikatenlogische Form »Fm«, sondern ist stattdessen wie folgt zu analysieren:

> $\exists x[x$ ist ein gegenwärtiger Kaiser von Deutschland & x säuft &
> $\forall y(y$ ist ein gegenwärtiger Kaiser von Deutschland $\rightarrow y = x)]$.

Nach Russell hat also der Satz »Der gegenwärtige Kaiser von Deutschland säuft« die komplexe logische Form

> $\exists x[(Fxm \ \& \ Gx \ \& \ \forall y(Fym \rightarrow x = y)]$

und besagt soviel wie:

> Es gibt mindestens einen Gegenstand x, der ein Kaiser von Deutschland ist und säuft, so dass ferner für jeden Gegenstand y, der ein Kaiser von Deutschland ist, gilt, dass y mit x identisch ist.

Die eingebaute Allquantifizierung hat den Zweck sicherzustellen, dass es *höchstens* einen Gegenstand gibt, der Kaiser von Deutschland ist. Denn gäbe es mehrere Kaiser von Deutschland, könnte von *dem* Kaiser von Deutschland kaum die Rede sein. Die eingebaute Allquantifizierung soll also dem *bestimmten Artikel* Rechnung tragen, der in dem ursprünglichen Satz »Der gegenwärtige Kaiser von Deutschland säuft« vorkommt. Sie leistet dies, indem sie eine **Einzigkeitsbedingung** formuliert. Würde diese Allquantifizierung fehlen, könnte Russell nicht für sich beanspruchen, den Inhalt dieses Satzes angemessen wiedergegeben zu haben.

Russells Theorie der Kennzeichnungen zufolge enthält die formalsprachliche Übersetzung umgangssprachlicher Sätze, in denen leere Namen vorkommen, gar keinen diesem Namen entsprechenden singulären Term mehr. (Wenn man sich auf diesen Sprachgebrauch festlegen wollte, könnte man stattdessen auch sagen, der Russellschen Theorie zufolge enthielten die fraglichen Sätze der Umgangssprache eigentlich gar keine singulären Terme, sondern erweckten nur den Anschein. Aber an dieser Wortwahl hängt letztlich nichts.) Die formalsprachliche Übersetzung ist ein komplexer Existenzsatz, in dem nur Prädikate vorkommen.

Auch Sätze wie »Odysseus hat Hunger« sind nach Russell als komplexe Existenzsätze zu analysieren. Da sich nun aber aus dem Namen »Odysseus« nicht so ohne weiteres ein entsprechendes Prädikat gewinnen lässt, von dem man dann aussagen könnte, es werde von einem und nur einem Gegenstand erfüllt, der darüber hinaus Hunger hat, muss Russell behaupten, dass der Name »Odysseus« nur dem Anschein nach ein Eigenname ist und in Wahrheit dieselbe Bedeutung hat wie eine Kennzeichnung – z. B. die Kennzeichnung »der Mann, der alle in der *Odyssee* beschriebenen Heldentaten begangen hat«. Bei leeren Namen ist diese Behauptung in der Tat gar nicht unplausibel, denn wenn es gar keinen Gegenstand gibt, den der betreffende Name bezeichnet, dann kann dieser Name ja auch nicht wie bei einer

Taufe eingeführt worden sein, sondern muss auf dem Umweg über Beschreibungen zu seiner Bedeutung gekommen sein. Der Satz »Odysseus hat Hunger« kann demnach als bedeutungsgleich mit dem folgenden Existenzsatz analysiert werden:

∃x[x ist ein Mann, der alle in der *Odyssee* beschriebenen Heldentaten begangen hat & x hat Hunger & ∀y(y ist ein Mann, der alle in der *Odyssee* beschriebenen Heldentaten begangen hat → y = x)].

Vor dem Hintergrund dieser Analyse ist es nun sehr leicht zu verstehen, warum die Sätze »Der gegenwärtige Kaiser von Deutschland säuft« und »Odysseus hat Hunger« nicht etwa weder wahr noch falsch, sondern schlicht falsch sind. Denn es gibt einfach niemanden, der alle in der Odyssee beschriebenen Heldentaten begangen hat. Und ebensowenig gibt es einen Gegenstand, der das Prädikat »ist gegenwärtiger Kaiser von Deutschland« erfüllt. Die aus diesen Sätzen gebildeten Disjunktionen der Form »A v ~A« stellen sich dementsprechend als wahr heraus. Die Gültigkeit unserer logischen Regeln ist damit bewahrt. Russell sei Dank!

In der Tat lassen sich alle definiten Kennzeichnungen in der von Russell vorgeschlagenen Weise analysieren, also auch solche, die erfolgreich einen Gegenstand bezeichnen. Damit reduziert sich die Gruppe der singulären Terme auf die Gruppe der Eigennamen, entgegen unserer anfänglichen Klassifikation (siehe Kapitel 15.2). So wie sich definite Kennzeichnungen im Zuge der logischen Analyse zum Verschwinden bringen lassen, so lassen sich auch Sätze, deren Analyse auf den ersten Blick auf Funktoren als Bauteile nicht verzichten zu können scheint, als quantifizierte Sätze analysieren, in denen anstelle von Funktoren komplexe mehrstellige Prädikate vorkommen. Statt also zu behaupten, der Satz

> Die Leibspeise des Hauptmanns von Köpenick ist fettig.

sei aus den für die prädikatenlogische Analyse relevanten Funktoren »Die Leibspeise von x«, »der Hauptmann von x« sowie dem Eigennamen »Köpenick« und dem Prädikat »x ist fettig« aufgebaut, können wir ihn wie folgt analysieren:

∃x_1∃y_1(x_1 ist Hauptmann von Köpenick & y_1 ist eine Leibspeise von x_1
& y_1 ist fettig & ∀x_2(x_2 ist Hauptmann von Köpenick → x_2 = x_1)
& ∀y_2(y_2 ist Leibspeise von x_1 → y_2 = y_1))

In diesem Existenzsatz kommen statt der Funktoren nur mehrstellige Prädikate vor. Die Gruppe der generellen Terme reduziert sich also entgegen unserer anfänglichen Klassifikation auf die Prädikate.

Bevor wir dieses Kapitel mit einer kleinen Übung abschließen, wollen wir uns noch kurz vergewissern, dass uns Russells Analyse keine beweistheoretischen Probleme bereitet, nur weil bei den formalsprachlichen Sätzen plötzlich ein Allquantor innerhalb des offenen Satzes vorkommt, dessen Variablen der Existenzquantor bindet. Wir können nämlich den Allquantor, der in diesem offenen Satz vorkommt, auch **exportieren** und direkt hinter den Existenzquantor schalten. Ebenso können wir ihn wieder **importieren**, indem wir ihn dem Teil des Prädikats vorschalten, dessen Variable er bindet. Denn es gelten die nachstehenden logischen Folgebeziehungen:

∃x(Fx & ∀yGxy) ⊢ ∃x∀y(Fx & Gxy)
∃x∀y(Fx & Gxy) ⊢ ∃x(Fx & ∀yGxy)

Demnach können wir also getrost davon ausgehen, dass wir es jeweils mit einem und nur einem, allerdings komplexen offenen Satz zu tun haben, der zwei Variablen enthält, die je durch einen Existenzquantor bzw. Allquantor gebunden werden.

Um das Verständnis dafür zu schärfen, welche logische Struktur Sätze mit definiten Kennzeichnungen haben, und sich noch einmal klarzumachen, dass aus einem Satz der Form »∃x∀yFxy« ein Satz der Form »∀y∃xFxy« logisch folgt, nicht aber umgekehrt, betrachten wir die umseitige Abbildung und fragen uns, welche der Sätze (1) bis (28) durch welche der dargestellten Szenarien (a) bis (d) wahr gemacht werden. Dabei setzen wir der Einfachheit halber voraus, dass es im Universum nur drei Kollegen gibt.

Bei dieser Übung wird es nicht darum gehen, die Sätze (1) bis (28) zu formalisieren und somit ihre prädikatenlogische Form anzugeben. Vielmehr geht es hier allein darum, diejenigen sprachlichen und logischen Fähigkeiten zu trainieren, die einen allererst dazu befähigen, sich an derartige Formalisierungen zu machen.

Neben der Unterscheidung zwischen bestimmten und unbestimmten Artikeln ist bei dieser Übung auch die Funktionsweise von Personalpronomina wichtig, die sich auf einen zuvor identifizierten Gegenstand rückbeziehen. Solche Personalpronomina erfüllen dieselbe Funktion wie gebundene Variablen. Und noch etwas: Man denke bei der Bearbeitung dieser Aufgabe daran, dass im Deutschen manche Relativpronomina – nämlich »der«, »die« und »das« – zwar genauso aussehen wie die bestimmten Artikel, aber natürlich eine andere Funktion erfüllen. Insbesondere versteckt sich hinter Relativpronomina – im Gegensatz zu den bestimmten Artikeln – keine Einzigkeitsbehauptung: Wenn ich sage »Dort geht ein Mann, den ich kenne«, dann impliziere ich damit keineswegs, dass es einen und nur einen Mann gibt, den ich kenne. Also: Aufgepasst!

→ Übungen K – N

(1) Es gibt einen Ast, den ein Kollege absägt.
(2) Es gibt einen Ast, auf dem alle Kollegen sitzen.
(3) Es gibt einen Ast, auf dem ein Kollege sitzt.
(4) Es gibt einen Ast, den alle Kollegen absägen.
(5) Es gibt einen Ast, den kein Kollege absägt.
(6) Es gibt einen Ast, den alle Kollegen absägen, die auf ihm sitzen.
(7) Es gibt einen Kollegen, der auf einem Ast sitzt, den ein Kollege absägt.
(8) Es gibt einen Kollegen, der auf einem Ast sitzt, den alle Kollegen absägen.
(9) Es gibt keinen Ast, den ein Kollege, der auf ihm sitzt, absägt.
(10) Es gibt einen Ast, den kein Kollege, der auf ihm sitzt, absägt.
(11) Auf jedem Ast sitzt ein Kollege, der ihn absägt.
(12) Auf jedem Ast, den ein Kollege absägt, sitzt ein Kollege.
(13) Der Kollege, der auf dem Ast sitzt, den alle Kollegen absägen, sägt diesen Ast ab.
(14) Den Ast, auf dem alle Kollegen sitzen, sägen alle Kollegen ab.
(15) Alle Kollegen sägen den Ast ab, auf dem ein Kollege sitzt.
(16) Jeder Kollege sägt den Ast ab, auf dem jeder Kollege sitzt.
(17) Alle Kollegen sägen einen Ast ab, auf dem ein Kollege sitzt.
(18) Jeder Kollege sägt den Ast ab, auf dem er sitzt.

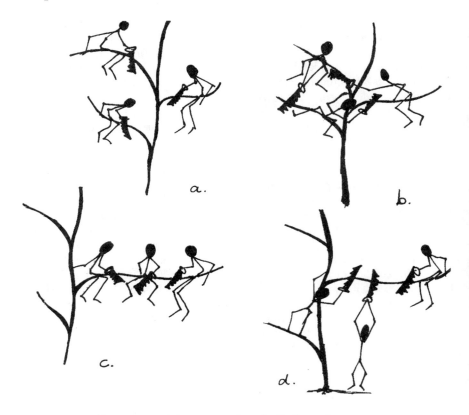

(19) Jeder Kollege sitzt auf einem Ast, den ein Kollege absägt.
(20) Es gibt Kollegen, die einen Ast absägen, auf dem sie nicht sitzen.
(21) Alle Kollegen, die auf einem Ast sitzen, sägen ihn ab.
(22) Jeder Kollege sitzt auf einem Ast, den nicht alle Kollegen absägen.
(23) Es gibt einen Kollegen, der auf einem Ast sitzt, auf dem nicht alle Kollegen sitzen, die ihn absägen.
(24) Es gibt Kollegen, die auf einem Ast sitzen, den sie nicht absägen.
(25) Jeder Kollege sägt einen Ast ab, auf dem nicht alle Kollegen sitzen.
(26) Jeder Kollege sägt einen Ast ab, auf dem er nicht sitzt.
(27) Es gibt einen Kollegen, der einen Ast absägt, den alle Kollegen absägen, die nicht auf ihm sitzen.
(28) Nicht auf jedem Ast sitzt ein Kollege, der ihn absägt.

Die Auflösung steht auf Seite 157. Wer zum Abschluss noch zwei Nüsse knacken will, der bemühe sich um die Beantwortung der folgenden beiden Fragen:

Frage 1: Welcher umgangssprachliche Satz wird durch die Szenarien (a) und (d), nicht aber durch die Szenarien (b) und (c) wahr gemacht?

Frage 2: Welcher umgangssprachliche Satz wird durch die Szenarien (b) und (c), nicht aber durch die Szenarien (a) und (d) wahr gemacht?

20. Übersicht prädikatenlogischer Regeln und Folgebeziehungen

∀-Einführung	∀-Beseitigung	
$\dfrac{X \vdash Fa}{X \vdash \forall xFx}$ * * sofern »a« in X nicht vorkommt	$\dfrac{X \vdash \forall xFx}{X \vdash Fm}$	$\dfrac{X \vdash \forall xFx}{X \vdash Fa}$

∃-Einführung		∃-Beseitigung
$\dfrac{X \vdash Fm}{X \vdash \exists xFx}$	$\dfrac{X \vdash Fa}{X \vdash \exists xFx}$	$\dfrac{X \vdash \exists xFx \quad Y, Fa \vdash C}{X, Y \vdash C}$ * * sofern »a« weder in Y noch in C vorkommt

(allspezialisierender) **Modus ponendo ponens**	(allspezialisierender) **Modus tollendo tollens**
$\dfrac{X \vdash \forall x(Fx \rightarrow Gx) \quad Y \vdash Fm}{X, Y \vdash Gm}$	$\dfrac{X \vdash \forall x(Fx \rightarrow Gx) \quad Y \vdash {\sim}Gm}{X, Y \vdash {\sim}Fm}$

(allspezialisierender) **Modus ponendo tollens**	(allspezialisierender) **Modus tollendo ponens**
$\dfrac{X \vdash \forall x{\sim}(Fx \,\&\, Gx) \quad Y \vdash Fm}{X, Y \vdash {\sim}Gm}$	$\dfrac{X \vdash \forall x(Fx \lor Gx) \quad Y \vdash {\sim}Fm}{X, Y \vdash Gm}$

Auflösung der Frage von S. 156:
1abcd, 2 c, 3abcd, 4cd, 5cd, 6acd, 7abcd, 8cd, 9 b, 10bcd, 11 a, 12abcd, 13 d, 14 c, 15cd, 16 c, 17abcd, 18ac, 19abc, 20bd, 21acd, 22ab, 23bd, 24 b, 25abd, 26 b, 27cd, 28bcd

Antwort 1: Es gibt mindestens einen Kollegen, der den Ast absägt, auf dem er allein sitzt.
Antwort 2: Jeder Kollege sitzt auf einem Ast, den ein anderer Kollege absägt.

(existenzgeneralisierender) **Modus ponendo ponens**	(monoton-existenzgeneralisierender) **Modus ponendo ponens**
$X \vdash \forall x(Fx \rightarrow Gx)$ $Y \vdash \exists xFx$	$X \vdash \forall x(Fx \rightarrow Gx)$ $Y \vdash \exists x(Fx \& Hx)$
$X, Y \vdash \exists xGx$	$X, Y \vdash \exists x(Gx \& Hx)$

(allquantifizierter) **Modus ponendo ponens**	(allquantifizierte) **Transitivität**
$X \vdash \forall x(Fx \rightarrow Gx)$ $Y \vdash \forall xFx$	$X \vdash \forall x(Fx \rightarrow Gx)$ $Y \vdash \forall x(Gx \rightarrow Hx)$
$X, Y \vdash \forall xGx$	$X, Y \vdash \forall x(Fx \rightarrow Hx)$

Interdefinitionen der Quantoren	
$\exists xFx \vdash \sim\forall x\sim Fx$	$\sim\forall x\sim Fx \vdash \exists xFx$
$\exists x\sim Fx \vdash \sim\forall xFx$	$\sim\forall xFx \vdash \exists x\sim Fx$
$\forall xFx \vdash \sim\exists x\sim Fx$	$\sim\exists x\sim Fx \vdash \forall xFx$
$\forall x\sim Fx \vdash \sim\exists xFx$	$\sim\exists xFx \vdash \forall x\sim Fx$

Äquivalenzumformungen	
$\forall x(Fx \rightarrow Gx) \vdash \sim\exists x(Fx \& \sim Gx)$	$\sim\exists x(Fx \& \sim Gx) \vdash \forall x(Fx \rightarrow Gx)$
$\exists x(Fx \& Gx) \vdash \sim\forall x(Fx \rightarrow \sim Gx)$	$\sim\forall x(Fx \rightarrow \sim Gx) \vdash \exists x(Fx \& Gx)$
$\exists x(Fx \& \sim Gx) \vdash \sim\forall x(Fx \rightarrow Gx)$	$\sim\forall x(Fx \rightarrow Gx) \vdash \exists x(Fx \& \sim Gx)$
$\forall x(Fx \rightarrow \sim Gx) \vdash \sim\exists x(Fx \& Gx)$	$\sim\exists x(Fx \& Gx) \vdash \forall x(Fx \rightarrow \sim Gx)$

Distributionsgesetze	
$\forall x(Fx \& Gx) \vdash \forall xFx \& \forall xGx$	$\forall xFx \& \forall xGx \vdash \forall x(Fx \& Gx)$
$\exists x(Fx \vee Gx) \vdash \exists xFx \vee \exists xGx$	$\exists xFx \vee \exists xGx \vdash \exists x(Fx \vee Gx)$

Distributionsgesetze	
∀x(Fx → Gx) ⊢ ∀xFx → ∀xGx	∃x(Fx & Gx) ⊢ ∃xFx & ∃xGx
∀x(Fx → Gx) ⊢ ∃xFx → ∃xGx	

∃-Importation	∃-Exportation
∀x∃y(Fx → Gxy) ⊢ ∀x(Fx → ∃yGxy)	∀x(Fx → ∃yGxy) ⊢ ∀x∃y(Fx → Gxy)

∀-Importation	∀-Exportation
∃x∀y(Fx & Gxy) ⊢ ∃x(Fx & ∀yGxy)	∃x(Fx & ∀yGxy) ⊢ ∃x∀y(Fx & Gxy)

(einseitige) Quantoren-Vertauschung
∃x∀yFxy ⊢ ∀y∃xFxy

21. Kurzer Leitfaden fürs Beweisen: Prädikatenlogik

Wie wir gesehen haben, ermöglichen uns die Quantorenregeln, von quantifizierten Sätzen zu aussagenlogischen Verknüpfungen hinabzusteigen, auf diese dann aussagenlogische Regeln anzuwenden, um anschließend wieder zu quantifizierten Sätzen aufzusteigen. Zwar ist dieser Ab- und Wiederaufstieg nicht immer möglich, weshalb die ∀-Einführungsregel und die ∃-Beseitigungsregel gewissen Beschränkungen unterliegen. Trotz dieser Beschränkungen bleibt es jedoch dabei, dass in prädikatenlogische Beweise aussagenlogische Beweise eingebaut sind. Aus diesem Grund ist der in Kapitel 13 entwickelte Leitfaden fürs aussagenlogische Beweisen auch für die Prädikatenlogik einschlägig. Womit wir uns hier demnach nur befassen müssen, ist die Frage, wie wir den Abstieg von und Wiederaufstieg zu quantifizierten Sätzen am geschicktesten einleiten – insbesondere dann, wenn wir es mit Sätzen zu tun haben, die mehrere Quantoren enthalten. Zu diesem Zweck stellen wir eine Reihe von Faustregeln auf:
1. Man bemühe sich beim Formalisieren möglichst darum, Negationen von quantifizierten Sätzen zu vermeiden. Dabei sollte man sein Sprachgefühl und den Umstand nutzen, dass die Umgangssprache verschiedene, aber äquivalente Formulierungen erlaubt (siehe Kapitel 18).

2. Man überprüfe zunächst, ob sich unter den Prämissen eine aussagenlogische Verknüpfung findet, als deren Teilsatz die Konklusion selbst oder der Satz erscheint, den die Konklusion negiert bzw. der selbst die Negation der Konklusion ist.
3. Wenn ja, dann sollte man versuchen, die Konklusion mit Hilfe aussagenlogischer Regeln aus den Prämissen abzuleiten.
4. Wenn nicht, dann sollte man überprüfen, ob die Prämissen mehrere Quantoren enthalten! Wenn ja, dann sollte man die in Kapitel 20 aufgeführten Exportationsregeln anwenden, wo immer dies möglich ist.
5. Anschließend beseitige man die Allquantoren aller Allsätze, die sich unter den Prämissen finden.
6. Wenn sich unter den Prämissen Existenzsätze finden, dann sollte man anschließend die für eine ∃-Beseitigung erforderlichen Zusatzannahmen machen.
7. Man wiederhole Schritte 5 und 6 in Bezug auf alle All- bzw. Existenzsätze, die sich aus den Schritten 4 bis 6 ergeben.
8. Man überprüfe jedesmal, ob sich die Konklusion mittlerweile mit Hilfe der aussagenlogischen Regeln und der Quantoreneinführungsregeln folgern lässt. Wenn ja, sollte man nicht vergessen, die ∃-Beseitigungsregel anzuwenden und alle Zusatzannahmen aufzugeben, die zum Zwecke dieser Anwendung gemacht werden mussten.
9. Ist die Konklusion die Negation eines quantifizierten Satzes, dann sollte man den quantifizierten Satz annehmen, den die Konklusion negiert, und dann im Laufe des Beweises die Regel Reductio ad absurdum auf ihn anwenden. Die Hoffnung dabei ist, aus dieser Annahme mit Hilfe logischer Regeln einen Satz zu folgern, der mit den Prämissen in Widerspruch gerät. (Ein Beweis, der dies illustriert, ist **31a**).
10. Findet sich unter den Prämissen die Negation eines Allsatzes, dann sollte man die Negation der Konklusion bzw. denjenigen Satz annehmen, dessen Negation die Konklusion ist, und dann im Laufe des Beweises die Regel Reductio ad absurdum anwenden. Die Hoffnung ist, aus dieser Annahme den Allsatz zu folgern, dessen Negation die betreffende Prämisse ist. (Ein Beweis, der dies illustriert, ist **32b**).
11. Findet sich unter den Prämissen die Negation eines Existenzsatzes, dann sollte man einen Satz über einen beliebigen Gegenstand annehmen, aus dem man denjenigen Existenzsatz folgern kann, den die betreffende Prämisse negiert. Im Laufe des Beweises sollte man dann die Regel Reductio ad absurdum auf ihn anwenden. Die Hoffnung ist, aus der Widerlegung dieser Annahme die Konklusion zu folgern. (Ein Beweis, der dies illustriert, ist **34b**).
12. Bei Befolgen dieser Faustregeln sollte man zudem stets in Erinnerung behalten, dass Beweise Unterbeweise haben, in Bezug auf die sich die Frage, welche Faustregeln anzuwenden sind, erneut stellt. (Ein Beweis, der dies illustriert, ist **31b**).

Auch dieser Leitfaden für die strategisch günstige Anwendung prädikatenlogischer Regeln liefert keine Blaupause für Beweise. Die aufgeführten Faustregeln sollen nur dabei helfen, ausgehend von der prädikatenlogischen Form von Prämissen und Konklusion einen Ansatz für solche Beweise zu finden.

22. Beweise einiger wichtiger Theoreme und Folgebeziehungen

Beweis 24:   ∀x(Fx → Gx), Fm ⊢ Gm   *(allspezialisierender MPP)*

1	(1)	∀x(Fx → Gx)	Annahme
2	(2)	Fm	Annahme
1	(3)	Fm → Gm	1, ∀-Beseitigung
1,2	(4)	Gm	2, 3, MPP

> Jeder, der teilnehmen will, muss einen Beitrag leisten. Du willst teilnehmen. Also musst Du einen Beitrag leisten.

Beweis 25:   ∀x(Fx → Gx), ~Gm ⊢ ~Fm   *(allspezialisierender MTT)*

1	(1)	∀x(Fx → Gx)	Annahme
2	(2)	~Gm	Annahme
1	(3)	Fm → Gm	1, ∀-Beseitigung
1,2	(4)	~Fm	2, 3, MTT

> Alle Passagiere werden gefilzt. Sergeant Pepper wird nicht gefilzt. Also ist es nicht der Fall, dass Sergeant Pepper ein Passagier ist.

Beweis 26:   ∀x~(Fx & Gx), Fm ⊢ ~Gm   *(allspezialisierender MPT)*

1	(1)	∀x~(Fx & Gx)	Annahme
2	(2)	Fm	Annahme
1	(3)	~(Fm & Gm)	1, ∀-Beseitigung
1,2	(4)	~Gm	2, 3, MPT

> Keiner ist Kanzler und Oppositionsführer zugleich. Gerd ist Kanzler. Also ist Gerd nicht Oppositionsführer.

Beweis 27:   ∀x(Fx v Gx), ~Fm ⊢ Gm   *(allspezialisierender MTP)*

1	(1)	∀x(Fx v Gx)	Annahme
2	(2)	~Fm	Annahme
1	(3)	Fm v Gm	1, ∀-Beseitigung
1,2	(4)	Gm	2, 3, MTP

> Jeder weiß es besser oder hat resigniert. Gerd weiß es nicht besser. Also hat Gerd resigniert.

Elementare Prädikatenlogik

Beweis 28: $\forall x(Fx \rightarrow Gx), \forall x(Gx \rightarrow Hx) \vdash \forall x(Fx \rightarrow Hx)$ *(allquant. Transitivität)*

1	(1)	$\forall x(Fx \rightarrow Gx)$	Annahme
2	(2)	$\forall x(Gx \rightarrow Hx)$	Annahme
1	(3)	$Fa \rightarrow Ga$	1, $\forall$-Beseitigung
2	(4)	$Ga \rightarrow Ha$	2, $\forall$-Beseitigung
1,2	(5)	$Fa \rightarrow Ha$	3, 4, Transitivität (siehe Beweis 4)
1,2	(6)	$\forall x(Fx \rightarrow Hx)$	5, $\forall$-Einführung

> Jede Zigarette enthält Nikotin. Alles, was Nikotin enthält, ist giftig. Demnach sind alle Zigaretten giftig.

Beweis 29: $\forall x(Fx \rightarrow Gx), \exists xFx \vdash \exists xGx$ *(existenzgeneralisierender MPP)*

1	(1)	$\forall x(Fx \rightarrow Gx)$	Annahme
2	(2)	$\exists xFx$	Annahme
3	(3)	Fa	Annahme
1	(4)	$Fa \rightarrow Ga$	1, $\forall$-Beseitigung
1,3	(5)	Ga	3, 4, MPP
1,3	(6)	$\exists xGx$	5, $\exists$-Einführung
1,2	(7)	$\exists xGx$	2, 3, 6, $\exists$-Beseitigung

> Jede Überflutung richtet Sachschäden an. Es gibt eine Überflutung. Also gibt es etwas, das Sachschäden anrichtet.

Beweis 30: $\forall x(Fx \rightarrow Gx), \exists x(Fx \& Hx) \vdash \exists x(Gx \& Hx)$ *(mon.-existenzgen. MPP)*

1	(1)	$\forall x(Fx \rightarrow Gx)$	Annahme
2	(2)	$\exists x(Fx \& Hx)$	Annahme
3	(3)	$Fa \& Ha$	Annahme
1	(4)	$Fa \rightarrow Ga$	1, $\forall$-Beseitigung
3	(5)	Fa	3, &-Beseitigung
1,3	(6)	Ga	4, 5, MPP
3	(7)	Ha	3, &-Beseitigung
1,3	(8)	$Ga \& Ha$	6, 7, &-Einführung
1,3	(9)	$\exists x(Gx \& Hx)$	8, $\exists$-Einführung
1,2	(10)	$\exists x(Gx \& Hx)$	2, 3, 9, $\exists$-Beseitigung

> Jedes Abenteuer birgt ein Risiko. Einige Beziehungen sind Abenteuer. Es gibt also Beziehungen, die riskant sind.

Beweis 31a: $\exists xFx \vdash \sim\forall x\sim Fx$ *(Interdefinition)*

1	(1)	$\forall x\sim Fx$	Annahme
2	(2)	$\exists xFx$	Annahme
3	(3)	Fa	Annahme

1	(4)	~Fa	1, ∀-Beseitigung
1,3	(5)	Fa & ~Fa	3, 4, &-Einführung
3	(6)	~∀x~Fx	1, 5, RAA
2	(7)	~∀x~Fx	2, 3, 6, ∃-Beseitigung

Nicht alles hat sowieso keine Aussichten auf Erfolg. Denn manches hat durchaus Aussichten auf Erfolg.

Beweis 31b: ~∀x~Fx ⊢ ∃xFx   *(Interdefinition)*

1	(1)	~∀x~Fx	Annahme
2	(2)	~∃xFx	Annahme
3	(3)	Fa	Annahme
3	(4)	∃xFx	3, ∃-Einführung
2,3	(5)	∃xFx & ~∃xFx	2, 4, &-Einführung
2	(6)	~Fa	3, 5, RAA
2	(7)	∀x~Fx	6, ∀-Einführung
1,2	(8)	∀x~Fx & ~∀x~Fx	1, 7, &-Einführung
1	(9)	~~∃xFx	2, 8, RAA
1	(10)	∃xFx	9, DN-Beseitigung

Nicht alles hat keine Aussichten auf Erfolg. Also hat manches Aussichten auf Erfolg.

Beweis 32a: ∃x~Fx ⊢ ~∀xFx   *(Interdefinition)*

1	(1)	∀xFx	Annahme
2	(2)	∃x~Fx	Annahme
3	(3)	~Fa	Annahme
1	(4)	Fa	1, ∀-Beseitigung
1,3	(5)	Fa & ~Fa	3, 4, &-Einführung
3	(6)	~∀xFx	1, 5, RAA
2	(7)	~∀xFx	2, 3, 6, ∃-Beseitigung

Einiges stört mich nicht. Also stört mich nicht alles.

Beweis 32b: ~∀xFx ⊢ ∃x~Fx   *(Interdefinition)*

1	(1)	~∀xFx	Annahme
2	(2)	~∃x~Fx	Annahme
3	(3)	~Fa	Annahme
3	(4)	∃x~Fx	3, ∃-Einführung
2,3	(5)	∃x~Fx & ~∃x~Fx	2, 4, &-Einführung
2	(6)	~~Fa	3, 5, RAA
2	(7)	Fa	6, DN-Beseitigung
2	(8)	∀xFx	7, ∀-Einführung
1,2	(9)	∀xFx & ~∀xFx	1, 8, &-Einführung

1	(10)	~~∃x~Fx	2, 9, RAA
1	(11)	∃x~Fx	10, DN-Beseitigung

> Nicht alles stört mich. Also gibt es etwas, das mich nicht stört.

Beweis 33a: ∀xFx ⊢ ~∃x~Fx *(Interdefinition)*

1	(1)	∀xFx	Annahme
2	(2)	∃x~Fx	Annahme
3	(3)	~Fa	Annahme
1	(4)	Fa	1, ∀-Beseitigung
1,3	(5)	Fa & ~Fa	3, 4, &-Einführung
3	(6)	~∀xFx	1, 5, RAA
2	(7)	~∀xFx	2, 3, 6, ∃-Beseitigung
1,2	(8)	∀xFx & ~∀xFx	1, 7, &-Einführung
1	(9)	~∃x~Fx	2, 8, RAA

> Alles ist mit sich selbst identisch. Demnach gibt es nicht ein Ding, das nicht mit sich selbst identisch ist.

Beweis 33b: ~∃x~Fx ⊢ ∀xFx *(Interdefinition)*

1	(1)	~∃x~Fx	Annahme
2	(2)	~Fa	Annahme
2	(3)	∃x~Fx	2, ∃-Einführung
1,2	(4)	∃x~Fx & ~∃x~Fx	1, 3, &-Einführung
1	(5)	~~Fa	2, 4, RAA
1	(6)	Fa	5, DN-Beseitigung
1	(7)	∀xFx	6, ∀-Einführung

> Es gibt nicht ein Ding, das nicht schon sein Interesse geweckt hat. Folglich hat schon alles sein Interesse geweckt.

Beweis 34a: ∀x~Fx ⊢ ~∃xFx *(Interdefinition)*

1	(1)	∀x~Fx	Annahme
2	(2)	∃xFx	Annahme
3	(3)	Fa	Annahme
1	(4)	~Fa	1, ∀-Beseitigung
1,3	(5)	Fa & ~Fa	3, 4, &-Einführung
3	(6)	~∀x~Fx	1, 5, RAA
2	(7)	~∀x~Fx	2, 3, 6, ∃-Beseitigung
1,2	(8)	∀x~Fx & ~∀x~Fx	1, 7, &-Einführung
1	(9)	~∃xFx	2, 8, RAA

> Jeder ist ungeeignet. Kurz, es gibt nicht einen, der geeignet ist.

Beweis 34b: $\sim\exists x\mathrm{F}x \vdash \forall x\sim\mathrm{F}x$ *(Interdefinition)*

1	(1)	$\sim\exists x\mathrm{F}x$	Annahme
2	(2)	$\mathrm{F}a$	Annahme
2	(3)	$\exists x\mathrm{F}x$	2, $\exists$-Einführung
1,2	(4)	$\exists x\mathrm{F}x \;\&\; \sim\exists x\mathrm{F}x$	1, 3, &-Einführung
1	(5)	$\sim\mathrm{F}a$	2, 4, RAA
1	(6)	$\forall x\sim\mathrm{F}x$	5, $\forall$-Einführung

> Es ist nicht der Fall, dass es etwas Lohnendes gibt. Das heißt: Alles, was es gibt, lohnt nicht.

Beweis 35: $\forall x(\mathrm{F}x \to \mathrm{G}x), \forall x\mathrm{F}x \vdash \forall x\mathrm{G}x$ *(allquantifizierter MPP)*

1	(1)	$\forall x(\mathrm{F}x \to \mathrm{G}x)$	Annahme
2	(2)	$\forall x\mathrm{F}x$	Annahme
1	(3)	$\mathrm{F}a \to \mathrm{G}a$	1, $\forall$-Beseitigung
2	(4)	$\mathrm{F}a$	2, $\forall$-Beseitigung
1,2	(5)	$\mathrm{G}a$	3, 4, MPP
1,2	(6)	$\forall x\mathrm{G}x$	5, $\forall$-Einführung

> Alles, was schiefgehen kann, geht auch schief. Alles kann schiefgehen. Also geht alles schief.

Beweis 36: $\forall x(\mathrm{F}x \to \mathrm{G}x) \vdash \forall x\mathrm{F}x \to \forall x\mathrm{G}x$ *(Distributionsgesetz)*

1	(1)	$\forall x(\mathrm{F}x \to \mathrm{G}x)$	Annahme
2	(2)	$\forall x\mathrm{F}x$	Annahme
1,2	(3)	$\forall x\mathrm{G}x$	1,2, Folge, **Beweis 35**
1	(4)	$\forall x\mathrm{F}x \to \forall x\mathrm{G}x$	2, 3, $\to$-Einführung

> Jeder, der ungeschützt Sex hat, hat ein erhöhtes Ansteckungsrisiko. Wenn also alle ungeschützt Sex haben, dann haben auch alle ein erhöhtes Ansteckungsrisiko.

Beweis 37: $\forall x(\mathrm{F}x \to \mathrm{G}x) \vdash \exists x\mathrm{F}x \to \exists x\mathrm{G}x$ *(Distributionsgesetz)*

1	(1)	$\forall x(\mathrm{F}x \to \mathrm{G}x)$	Annahme
2	(2)	$\exists x\mathrm{F}x$	Annahme
1,2	(3)	$\exists x\mathrm{G}x$	1, 2, Folge, **Beweis 29**
1	(4)	$\exists x\mathrm{F}x \to \exists x\mathrm{G}x$	2, 3, $\to$-Einführung

> Wer anderen eine Grube gräbt, fällt selbst hinein. Wenn es also jemanden gibt, der anderen eine Grube gräbt, dann gibt es auch jemanden, der in eine Grube fällt.

Beweis 38a: ∀x(Fx & Gx) ⊢ ∀xFx & ∀xGx (*Distributionsgesetz*)

1	(1)	∀x(Fx & Gx)	Annahme
1	(2)	Fa & Ga	1, ∀-Beseitigung
1	(3)	Fa	2, &-Beseitigung
1	(4)	∀xFx	3, ∀-Einführung
1	(5)	Ga	2, &-Beseitigung
1	(6)	∀xGx	5, ∀-Einführung
1	(7)	∀xFx & ∀xGx	4, 6, &-Einführung

Alles ist schrecklich, aber unabänderlich. Demnach ist alles schrecklich. Und alles ist unabänderlich.

Beweis 38b: ∀xFx & ∀xGx ⊢ ∀x(Fx & Gx) (*Distributionsgesetz*)

1	(1)	∀xFx & ∀xGx	Annahme
1	(2)	∀xFx	1, &-Beseitigung
1	(3)	Fa	2, ∀-Beseitigung
1	(4)	∀xGx	1, &-Beseitigung
1	(5)	Ga	4, ∀-Beseitigung
1	(6)	Fa & Ga	3, 5, &-Einführung
1	(7)	∀x(Fx & Gx)	6, ∀-Einführung

Alles ist sowohl unausweichlich als auch unabänderlich. Denn einerseits ist alles unausweichlich und andererseits ist alles unabänderlich.

Beweis 39a: ∃x(Fx v Gx) ⊢ ∃xFx v ∃xGx (*Distributionsgesetz*)

1	(1)	∃x(Fx v Gx)	Annahme
2	(2)	Fa v Ga	Annahme
3	(3)	Fa	Annahme
3	(4)	∃xFx	3, ∃-Einführung
3	(5)	∃xFx v ∃xGx	4, v-Einführung
6	(6)	Ga	Annahme
6	(7)	∃xGx	6, ∃-Einführung
6	(8)	∃xFx v ∃xGx	7, v-Einführung
2	(9)	∃xFx v ∃xGx	2, 3, 5, 6, 8, v-Beseitigung
1	(10)	∃xFx v ∃xGx	1, 2, 9, ∃-Beseitigung

Es gibt hier manche, die lügen oder sich einen Scherz erlauben. Also mindestens eines von beidem trifft zu: Einige lügen, oder einige erlauben sich einen Scherz.

Beweis 39b: ∃xFx v ∃xGx ⊢ ∃x(Fx v Gx) (*Distributionsgesetz*)

1	(1)	∃xFx v ∃xGx	Annahme
2	(2)	∃xFx	Annahme

3	(3)	Fa	Annahme
3	(4)	Fa v Ga	3, v-Einführung
3	(5)	∃x(Fx v Gx)	4, ∃-Einführung
2	(6)	∃x(Fx v Gx)	2, 3, 5, ∃-Beseitigung
7	(7)	∃xGx	Annahme
8	(8)	Ga	Annahme
8	(9)	Fa v Ga	8, v-Einführung
8	(10)	∃x(Fx v Gx)	9, ∃-Einführung
7	(11)	∃x(Fx v Gx)	7, 8, 10, ∃-Beseitigung
1	(12)	∃x(Fx v Gx)	1, 2, 6, 7, 11, v-Beseitigung

> Manche haben wirklich Angst oder verhalten sich wenigstens so, als hätten sie Angst. Denn entweder stimmt es, dass es hier einige gibt, die wirklich Angst haben, oder es stimmt, dass es hier wenigstens einige gibt, die sich so verhalten, als hätten sie Angst.

Beweis 40: ∃x(Fx & Gx) ⊢ ∃xFx & ∃xGx *(Distributionsgesetz)*

1	(1)	∃x(Fx & Gx)	Annahme
2	(2)	Fa & Ga	Annahme
2	(3)	Fa	2, &-Beseitigung
2	(4)	∃xFx	3, ∃-Einführung
2	(5)	Ga	2, &-Beseitigung
2	(6)	∃xGx	5, ∃-Einführung
2	(7)	∃xFx & ∃xGx	4, 6, &-Einführung
1	(8)	∃xFx & ∃xGx	1, 2, 7, ∃-Beseitigung

> Jemand hat geschossen und ist jetzt mausetot. Folglich hat jemand geschossen. Und jemand ist jetzt mausetot.

Beweis 41a: ∀x(Fx → Gx) ⊢ ~∃x(Fx & ~Gx)   *(Äquivalenzumformung)*

1	(1)	∀x(Fx → Gx)	Annahme
2	(2)	∃x(Fx & ~Gx)	Annahme
3	(3)	Fa & ~Ga	Annahme
1	(4)	Fa → Ga	1, ∀-Beseitigung
1	(5)	~(Fa & ~Ga)	4, Folge, **Beweis 11a**
1,3	(6)	(Fa & ~Ga) & ~(Fa & ~Ga)	3, 5, &-Einführung
3	(7)	~∀x(Fx → Gx)	1, 6, RAA
2	(8)	~∀x(Fx → Gx)	2, 3, 7, ∃-Beseitigung
1,2	(9)	∀x(Fx → Gx) & ~∀x(Fx → Gx)	1, 8, &-Einführung
1	(10)	~∃x(Fx & ~Gx)	2, 9, RAA

> Alle, die sich um den Job beworben haben, werden auch interviewt. Es gibt also niemanden, der sich zwar um den Job beworben hat, aber nicht interviewt wird.

Beweis 41b: ~∃x(Fx & ~Gx) ⊢ ∀x(Fx → Gx)   (Äquivalenzumformung)

1	(1)	~∃x(Fx & ~Gx)	Annahme
2	(2)	Fa & ~Ga	Annahme
2	(3)	∃x(Fx & ~Gx)	2, ∃-Einführung
1,2	(4)	∃x(Fx & ~Gx) & ~∃x(Fx & ~Gx)	1, 3, &-Einführung
1	(5)	~(Fa & ~Ga)	2, 4, RAA
1	(6)	Fa → Ga	5, Folge, **Beweis 11b**
1	(7)	∀x(Fx → Gx)	6, ∀-Einführung

> Nicht eine Menschenseele weit und breit, die nicht vor Angst zitterte. So zitterte denn jede Menschenseele weit und breit vor Angst.

Beweis 42a: ⊢ ∀x(Fx → Gx) → ~∃x(Fx & ~Gx)

1	(1)	∀x(Fx → Gx)	Annahme
1	(2)	~∃x(Fx & ~Gx)	1, Folge, **Beweis 41a**
	(3)	∀x(Fx → Gx) → ~∃x(Fx & ~Gx)	1, 2, →-Einführung

> Wenn alle, die sich um den Job beworben haben, auch interviewt werden, dann gibt es keinen Bewerber, der nicht interviewt wird.

Beweis 42b: ⊢ ~∃x(Fx & ~Gx) → ∀x(Fx → Gx)

1	(1)	~∃x(Fx & ~Gx)	Annahme
1	(2)	∀x(Fx → Gx)	1, Folge, **Beweis 41b**
	(3)	~∃x(Fx & ~Gx) → ∀x(Fx → Gx)	1, 2, →-Einführung

> Wenn nicht ein einziger Passagier unverletzt ist, dann sind alle Passagiere verletzt.

Beweis 43a: ∃x(Fx & Gx) ⊢ ~∀x(Fx → ~Gx)   (Äquivalenzumformung)

1	(1)	∃x(Fx & Gx)	Annahme
2	(2)	∀x(Fx → ~Gx)	Annahme
3	(3)	Fa & Ga	Annahme
2	(4)	Fa → ~Ga	2, ∀-Beseitigung
3	(5)	Fa	3, &-Beseitigung
2,3	(6)	~Ga	4, 5, MPP
3	(7)	Ga	3, &-Beseitigung
2,3	(8)	Ga & ~Ga	6, 7, &-Einführung
3	(9)	~∀x(Fx → ~Gx)	3, 8, RAA
1	(10)	~∀x(Fx → ~Gx)	1, 3, 9, ∃-Beseitigung

> Manche, die sich um die Arbeit drücken, werden dennoch bezahlt. Also gehen nicht alle, die sich um die Arbeit drücken, leer aus.

Beweis 43b: $\sim\forall x(Fx \to \sim Gx) \vdash \exists x(Fx \& Gx)$ *(Äquivalenzumformung)*

1	(1)	$\sim\forall x(Fx \to \sim Gx)$	Annahme
2	(2)	$\sim\exists x(Fx \& Gx)$	Annahme
3	(3)	$Fa \& Ga$	Annahme
3	(4)	$\exists x(Fx \& Gx)$	3, ∃-Einführung
2,3	(5)	$\exists x(Fx \& Gx) \& \sim\exists x(Fx \& Gx)$	2, 4, &-Einführung
2	(6)	$\sim(Fa \& Ga)$	3, 5, RAA
7	(7)	Fa	Annahme
2,7	(8)	$\sim Ga$	6, 7, MPT
2	(9)	$Fa \to \sim Ga$	7, 8, →-Einführung
2	(10)	$\forall x(Fx \to \sim Gx)$	9, ∀-Einführung
1,2	(11)	$\forall x(Fx \to \sim Gx) \& \sim\forall x(Fx \to \sim Gx)$	1, 10, &-Einführung
1	(12)	$\sim\sim\exists x(Fx \& Gx)$	2, 11, RAA
1	(13)	$\exists x(Fx \& Gx)$	12, DN-Beseitigung

Nicht jeder, der arbeitslos ist, will nicht arbeiten. Es gibt also manche, die zwar keine Arbeit haben, aber gleichwohl arbeiten wollen.

Beweis 44a: $\vdash \exists x(Fx \& Gx) \to \sim\forall x(Fx \to \sim Gx)$

1	(1)	$\exists x(Fx \& Gx)$	Annahme
1	(2)	$\sim\forall x(Fx \to \sim Gx)$	1, Folge, **Beweis 43a**
	(3)	$\exists x(Fx \& Gx) \to \sim\forall x(Fx \to \sim Gx)$	1, 2, →-Einführung

Wenn es Leute gibt, die obdachlos werden, obwohl sie eine akademische Ausbildung hinter sich haben, dann ist nicht jeder, der obdachlos wird, ein ungebildeter Mensch.

Beweis 44b: $\vdash \sim\forall x(Fx \to \sim Gx) \to \exists x(Fx \& Gx)$

1	(1)	$\sim\forall x(Fx \to \sim Gx)$	Annahme
1	(2)	$\exists x(Fx \& Gx)$	1, Folge, **Beweis 43b**
	(3)	$\sim\forall x(Fx \to \sim Gx) \to \exists x(Fx \& Gx)$	1, 2, →-Einführung

Wenn nicht jeder Alkoholiker unfähig ist, einer geregelten Arbeit nachzugehen, dann gibt es einige Alkoholiker, die einer geregelten Arbeit nachzugehen fähig sind.

Beweis 45a: $\exists x(Fx \& \sim Gx) \vdash \sim\forall x(Fx \to Gx)$ *(Äquivalenzumformung)*

1	(1)	$\exists x(Fx \& \sim Gx)$	Annahme
2	(2)	$\forall x(Fx \to Gx)$	Annahme
3	(3)	$Fa \& \sim Ga$	Annahme
2	(4)	$Fa \to Ga$	2, ∀-Beseitigung
3	(5)	Fa	3, &-Beseitigung
2,3	(6)	Ga	4, 5, MPP

3	(7)	~Ga	3, &-Beseitigung
2,3	(8)	Ga & ~Ga	6, 7, &-Einführung
3	(9)	~∀x(Fx → ~Gx)	3, 8, RAA
1	(10)	~∀x(Fx → ~Gx)	1, 3, 9, ∃-Beseitigung

> Manche, die sich um Arbeit bemühen, sind nicht erfolgreich. Also sind nicht alle, die sich um Arbeit bemühen, erfolgreich.

Beweis 45b: ~∀x(Fx → Gx) ⊢ ∃x(Fx & ~Gx)   *(Äquivalenzumformung)*

1	(1)	~∀x(Fx → Gx)	Annahme
2	(2)	~∃x(Fx & ~Gx)	Annahme
3	(3)	Fa & ~Ga	Annahme
3	(4)	∃x(Fx & ~Gx)	3, ∃-Einführung
2,3	(5)	∃x(Fx & ~Gx) & ~∃x(Fx & ~Gx)	2, 4, &-Einführung
2	(6)	~(Fa & ~Ga)	3, 5, RAA
7	(7)	Fa	Annahme
2,7	(8)	~~Ga	6, 7, MPT
2,7	(9)	Ga	8, DN-Beseitigung
2	(10)	Fa → Ga	7, 9, →-Einführung
2	(11)	∀x(Fx → ~Gx)	10, ∀-Einführung
1,2	(12)	∀x(Fx → ~Gx) & ~∀x(Fx → ~Gx)	1, 11, &-Einführung
1	(13)	~~∃x(Fx & Gx)	2, 12, RAA
1	(14)	∃x(Fx & Gx)	13, DN-Beseitigung

> Nicht jeder, der müde ist, will schlafen. Es gibt also manche, die zwar müde sind, aber gleichwohl nicht schlafen wollen.

Beweis 46a: ⊢ ∃x(Fx & ~Gx) → ~∀x(Fx → Gx)

1	(1)	∃x(Fx & ~Gx)	Annahme
1	(2)	~∀x(Fx → Gx)	1, Folge, **Beweis 45a**
	(3)	∃x(Fx & ~Gx) → ~∀x(Fx → Gx)	1, 2, →-Einführung

> Wenn es Leute gibt, die zur Kur fahren, obwohl sie nicht krank sind, dann ist nicht jeder, der zur Kur fährt, auch krank.

Beweis 46b: ⊢ ~∀x(Fx → Gx) → ∃x(Fx & ~Gx)

1	(1)	~∀x(Fx → Gx)	Annahme
1	(2)	∃x(Fx & ~Gx)	1, Folge, **Beweis 45b**
	(3)	~∀x(Fx → Gx) → ∃x(Fx & ~Gx)	1, 2, →-Einführung

> Wenn nicht jeder, der regelmäßig Sport treibt, fit ist, dann gibt es einige, die zwar regelmäßig Sport treiben, aber trotzdem nicht fit sind.

Beweis 47a: $\forall x(Fx \rightarrow \sim Gx) \vdash \sim \exists x(Fx \ \& \ Gx)$ *(Äquivalenzumformung)*

1	(1)	$\forall x(Fx \rightarrow \sim Gx)$	Annahme
2	(2)	$\exists x(Fx \ \& \ Gx)$	Annahme
3	(3)	$Fa \ \& \ Ga$	Annahme
1	(4)	$Fa \rightarrow \sim Ga)$	1, $\forall$-Beseitigung
3	(5)	Fa	3, &-Beseitigung
1,3	(6)	$\sim Ga$	4, 5, MPP
3	(7)	Ga	3, &-Beseitigung
1,3	(8)	$Ga \ \& \sim Ga$	6, 7, &-Einführung
3	(9)	$\sim \forall x(Fx \rightarrow \sim Gx)$	1, 8, RAA
2	(10)	$\sim \forall x(Fx \rightarrow \sim Gx)$	2, 3, 9, $\exists$-Beseitigung
1,2	(11)	$\forall x(Fx \rightarrow \sim Gx) \ \& \sim \forall x(Fx \rightarrow \sim Gx)$	1, 10, &-Einführung
1	(12)	$\sim \exists x(Fx \ \& \ Gx)$	2, 11, RAA

> Alle Maulesel sind unfruchtbar. Also gibt es keinen einzigen fruchtbaren Maulesel.

Beweis 47b: $\sim \exists x(Fx \ \& \ Gx) \vdash \forall x(Fx \rightarrow \sim Gx)$ *(Äquivalenzumformung)*

1	(1)	$\sim \exists x(Fx \ \& \ Gx)$	Annahme
2	(2)	$Fa \ \& \ Ga$	Annahme
2	(3)	$\exists x(Fx \ \& \ Gx)$	2, $\exists$-Einführung
1,2	(4)	$\exists x(Fx \ \& \ Gx) \ \& \sim \exists x(Fx \ \& \ Gx)$	1, 3, &-Einführung
1	(5)	$\sim(Fa \ \& \ Ga)$	2, 4, RAA
6	(6)	Fa	Annahme
1,6	(7)	$\sim Ga$	5, 6, MPT
1	(8)	$Fa \rightarrow \sim Ga$	6, 7, $\rightarrow$-Einführung
1	(9)	$\forall x(Fx \rightarrow \sim Gx)$	8, $\forall$-Einführung

> Es gibt keine Teppiche, die fliegen können. Also sind alle Teppiche flugunfähig.

Beweis 48a: $\vdash \forall x(Fx \rightarrow \sim Gx) \rightarrow \sim \exists x(Fx \ \& \ Gx)$

1	(1)	$\forall x(Fx \rightarrow \sim Gx)$	Annahme
1	(2)	$\sim \exists x(Fx \ \& \ Gx)$	Folge, **Beweis 47a**
	(3)	$\forall x(Fx \rightarrow \sim Gx) \rightarrow \sim \exists x(Fx \ \& \ Gx)$	1, 2, $\rightarrow$-Einführung

> Wenn alle Maulesel unfruchtbar sind, dann gibt es keinen einzigen fruchtbaren Maulesel.

Beweis 48b: $\vdash \sim \exists x(Fx \ \& \ Gx) \rightarrow \forall x(Fx \rightarrow \sim Gx)$

1	(1)	$\sim \exists x(Fx \ \& \ Gx)$	Annahme
1	(2)	$\forall x(Fx \rightarrow \sim Gx)$	Folge, **Beweis 47b**
	(3)	$\sim \exists x(Fx \ \& \ Gx) \rightarrow \forall x(Fx \rightarrow \sim Gx)$	1, 2, $\rightarrow$-Einführung

> Wenn es keine Teppiche gibt, die fliegen können, dann sind alle Teppiche flugunfähig.

Beweis 49: $\exists x\forall yFxy \vdash \forall y\exists xFxy$ *(einseitige Quantoren-Vertauschung)*

1	(1)	$\exists x\forall yFxy$	Annahme
2	(2)	$\forall yFay$	Annahme
2	(3)	Fab	2, $\forall$-Beseitigung
2	(4)	$\exists xFxb$	3, $\exists$-Einführung
2	(5)	$\forall y\exists xFxy$	4, $\forall$-Einführung
1	(6)	$\forall y\exists xFxy$	1, 2, 5, $\exists$-Beseitigung

> Es gibt ein Virus, das allen gefährlich werden kann. Also gibt es für jeden Menschen ein Virus, das ihm gefährlich werden kann.

Beweis 50: $\vdash \exists x\forall yFxy \rightarrow \forall y\exists xFxy$

1	(1)	$\exists x\forall yFxy$	Annahme
1	(2)	$\forall y\exists xFxy$	1, Folge, **Beweis 49**
	(3)	$\exists x\forall yFxy \rightarrow \forall y\exists xFxy$	1, 2, $\rightarrow$-Einführung

> Wenn es eine Sorge gibt, die alle umtreibt, dann treibt jeden eine Sorge um.

Beweis 51a: $\forall x\exists (Fx \rightarrow Gxy) \vdash \forall x(Fx \rightarrow \exists yGxy)$ *($\exists$-Importation)*

1	(1)	$\forall x\exists y(Fx \rightarrow Gxy)$	Annahme
1	(2)	$\exists y(Fa \rightarrow Gay)$	1, $\forall$-Beseitigung
3	(3)	$Fa \rightarrow Gab$	Annahme
4	(4)	Fa	Annahme
3,4	(5)	Gab	3, 4, MPP
3,4	(6)	$\exists yGay$	5, $\exists$-Einführung
3	(7)	$Fa \rightarrow \exists yGay$	4, 6, $\rightarrow$-Einführung
1	(8)	$Fa \rightarrow \exists yGay$	2, 3, 7, $\exists$-Beseitigung
1	(9)	$\forall x(Fx \rightarrow \exists yGxy)$	8, $\forall$-Einführung

> Zu jedem Gegenstand gibt es etwas, das, wenn er ein Topf ist, ein Deckel ist, der zu ihm passt. Also gibt es für jeden Topf einen Deckel, der zu ihm passt.

Beweis 51b: $\forall x(Fx \rightarrow \exists yGxy) \vdash \forall x\exists y(Fx \rightarrow Gxy)$ *($\exists$-Exportation)*

1	(1)	$\forall x(Fx \rightarrow \exists yGxy)$	Annahme
1	(2)	$Fa \rightarrow \exists yGay$	1, $\forall$-Beseitigung
3	(3)	$\sim\exists y(Fa \rightarrow Gay)$	Annahme
3	(4)	$\forall y\sim(Fa \rightarrow Gay)$	3, Folge, **Beweis 34b**
3	(5)	$\sim(Fa \rightarrow Gab)$	4, $\forall$-Beseitigung

3	(6)	Fa & ~Gab	5, Folge, **Beweis 12a**
3	(7)	Fa	6, &-Beseitigung
1,3	(8)	∃yGay	2, 7, MPP
9	(9)	Gab	Annahme
3	(10)	~Gab	6, &-Beseitigung
3,9	(11)	Gab & ~Gab	9, 10, &-Einführung
9	(12)	~~∃y(Fa → Gay)	3, 11, RAA
9	(13)	∃y(Fa → Gay)	12, DN-Beseitigung
1,3	(14)	∃y(Fa → Gay)	8, 9, 13, ∃-Beseitigung
1,3	(15)	∃y(Fa → Gay) & ~∃y(Fa → Gay)	3, 14, &-Einführung
1	(16)	~~∃y(Fa → Gay)	3, 15, RAA
1	(17)	∃y(Fa → Gay)	16, DN-Beseitigung
1	(18)	∀x∃y(Fx → Gxy)	17, ∀-Einführung

Zu jeder erworbenen Rheumadecke gibt es ein Pfund Kaffee gratis. Also gibt es zu jedem erworbenen Gegenstand etwas gratis, das, wenn es sich bei diesem Gegenstand um eine Rheumadecke handelt, ein Pfund Kaffee ist.

IV. Wann kann ein Argument überzeugen?

23. Beliebte Fehlschlüsse

In den vergangenen Kapiteln haben wir aussagen- und prädikatenlogische Regeln kennen gelernt, mit deren Hilfe sich Argumente als logisch gültig erweisen lassen. Um ein umgangssprachliches Argument mit diesen Mitteln als logisch gültig zu erweisen, mussten wir es jedoch zunächst formalisieren. Denn nur auf diesem Weg konnten wir die logische Form seiner Prämissen und Konklusion angeben. Und logische Regeln sind nun einmal, wenn überhaupt, auf alle Sätze einer bestimmten logischen Form anwendbar, gleichgültig was diese Sätze im Einzelnen besagen. Um ein gegebenes Argument als logisch gültig zu erweisen, mussten wir also zugleich zeigen, dass alle Argumente logisch gültig sind, deren Prämissen und Konklusion jeweils dieselbe logische Form aufweisen wie diejenigen des Ausgangsarguments.

Im Zuge der erforderlichen Formalisierungen haben wir uns von unseren sprachlichen Intuitionen leiten lassen und ausgehend von diesen Intuitionen Übersetzungsvorschriften formuliert, die den Übergang von der Umgangssprache zur Formalsprache und von der Formalsprache wieder zur Umgangssprache gestatten. Dass sich im Verlauf dieser logischen Rekonstruktion bislang nur solche umgangssprachlichen Argumente als formallogisch gültig erwiesen, die auch intuitiv gesprochen gültig sind, spricht für das von uns geschnürte Paket aus Regeln und Übersetzungsvorschriften. Und dies selbst dann noch, wenn man einräumt, dass wir uns bei der Formulierung der Übersetzungsvorschriften durchaus bemühen mussten, etwaige Kollisionen zwischen logischer und intuitiver Gültigkeit von vornherein zu vermeiden. Denn dass sich überhaupt ein geeignetes Set von Regeln und Übersetzungsvorschriften finden lässt, das es einem erlaubt, die Gültigkeit umgangssprachlicher Argumente systematisch – ja fast schon mechanisch – herzuleiten, indem man sie auf allgemeine wahrheitsfunktionale Zusammenhänge zurückführt, ist keineswegs trivial.

Um dies einzusehen, empfiehlt es sich, Argumente in den Blick zu rücken, deren intuitive Gültigkeit wir bislang noch nicht – oder doch zumindest nicht offensichtlich – auf diese Weise herleiten können:

> Arthur ist ein Mensch und Arthur fliegt.
> Also ist es nicht notwendigerweise so, dass kein Mensch fliegt.

> Geoffrey spielt leise Cello.
> Also spielt Geoffrey Cello.

Obwohl diese beiden Argumente intuitiv gültig sind, haben wir bislang noch keine geeignete Kombination aus Übersetzungsvorschriften und logischen Regeln an der Hand, die es uns gestattet, Prämisse und Konklusion zu formalisieren und anschließend zu zeigen, dass alle Argumente derselben Form durch allgemeine Regeln sanktioniert sind. Das liegt daran, dass Sätze wie »Es ist nicht notwendigerweise so, dass kein Mensch fliegt« nach allem, was wir bislang sagen können, die logische Form »~A« haben und dass Sätze wie »Geoffrey spielt leise Cello« oder »Geoffrey spielt mit Andacht Cello« nach allem, was wir bislang sagen können, die logische Form »Fm« haben. Auch hier gibt es aber Versuche, Übersetzungsvorschriften für Sätze anzugeben, in denen z. B. Wörter wie »notwendigerweise« vorkommen, Übersetzungsvorschriften, vor deren Hintergrund sich Argumente der ersten Art dann als prädikatenlogisch gültig herausstellen.

> **Anmerkung:** Hier wird auf die Konzeption von Notwendigkeit angespielt, der zufolge »Notwendigerweise A« genau dann wahr ist, wenn A in allen möglichen Welten wahr ist. Diese Konzeption geht auf **Gottfried Wilhelm Leibniz** (1646–1716) zurück und hat in heutiger Zeit durch den US-amerikanischen Philosophen **Saul A. Kripke** (1940–) ihre erste logisch-systematische Behandlung erfahren.

Es gibt ebenfalls Versuche, Sätze, in denen adverbiale Bestimmungen wie beispielsweise »leise« oder »mit Andacht« vorkommen, so zu interpretieren, dass in ihnen von Ereignissen die Rede ist – z. B. von Geoffreys Cellospiel – die, wie andere Gegenstände auch, Prädikate erfüllen. Demnach funktionierten Adverbien wie »leise« und »mit Andacht« logisch gesehen eher wie Prädikate, die auf Ereignisse zutreffen. Auch dieser Interpretationsansatz verfolgt das Ziel, Argumente als prädikatenlogisch gültig zu erweisen, die auf den ersten Blick durch keine prädikatenlogische Regel sanktioniert sind, in diesem Fall Argumente der zweiten Art.

> **Anmerkung:** Diese Interpretation wurde von dem US-amerikanischen Philosophen **Donald Davidson** (1917–2003) in die Diskussion eingebracht. Nach Davidson bedürfen Handlungssätze einer logischen Analyse, die sie als Sätze über Handlungsereignisse deutet.

Ob diese Rekonstruktionsversuche gelingen, ist sehr kontrovers. Denn sie sind nicht ganz kostenlos, insofern sie uns auf die Existenz bestimmter Arten von Gegenständen festlegen, deren theoretischer Status anderweitig heftig umstritten ist – z. B. auf mögliche Welten – oder uns vor neuartige Probleme stellen – z. B. vor das Problem, wie das Verhältnis zwischen einem Akteur und dem Ereignis, das seine Aktion ist, zu bestimmen ist.

Es wäre also verfrüht, sich dem Optimismus hinzugeben, jedes intuitiv gültige Argument lasse sich formallogisch so aufbereiten, dass es als Instanz eines allgemeingültigen Schemas erscheint. Wie dem auch immer sei, es ist jedenfalls eines, nicht alle *intuitiv gültigen* Argumente auch als *formallogisch gültig* erweisen zu können, und etwas anderes, nicht alle *intuitiv ungültigen* Argumente auch als *formallogisch ungültig* entlarven zu können. In der Tat haben wir guten Grund, optimistisch zu sein, dass es uns unser Kanon aussagen- und prädikatenlogischer

Regeln im Zusammenspiel mit den bisherigen Übersetzungsvorschriften bereits erlaubt, intuitiv ungültige Argumente als logisch ungültige zu brandmarken. Dabei mögen wir zu viele Argumente als ungültig verwerfen – eben auch solche, die intuitiv gültig sind (siehe oben). Aber dass wir auf diese Weise so manches Kind mit dem Bade ausschütten, ist freilich damit verträglich, dass uns andererseits kein intuitiv ungültiges Argument durch die Lappen geht.

Dieser Optimismus wird etwas gedämpft, wenn wir das folgende, intuitiv ungültige Argument und seine logische Rekonstruktion betrachten:

> **Verleumdung**
> Wenn es so ist, dass Paul nur dann glücklich ist, wenn alle Welt ihn liebt, ja dann hat er echt eine Macke. Wie ich von seiner Ex-Freundin gehört habe, ist Paul todunglücklich. Also hat Paul eine Macke.

Paul ist glücklich   : A
Alle Welt liebt Paul   : B
Paul hat eine Macke   : C

Beweis: $((A \rightarrow B) \rightarrow C), \sim A \vdash C$
1   (1) $(A \rightarrow B) \rightarrow C$ Annahme
2   (2) $\sim A$ Annahme
3   (3) A Annahme
2,3 (4) $A \& \sim A$ 2, 3, &-Einführung
2,3 (5) B 4, EFQ
2   (6) $A \rightarrow B$ 3, 5, $\rightarrow$-Einführung
1,2 (7) C 1, 6, MPP

Das Schema, das durch das Argument *Verleumdung* instantiiert wird, ist gültig. Also ist dieses Argument vom logischen Standpunkt aus ebenfalls gültig. Intuitiv gesprochen ist dieses Argument aber keineswegs gültig. Denn wir verstehen die erste Prämisse so, dass sie besagt, Paul habe eine Macke, wenn sein Glücklichsein von der Liebe aller abhängt – und nicht etwa so, als besagte sie, Paul habe bereits dann eine Macke, wenn er unglücklich ist. Und doch haben wir uns bei der Formalisierung an unsere Übersetzungsvorschriften gehalten, insbesondere an:

> »Wenn« * x * »dann« * y $\Rightarrow$ x * »$\rightarrow$« * y

Diese Übersetzungsvorschrift hatten wir – trotz der **Paradoxien der materialen Implikation** (Kapitel 9.3) – als unproblematisch ausgewiesen, weil die genannten Paradoxien nur die nachstehende, umgekehrte Übersetzung in Zweifel zu ziehen schienen:

> »Wenn« * x * »dann« * y $\Leftarrow$ x * »$\rightarrow$« * y

Jetzt müssen wir feststellen, dass dies etwas vorschnell war. Denn auch die Übersetzungsvorschrift, die wir bislang für unproblematisch hielten, hat die unangenehme Konsequenz, in manchen Fällen ein intuitiv ungültiges in ein logisch gültiges Argument zu verwandeln. Wenn uns die logische Rekonstruktion eines Arguments aber zu dem Schluss führt, ein Argument sei gültig, obwohl dieses Argument intuitiv gesprochen ungültig ist, dann ist etwas an dieser Rekonstruktion faul, und sie verfehlt komplett ihren Zweck. Allerdings ist das Problem, mit dem wir es hier zu tun haben, gar nicht neu. Denn die Schwierigkeiten treten nur deshalb auf, weil das materiale Konditional »A → B« bereits dann als wahr gilt, wenn sein Antezedens A falsch und also »~A« wahr ist. Das hat zur Folge, dass jedes Konditional, als dessen Antezedens das materiale Konditional »A → B« erscheint, bereits dann das Konsequens abzuleiten erlaubt, wenn A falsch und also »~A« wahr ist. Und das trifft auf Konditionale, deren Antezedens eine umgangssprachliche »wenn–dann«-Konstruktion ist, keineswegs zu. Was uns dies von neuem lehrt, ist, dass wir unsere Übersetzungsvorschriften sehr sorgfältig formulieren müssen. Um die Notbremse zu ziehen, empfiehlt es sich also zunächst zu verfügen, dass die Übersetzungsvorschrift

»Wenn« * x * »dann« * $y \Rightarrow x$ * »→« * y

nur dann zum Zuge kommt, wenn der betreffende Satz x nicht wiederum die Gestalt einer »wenn–dann«-Konstruktion hat. Alternativ können wir festsetzen, dass die Übersetzungsvorschrift zwar auch in solchen Fällen greift, der betreffende Satz x dann aber nicht gemäß dieser Übersetzungsvorschrift zu übersetzen ist. Welchen Weg wir wählen, hängt wesentlich von dem Argument ab, dessen Gültigkeit wir überprüfen möchten.

Trotz dieses Nachtrags haben wir Grund genug zu erwarten, dass uns unsere Logik dabei helfen kann, das, was intuitiv als argumentativer Fehltritt gilt, auch als solchen zu diagnostizieren. In den vorangegangenen Kapiteln haben wir bereits einige argumentative Fehltritte kennen gelernt – Argumente nämlich, die zu freizügig von nur eingeschränkt gültigen Regeln Gebrauch machten. Diese Argumente waren bereits intuitiv ungültig. Ein Beispiel hierfür war das Argument, das aus der Annahme, es gebe einen Bundesaußenminister, folgerte, ein jeder sei Bundesaußenminister (siehe Kapitel 18). Solange uns unsere Intuitionen nicht im Stich lassen, hat der Nachweis, dass derartige Argumente auch formallogisch ungültig sind, im Allgemeinen jedoch eher die Funktion, unsere formale Logik samt ihrer umgangssprachlichen Interpretation gegen denkbare Einwände abzusichern. Ein Nachweis ihres Nutzens als Leitfaden der Kritik ist damit noch nicht erbracht. Wie es scheint, können unsere Intuitionen für sich selber sorgen. Spannend wird die Sache hingegen dann, wenn uns die Logik erkennen lässt, dass bestimmte umgangssprachliche Argumente, deren Ungültigkeit nicht bereits auf der Hand liegt, in der Tat ungültig sind. Spätestens dann entfaltet die Logik ihr kritisches Potential, indem sie uns nämlich anleitet, ungeachtet des ersten Eindrucks zu überprüfen, ob ein gegebenes Argument tatsächlich hält, was es diesem ersten Eindruck nach verspricht.

Damit gelangen wir nun endlich zu der Betrachtung dessen, was wir eingangs als »Luxusausstattung« unseres logischen Werkzeugkastens bezeichnet hatten, nämlich zur **Betrachtung einiger beliebter Fehlschlüsse**. Beliebt sind diese Fehlschlüsse insofern, als sie uns in alltäglichen Zusammenhängen des Öfteren unterlaufen, ohne dass wir davon besondere Notiz nähmen. Ähnlich wie eine zu barocke Luxusausstattung Gefahr läuft, vom Wesentlichen abzulenken und so die Funktionalität der Grundausstattung zu untergraben, müssen wir jedoch auch hier darauf achten, nicht zu detailliert auf fehlgeleitetes Argumentieren einzugehen und dabei den bereits erzielten Lernerfolg zu riskieren, indem wir uns erneut in Verwirrung stürzen. Die Betrachtung und Diagnose weitverbreiteter Fehlschlüsse hat zwar sicherlich einen positiven Effekt, wenn es darum geht, logisches Denken einzuüben. Aber der didaktische Nutzen von Überlegungen dazu, wie man etwas *nicht* machen soll, ist eben naturgemäß beschränkt. Darum werden wir uns hier mit der Diskussion **dreier verschiedener Typen von Fehlschlüssen** begnügen. Wir betrachten der Reihe nach:

- Fehlschlüsse, die sich einer **Mehrdeutigkeit im Ausdruck** bzw. dem Versäumnis verdanken, zwei bedeutungsverschiedene Vorkommnisse desselben Ausdrucks sauber auseinanderzuhalten (Kapitel 23.1),
- Fehlschlüsse, die sich einer **Verwechslung von Konditionalen** bzw. dem Versäumnis verdanken, zwei verschiedene Konditionale sauber auseinanderzuhalten (Kapitel 23.2),
- Fehlschlüsse, die sich einer **Verwechslung von Quantoren** bzw. dem Versäumnis verdanken, zwei quantifizierte Sätze verschiedener Form sauber auseinanderzuhalten (Kapitel 23.3).

23.1 Äquivokationen

Fehlschlüsse, die sich einer Mehrdeutigkeit im Ausdruck bzw. dem Versäumnis verdanken, zwei bedeutungsverschiedene Vorkommnisse desselben Ausdrucks sauber auseinanderzuhalten, heißen auch Fehlschlüsse, die auf einer Äquivokation beruhen, oder der Kürze halber **Äquivokationen**. Der Ausdruck »äquivok« entstammt dem Lateinischen und bedeutet so viel wie »gleichlautend«. Als Paradebeispiele für Äquivokationen werden häufig Argumente genannt, in denen zweideutige generelle Terme vorkommen. Ein solches Argument ist das folgende:

> **Panzerknacker**
> Das Geld liegt auf einer Bank, auf der Ede schläft.
> Das Geld liegt also auf einer Bank.
> Wenn das Geld auf einer Bank liegt, dann ist es in Sicherheit.
> Also ist das Geld in Sicherheit.

Hier scheint der Übergang von der ersten Prämisse zur zweiten Prämisse nur unter der Voraussetzung in Ordnung zu sein, dass die Vorkommnisse des Prädikats »x ist eine Bank, auf der y liegt« in beiden Fällen gleichermaßen im Sinne von »x ist eine Sitzbank, auf der y liegt« verstanden werden. Wird das Vorkommnis in der ersten Prämisse in diesem Sinne verstanden, das Vorkommnis in der zweiten

Prämisse hingegen nicht, dann ist der Übergang von der ersten zur zweiten Prämisse tatsächlich unzulässig. Hingegen scheint der Übergang von der zweiten und dritten Prämisse zur Konklusion nur in dem Maße akzeptabel zu sein, in dem die beiden Vorkommnisse des Prädikats »x ist eine Bank, auf der y liegt« im Sinne von »x ist ein Geldinstitut, bei dem y eingezahlt ist« verstanden werden. Jedenfalls aber gilt dies: Wird das Vorkommnis in der dritten Prämisse in diesem Sinne verstanden, das Vorkommnis in der zweiten Prämisse aber nicht, dann ist der Übergang von der zweiten und dritten Prämisse zur Konklusion in der vierten Zeile unzulässig. Daraus scheint sich zu ergeben, dass nicht beide Übergänge – der von der ersten zur zweiten Zeile und der von der zweiten und dritten zur vierten Zeile – gleichzeitig zulässig sind. Das Argument als Ganzes erweckt demnach den Eindruck, ungültig zu sein.

Es ist zweifellos abwegig anzunehmen, ein kompetenter Sprecher des Deutschen käme je auf die Idee, in vollem Ernst und nicht bloß zu Illustrationszwecken ein solches Argument zu konstruieren. Anders sieht es aus, wenn man sich einen Kommunikationsverlauf vorstellt, bei dem ein Sprecher von dem Satz aus der ersten Zeile auf den Satz aus der zweiten Zeile schließt und einen anderen Sprecher danach über das Ergebnis seines Schlusses informiert. In einem solchen Fall kann es in Folge durchaus passieren, dass der zweite Sprecher den Satz aus der zweiten Zeile wiederum an einen dritten Sprecher übermittelt, der ihn missversteht und der daraufhin im Verbund mit dem Satz aus der dritten Zeile auf den Satz aus der vierten Zeile schließt. Solche Verdrehungen sind aus der Gerüchteküche allseits bekannt.

Trotzdem ist *Panzerknacker* ein eher dürftiges Beispiel für einen logischen Fehlschluss, der auf einer Äquivokation beruht. Denn es ist alles andere als klar, inwieweit wir es hier im engeren Sinn mit einem logischen Fehlschluss zu tun haben, und nicht nur mit den leidigen Konsequenzen einer uneinheitlichen Interpretation. Wenn wir die Interpretation vereinheitlichen und alle Vorkommnisse des Prädikats »x ist eine Bank, auf der y liegt« in derselben Weise interpretieren, dann mag sich zwar herausstellen, dass aus kontingenten Gründen nicht alle erforderlichen Prämissen zugleich wahr sein können. (Wenn Geld auf irgendeiner Sitzbank liegt, dann ist es normalerweise nicht in Sicherheit.) Aber solange uns nur interessiert, ob das Argument logisch gültig ist, braucht uns dieser Umstand nicht weiter zu bekümmern. Denn wie wir bereits wissen, ist nicht jedes logisch gültige Argument auch schlüssig.

Sobald erst einmal alle Vorkommnisse des Prädikats »x ist eine Bank, auf der y liegt« in dem einen oder anderen Sinne, aber jedenfalls in einheitlicher Weise verstanden werden, können wir das Schema angeben, für das *Panzerknacker* eine Einsetzungsinstanz ist:

1	(1)	$\exists x(Fxm \ \& \ Gnx)$	Annahme
1	(2)	$\exists xFxm$	1, Folge, **Beweis 40** (Distributionsgesetz)
3	(3)	$\exists xFxm \rightarrow Hm$	Annahme
1,3	(4)	Hm	2, 3, MPP

wobei im Anwendungsfall »m« das Geld und »n« Ede bezeichnet und »Gxy« für das Prädikat »x schläft auf y« und »Fxy« für das Prädikat »x ist eine Bank, auf der y

liegt« steht. Dieses Argumentschema ist nun in der Tat logisch gültig! Denn wie die Eintragungen in der rechten Spalte dokumentieren, ist jeder Beweisschritt durch eine logische Regel sanktioniert. Also ist auch *Panzerknacker* allem gegenteiligen Anschein zum Trotz logisch gültig, sofern man in ihm alle Vorkommnisse des Ausdrucks »*x* ist eine Bank, auf der *y* liegt« einheitlich interpretiert. Sofern wir also nur an der Identifizierung und Diagnose von Fehlschlüssen interessiert sind, die sich entweder einer unsachgemäßen Bedienung logischer Werkzeuge oder aber der Tatsache verdanken, dass Improvisation an die Stelle solider logischer Konstruktion getreten ist, scheint *Panzerknacker* für unsere Zwecke gar kein einschlägiges Beispiel zu liefern. Anders steht es diesbezüglich mit dem nachfolgenden Argument:

Tratsch
Irgendwo in Charlottenburg.

Frau Suhrbier zu Frau Melzer:	Fräulein Renate von nebenan schmeißt ihr Geld zum Fenster raus.
Melzer zu Suhrbier:	Ach ja, wirklich?
Suhrbier zu Melzer:	Ja, Fräulein Renate geht nämlich jeden Tag für die Witwe Bolte einkaufen und bezahlt das aus eigener Tasche.
Frau Melzer zu Herrn Strunz:	Es gibt hier eine Nachbarin, die für die Witwe Bolte einkaufen geht und dabei ihr Geld zum Fenster rauswirft. Hat mir die Suhrbier aus dem Vierten gerade erzählt.
Strunz zu Melzer:	Ach ne, wirklich?
Strunz zu seiner Frau:	Die olle Melzer hat mir vorhin gesteckt, dass es hier im Haus eine Frau gibt, die für die Witwe Bolte einkaufen geht und dabei ihr Geld zum Fenster rauswirft!
Frau Strunz zu ihrem Mann:	Ach herrje, dann muss die Witwe Bolte also bald raus aus ihrer Wohnung und in eine bescheidenere Hütte ziehen. Denn jeder, dessen Geld so zum Fenster rausgeschmissen wird, muss sich notgedrungen verkleinern. Na ja, für eine alleine ist die Wohnung von der Bolte ja auch ein bisschen groß.

Auch hier haben wir es mit einer Argumentation zu tun, die – über mehrere Sprecher verteilt – ab einem gewissen Punkt durch ein Missverständnis vom rechten Weg abkommt. Aber anders als *Panzerknacker* beruht *Tratsch* nicht auf der Zweideutigkeit eines generellen Terms, sondern darauf, dass in Bezug auf einen umgangssprachlichen Satz nicht eindeutig ist, welche logische Form er hat. Und dies hat nun die folgende Konsequenz: Nach welcher Seite wir die strukturelle Doppeldeutigkeit des in Rede stehenden Satzes auch auflösen, das Argument als Ganzes kommt niemals logisch gültig heraus. Um uns dies klarzumachen, formalisieren wir zunächst die relevanten Teilausdrücke und rekonstruieren dann das Argument:

m :	Fräulein Renate
n :	die Witwe Bolte
Fxy :	x ist das Geld von y
$Gxyz$:	x verschwendet y beim Einkauf für z
Hx :	x muss in eine kleinere Wohnung ziehen

1	(1)	$\exists x(Fxm \,\&\, Gmxn)$	Annahme
1	(2)	$\exists x \exists y(Fxy \,\&\, Gyxn)$	1, $\exists$-Einführung
?	(3)	$\exists x \exists y(Fxn \,\&\, Gyxn)$	?
4	(4)	$\forall z(\exists x \exists y(Fxz \,\&\, Gyxz) \to Hz)$	Annahme
4	(5)	$\exists x \exists y(Fxn \,\&\, Gyxn) \to Hn$	4, $\forall$-Beseitigung
?,4	(6)	Hn	3, 5, MPP

Der erste Beweisschritt, der uns von Zeile (1) zu Zeile (2) führt – der Melzer-Zug – ist ein simpler $\exists$-Einführungsschritt und von daher unverdächtig. Die Folgerung, die er uns liefert, taugt allerdings nicht als Vorlage für den Strunz-Zug – den Übergang zu Zeile (6). Denn der Strunz-Zug bedarf neben der allgemeinen Zusatzannahme aus Zeile (4) noch der Prämisse aus Zeile (3). Wo kommt diese Prämisse jedoch her?

Wie wir es auch drehen und wenden, das Argument bleibt logisch ungültig. Gehen wir davon aus, der Melzer-Zug beanspruche, uns ausgehend von Zeile (1) nicht etwa bloß zu Zeile (2), sondern ebenfalls zu Zeile (3) zu führen, dann ist zwar der Strunz-Zug in Ordnung, der Melzer-Zug aber ein Fehlschluss: Denn Zeile (3) folgt nun einmal nicht aus Zeile (1). Gehen wir andererseits davon aus, der Strunz-Zug beanspruche, uns schon ausgehend von Zeile (2) und Zeile (4) zu Zeile (6) zu führen, dann mag zwar mit dem Melzer-Zug alles in Ordnung sein, aber der Strunz-Zug ist in diesem Fall ungültig: Denn Zeile (6) folgt nun einmal nicht bereits aus den Zeilen (2) und (4). Solange das gesamte Argument also vorgibt, Zeile (6) aus den Annahmen (1) und (4) zu folgern, involviert es jedenfalls einen logischen Fehlschluss.

Dass derartige Fehlschlüsse auftreten, sobald mehrere Sprecher Züge machen, ist nicht weiter überraschend. Dass derartige Fehlschlüsse auch dann auftreten, wenn nur eine Person an der Entwicklung des Gedankengangs beteiligt ist, ist demgegenüber geradezu besorgniserregend. In der Tat würde jedoch auch in diesem Fall niemand ernsthaft den Versuch unternehmen, sich oder andere mittels des zusammengefügten Arguments von dessen Konklusion zu überzeugen. Dafür ist der Sprung von (2) zu (3) allzu offensichtlich.

Aber nicht alle Äquivokationen sind derart offensichtlich. Bevor wir unsere Diskussion von Fehlschlüssen, die auf Äquivokationen beruhen, abschließen, wollen wir noch auf eine solche Äquivokation eingehen, deren Vermeidung größerer gedanklicher Schärfe und Aufmerksamkeit bedarf.

Es gibt eine Unterscheidung, die sowohl in der Sprachphilosophie als auch in der Philosophie der Logik eine wichtige Rolle spielt und deren Nichtbeachtung zu allerlei Verwirrungen führt, unter anderem eben auch zu Äquivokationen. Diese

Unterscheidung ist die Unterscheidung zwischen der **Verwendung** und der **Erwähnung eines sprachlichen Zeichens**. Diesen Unterschied kann man sich wie folgt klarmachen: Wenn man ein sprachliches Zeichen *verwendet*, dann redet man über das Ding oder die Dinge, auf die sich dieses Zeichen bezieht. In der Regel ist das, worauf sich ein sprachliches Zeichen bezieht, etwas Nichtsprachliches. So bezieht sich der Eigenname »Penélope« auf eine Person aus Fleisch und Blut, und das Prädikat »x ist ein Vulkan« bezieht sich auf lavaspuckende Berge. Allerdings kommt es auch vor, dass sich sprachliche Zeichen auf Sprachliches beziehen, nämlich auf andere sprachliche Zeichen. Ein Beispiel hierfür ist das Prädikat »x ist einsilbig« oder das Prädikat »x ist ein Substantiv«. Hier gilt Entsprechendes: Wenn man ein solches Zeichen, das sich auf andere sprachliche Zeichen bezieht, *verwendet*, dann spricht man über diese anderen sprachlichen Zeichen, auf die es sich bezieht.

Man kann sprachliche Zeichen aber auch *erwähnen*. Wenn ich ein Zeichen erwähne, dann spreche ich über dieses Zeichen und nicht über das, worauf sich dieses Zeichen bezieht. Ich erwähne ein Zeichen, indem ich den **Anführungsnamen** verwende, der sich ergibt, wenn man dieses Zeichen in Anführungszeichen setzt. Ein solcher Anführungsname bezieht sich auf das Zeichen, das es anführt. Wenn ich also ein Zeichen *erwähne* (und nicht etwa verwende), dann verwende ich einen Anführungsnamen für dieses Zeichen. Wohlgemerkt, zu diesem Zweck *verwende* ich diesen Anführungsnamen (und erwähne ihn nicht). Erwähnte ich ihn, spräche ich über den Anführungsnamen und nicht über das Zeichen, das er anführt.

Eduardo   *»Eduardo«*

In der obigen Abbildung ist links Eduardos Name zu sehen und rechts der Anführungsname seines Namens. (Offensichtlich ist Eduardo selbst nirgends zu sehen.)

Fein säuberlich zwischen dem erwähnten Ausdruck einerseits und dem zu diesem Zweck verwendeten Anführungsnamen andererseits zu unterscheiden, wird dadurch erschwert, dass Anführungsnamen das, was sie bezeichnen – den erwähnten Ausdruck – selbst präsentieren. Ihnen steht das, worauf sie sich beziehen, sozusagen ins Gesicht geschrieben. (In der obigen Abbildung ist Eduardos Name eben auch rechts zu sehen, allerdings eingefasst von zwei Anführungszeichen.) Das, was man in einem Text sieht, sind im Normalfall die Ausdrücke, die der Verfasser verwendet, nicht das, worauf sich diese Ausdrücke beziehen. Wenn man in einem Text über Eduardo zum Beispiel die Buchstabenfolge »E«, »d«, »u«, »a«, »r«, »d«, »o« sieht, dann sieht man den Namen, den der Verfasser verwendet, um etwas von Eduardo auszusagen. Eduardo sieht man hingegen nicht. Wenn man es allerdings mit einem Text über Namen zu tun hat, dann sieht man nicht nur die Anführungsnamen, die der Verfasser verwendet, um etwas von diesen Namen auszusagen, sondern diese Namen selbst: Denn Anführungsnamen werden gebildet, indem man den anzuführenden Ausdruck in Anführungszeichen einschließt. Trotz dieser Eigenheit, deren Verwirrungspotential beträchtlich ist, müssen wir systematisch zwischen dem Ausdruck, der erwähnt wird, und dem Ausdruck, den wir verwenden, um dies zu tun – dem Anführungsnamen – unterscheiden.

Mit diesen Überlegungen ist nun der Boden für die Betrachtung des folgenden Arguments bereitet:

> **Zeichensalat**
> Wenn ich einen sprachlichen Ausdruck benenne, verwende ich zu diesem Zweck seinen Anführungsnamen.
> Der Anführungsname eines Ausdrucks ist der Name, den man bildet, indem man den fraglichen Ausdruck in Anführungszeichen setzt.
> Wenn ich also den Ausdruck »Paul schläft« benenne, dann verwende ich zu diesem Zweck diesen Anführungsnamen:
>
> ☞ »Paul schläft« ☜ .
>
> Denn dieser Anführungsname wird gebildet, indem man den fraglichen Ausdruck in Anführungszeichen setzt.
> Im Laufe dieses Arguments benenne ich den Ausdruck »Paul schläft«.
> Nun ist jeder Anführungsname, den ich verwende, jedenfalls ein Name.
> Also ist »Paul schläft« ein Name.
> Aber »Paul schläft« ist jedenfalls ein Satz.
> Also sind manche Sätze Namen.

(Beim Lesen dieses Arguments nehme man bitte zur Kenntnis, was das Argument besagt, und weniger, wie es aussieht. Mit anderen Worten: Man lese dieses Argument bitte wie jeden anderen Text auch und betrachte es nicht als eine bloße Ansammlung von Tintenklecksen.)

Das Argument *Zeichensalat* involviert einen Fehlschluss. Die spannende Frage ist nur: Wo? Zu einer Antwort auf diese Frage gelangen wir, indem wir zwei Betrachtungen anstellen. In einem ersten Schritt überlegen wir uns, welche Funktion die zeigenden Hände in diesem Argument eigentlich erfüllen. Offensichtlich dienen sie dazu, auf das zu verweisen, was sie einschließen. In diesem Sinn funktionieren sie ganz so wie ordinäre Anführungszeichen auch. Das, was die zeigenden Hände einschließen, ist eine Verkettung aus

> einem Anführungszeichen, den Buchstaben »P«, »a«, »u«, »l«, gefolgt von einem Leerzeichen, den Buchstaben »s«, »c«, »h«, »l«, »ä«, »f«, »t«, und einem weiteren Anführungszeichen.

Es ist wichtig zu bemerken, dass die beiden Anführungszeichen *selbst Teil dessen sind, worauf die zeigenden Hände verweisen*.

In einem zweiten Schritt betrachten wir nun das nachstehende, strukturell ganz ähnliche Argument, dessen Ungültigkeit so ins Auge sticht, dass es geradezu wehtut:

> Wenn ich eine Person benenne, verwende ich zu diesem Zweck ihren Eigennamen.
> Der Eigenname einer Person ist der Name, der ihr bei ihrer Taufe gegeben wird.

> Wenn ich also die Person Eduardo benenne, dann verwende ich zu diesem Zweck diesen Eigennamen:
>
> ☞ Eduardo ☜ .
>
> Denn dieser Eigenname ist der Name, der der fraglichen Person bei ihrer Taufe gegeben worden ist.
> Im Laufe dieses Arguments benenne ich die Person Eduardo.
> Nun ist jeder Eigenname, den ich verwende, jedenfalls ein Name.
> Also ist Eduardo ein Name.
> Aber Eduardo ist jedenfalls eine Person.
> Also sind manche Personen Namen.

Offensichtlich ist bereits die drittletzte Zeile dieses Arguments unhaltbar: Klarerweise ist Eduardo kein Name, geschweige denn eine Person *und* ein Name! Wenn wir die drittletzte Zeile also tatsächlich aus dem Vorhergehenden haben ableiten können – wie ja das Wörtchen »also« suggeriert – dann muss schon vorher etwas schiefgegangen sein. Die ersten beiden Prämissen sind ebenso unverdächtig wie die vierte, fünfte und sechste Prämisse. Wenn die drittletzte Zeile also tatsächlich aus dem Vorhergehenden folgt, dann bleibt als Schuldige nur die dritte Prämisse übrig, in der überhaupt das erste Mal von Eduardo die Rede ist. Ist diese Prämisse akzeptabel? Vor dem Hintergrund unserer Überlegung zur Funktion der zeigenden Hände können wir die dritte Prämisse auch so schreiben:

> Wenn ich also die Person Eduardo benenne, dann verwende ich zu diesem Zweck den Eigennamen »Eduardo«.

Diese Prämisse ist zweifellos wahr. Um über Eduardo zu sprechen, verwende ich natürlich den Namen »Eduardo«. Um nun – wie soeben geschehen – über den Taufnamen zu sprechen, den ich verwende, um mich auf Eduardo zu beziehen, erwähne ich diesen Taufnamen, indem ich einen Anführungsnamen für diesen Taufnamen verwende. Während Eduardos Taufname aus den Buchstaben »E«, »d«, »u«, »a«, »r«, »d« und »o« besteht, besteht der fragliche Anführungsname aus einem Anführungszeichen, gefolgt von den Buchstaben »E«, »d«, »u«, »a«, »r«, »d«, »o« sowie einem weiteren Anführungszeichen. Da ich Eduardos Taufnamen – und nicht etwa den Anführungsnamen seines Taufnamens – als denjenigen sprachlichen Ausdruck benennen will, den ich verwende, um mich auf Eduardo zu beziehen, schließen die zeigenden Hände nur die Buchstaben »E«, »d«, »u«, »a«, »r«, »d« und »o« ein – und nicht etwa irgendwelche Anführungszeichen. (Um hier gleich einen Zweifel auszuräumen: Die Hände zeigen nicht auf Eduardo!)

Entsprechend schließen nun die Anführungszeichen, die in unserer Reformulierung der dritten Prämisse an Stelle der zeigenden Hände vorkommen, ebenfalls nur diese sieben Buchstaben ein – und nicht etwa irgendwelche Anführungszeichen. *Trotzdem muss ich natürlich, um irgendwelche Aussagen über Eduardos Namen zu machen, Anführungszeichen oder zeigende Hände verwenden.* (Aber wohlgemerkt ist Anführungszeichen zu verwenden eines, und sie zu erwähnen etwas ganz anderes.)

Die einzig relevante Folgerung, die man aus den Prämissen ziehen kann, lautet demnach:

> Also ist »Eduardo« ein Name.

Der Schluss auf die drittletzte Zeile des Arguments hingegen, also auf

> Also ist Eduardo ein Name.

ist durch nichts legitimiert. *Non sequitur!* Ebensowenig gibt es eine logische Regel, die garantierte, dass das folgende Schema nur gültige Instanzen hat:

1	(1)	F*m*	Annahme
☹ 1	(2)	F*n*	1, [...]

Vor diesem Hintergrund können wir nun diagnostizieren, wo genau in unserem ursprünglichen Argument – also in *Zeichensalat* – der Fehler steckt: In der dritten Prämisse von *Zeichensalat* verwenden wir die zeigenden Hände, um uns auf den Namen eines Satzes zu beziehen – nicht etwa auf den Satz selbst. Deshalb schließen die zeigenden Hände nicht nur diesen Satz, sondern darüber hinaus Anführungszeichen ein. Wie gesagt, können wir dasselbe erreichen, indem wir an Stelle der zeigenden Hände Anführungszeichen verwenden. Demnach könnten wir die dritte Prämisse von *Zeichensalat* auch so schreiben:

> Wenn ich also den Ausdruck »Paul schläft« benenne, dann verwende ich zu diesem Zweck den Anführungsnamen »»Paul schläft««.

Wie ihre Vorgängerin ist auch diese Formulierung im Einklang mit dem, was wir über das Erwähnen von Ausdrücken und das Verwenden von Anführungsnamen gesagt haben. Die einzig relevante Schlussfolgerung, die ich nun aus den Prämissen ziehen kann, lautet:

> Also ist »»Paul schläft«« ein Name.

Was mir jedoch nicht gelingt, ist eine Legitimation der drittletzten Zeile von *Zeichensalat* – das heißt von:

> Also ist »Paul schläft« ein Name.

Und in der Tat ist ja »Paul schläft« kein Name, sondern ein Satz. Wir sehen also, dass in *Zeichensalat* der Übergang von den Prämissen zur drittletzten Zeile ein illegitimer Schritt ist – ein Fehlschluss eben, der sich dem Versäumnis verdankt, zwischen zwei bedeutungsverschiedenen Vorkommnissen eines Ausdrucks sauber zu unterscheiden: Vorkommnissen innerhalb und Vorkommnissen außerhalb von Anführungszeichen bzw. als Objekten des Zeigens und als Mittel der Bezugnahme auf einen Gegenstand.

23.2 Malheur mit Konditionalen

Wir wenden uns jetzt der zweiten Kategorie von Fehlschlüssen zu, mit denen wir uns beschäftigen wollen. In diese Kategorie gehören Fehlschlüsse, die sich einer **Verwechslung von Konditionalen** bzw. dem Versäumnis verdanken, zwei verschiedene Konditionale sauber auseinanderzuhalten. Solche Fehlschlüsse sind sehr weit verbreitet. Dies liegt zum Teil sicherlich daran, dass man oft nur ein diffuses Verständnis davon mit sich herumträgt, welche Anforderungen die Wahrheit eines Konditionals an die Wahrheitswerte seiner Teilsätze stellt. Zum Teil scheint es aber auch daran zu liegen, dass wir häufig wahrheitsfunktionale Zusammenhänge anzunehmen geneigt sind, wo immer es für den Erfolg eines Arguments erforderlich ist. Als Verfechter eines Arguments tun wir dies leider oft deshalb, weil wir von der Konklusion sowieso schon überzeugt sind und es uns nur noch darum geht, andere recht rasch an Bord zu holen. Als Adressaten eines Arguments tun wir dies leider oft deshalb, weil wir uns mit jemandem, der mit dem Brustton der Überzeugung Argumente für seine Thesen vorbringt, wenn überhaupt, dann eher nicht in Logik messen wollen, sondern allenfalls Zweifel an seinen Prämissen anmelden. Eine Defensive nach dem Motto »Ich gehe einfach von anderen Voraussetzungen aus« hat oftmals eine entwaffnernde Wirkung und führt darum leichter zum Erfolg als eine Defensive nach dem Motto »Hierin hast Du recht, aber darin eben nicht«. Doch genug spekuliert.

Jedenfalls ist hervorzuheben, dass die Fehlschlüsse, um die es hier geht, nicht dem Umstand geschuldet sind, dass man auch dort einen sinnfälligen Zusammenhang zwischen Antezedens und Konsequens vermutet, wo es für die Wahrheit des materialen Konditionals gar keine Rolle spielt. Mit anderen Worten, das Malheur mit Konditionalen, dem wir uns jetzt zuwenden, ist kein Ausfluss dessen, was wir in Kapitel 9.3 als **Paradoxien der materialen Implikation** kennen gelernt hatten. Vielmehr ist dieses Malheur das Ergebnis unzulässiger →-Beseitigungen, während die Paradoxien der materialen Implikation ausschließlich etwas mit der Frage zu tun hatten, welche Bedingungen hinreichend dafür sind, Konditionale einzuführen.

Hier ist nun ein erstes Beispiel für Fehlschlüsse dieser Art:

> **Hausverwalter I**
> Wenn dit jut isoliert is, dann hört man da jar nischt.
> Sehn Se, man hört nich' enen Piep.
> Dit is also jut isoliert.

Das Argument *Hausverwalter I* hat, wie unschwer zu erkennen ist, die folgende Form:

1	(1)	A → B	Annahme
2	(2)	B	Annahme
?	(3)	A	?

Hier wird aus einem Konditional und seinem Konsequens kurzerhand auf sein Antezedens geschlossen. Dass dies nicht zulässig ist, kann man sich leicht noch einmal anhand der Wahrheitstafel für das Konditional vergegenwärtigen:

A	B	A → B
W	W	W
W	F	F
F	W	W
F	F	W

Betrachten wir zunächst alle und nur diejenigen Fälle, in denen das Konditional »A → B« wahr sein kann. Das sind die in den Zeilen 1, 3 und 4 genannten Fälle. Jetzt suchen wir aus diesen Fällen diejenigen heraus, in denen das Konsequens B wahr ist. Das sind die in den Zeilen 1 und 3 genannten Fälle. Der in Zeile 3 genannte Fall ist nun aber ein Fall, in dem das Antezedens A jedenfalls falsch ist. *Hausverwalter I* schließt diesen Fall einfach aus, ohne dafür jedoch irgendeine Zusatzprämisse aufzubieten. Und natürlich mag es so sein, dass alle gut isolierten Wände den Schall perfekt dämpfen, und es mag sich darüber hinaus so treffen, dass gerade kein Piep zu hören ist – zum Beispiel, weil die Nachbarn im Urlaub sind – und dennoch mag es einfach nicht der Fall sein, dass die Wände meiner Wohnung gut isoliert sind. In der Tat könnten sie auch aus verputzten Strohballen bestehen: Dies würde im angenommenen Fall nicht notgedrungen etwas daran ändern, dass kein Piep zu hören ist und im Allgemeinen gut isolierte Wände perfekt den Schall dämpfen.

Das Argument *Hausverwalter I* erscheint wie der missglückte Versuch, den Modus ponendo ponens anzuwenden. Dieser Versuch scheitert, weil die Anwendung des Modus ponendo ponens hier eines ganz anderen Konditionals bedürfte, nämlich »B → A«. Tatsächlich steht aber nur das umgekehrte Konditional »A → B« als Prämisse zur Verfügung. Wir können den Fehlschluss, den *Hausverwalter I* darstellt, dementsprechend als einen Fehlschluss begreifen, der auf einer Verwechslung zweier Konditionale beruht bzw. darauf, dass nicht sauber zwischen »A → B« und »B → A« unterschieden wird.

Das Argument *Hausverwalter I* ist also ungültig. Dieses Schicksal teilt es mit dem folgenden Argument:

Hausverwalter II
Wenn dit im Mietvertrach drinstünde, dass Se den Dielenboden nich' abschleifen brauchen, dann gäb's och die volle Kaution zurück.
Dit steht aber nich' im Mietvertrach.
Also gibt's och nich' die volle Kaution zurück.

Dieses Argument exemplifiziert ein anderes, aber ebenso ungültiges Schlussmuster:

1	(1)	A → B	Annahme
2	(2)	~A	Annahme
?	(3)	~B	?

So wie *Hausverwalter I* der missratene Versuch war, den Modus ponendo ponens zur Anwendung zu bringen, so ist *Hausverwalter II* der glücklose Versuch, den Modus tollendo tollens zur Anwendung zu bringen. Wieder ist das Scheitern darauf zurückzuführen, dass die beiden Konditionale »A → B« und »B → A« nicht voneinander unterschieden werden. Hier wird nämlich ganz unverblümt aus dem Konditional »A → B« und der Negation seines Antezedens, d. h. »~A«, auf die Negation seines Konsequens, d. h. auf »~B«, geschlossen. Hätte es sich um das umgekehrte Konditional »B → A« gehandelt, wäre der Schluss von »~A« auf »~B« in der Tat in Ordnung gewesen. Aber solange nur »A → B« als konditionale Prämisse zur Verfügung steht, ist dieser Schluss freilich ganz und gar nicht in Ordnung. Dass dieser Schluss unzulässig ist, können wir uns wiederum anhand der Wahrheitstafel für das Konditional klarmachen:

A	B	A → B
W	W	W
W	F	F
F	W	W
F	F	W

Zunächst betrachten wir wieder alle und nur diejenigen Fälle, in denen das Konditional »A → B« wahr ist. Das sind die in den Zeilen 1, 3 und 4 genannten Fälle. Aus diesen Fällen suchen wir anschließend diejenigen heraus, in denen das Antezedens A falsch ist. Das sind die in den Zeilen 3 und 4 genannten Fälle. Da A genau dann falsch ist, wenn »~A« wahr ist, sind dies alle und nur diejenigen der genannten Fälle, in denen »~A« wahr ist. Aber der in Zeile 3 genannte Fall ist nun einer, in dem das Konsequens B wahr und seine Negation »~B« dementsprechend falsch ist. *Hausverwalter II* schließt diesen Fall einfach aus, ohne allerdings eine Prämisse anzuführen, die dies absicherte. Natürlich kann es sich nun aber so treffen – in der Tat verhält es sich so – dass das Nichtbestehen der Verpflichtung, bei Auszug die Kosten für das Abziehen des Dielenbodens zu übernehmen, im Mietvertrag nicht ausdrücklich genannt werden muss, damit diese Verpflichtung nicht besteht. Selbst wenn also im Mietvertrag nicht eigens vermerkt ist, dass keine derartige Verpflichtung besteht, dann heißt das noch nicht, dass diese Verpflichtung besteht und die Mietkaution verloren ist. Und daran ändert sich auch dann nichts, wenn außerdem gilt, dass ein ausdrücklicher Vermerk das Nichtbestehen einer solchen Verpflichtung garantierte.

Das Argument *Hausverwalter II* ist also so wie sein Vorgänger *Hausverwalter I* ungültig. Es gilt nicht, dass, wenn die Prämissen alle wahr sind, dann auch die Konklusion wahr ist, ganz gleich, was sonst noch der Fall oder nicht der Fall sein möge. Denn es lassen sich Fälle denken, in denen alle Prämissen wahr, die Konklusion jedoch falsch ist. Mit anderen Worten: Es lassen sich Gegenbeispiele gegen die Allgemeingültigkeit der Argumentschemata konstruieren, für die *Hausverwalter I* und *Hausverwalter II* jeweils Einsetzungen sind.

23.3 Quantorendschungel

Zum Schluss gehen wir noch auf Fehlschlüsse ein, die sich einer Verwechslung von Quantoren bzw. dem Versäumnis verdanken, zwei quantifizierte Sätze verschiedener Form sauber auseinanderzuhalten. Wir beginnen mit der Betrachtung eines allseits beliebten, aber dennoch ungültigen Schlussmusters, das durch das nachstehende Argument exemplifiziert wird:

> **Sippenhaft**
> Alles, was hier schief gelaufen ist – jedes Detail dieses Desasters – geht auf die Kappe von einem von Euch. Ihr tragt also die gesamte Verantwortung dafür. Das heißt, jeder einzelne von Euch trägt eine Teilschuld an dem, was da passiert ist.

Dass das Argument *Sippenhaft* logisch nicht gültig ist, sieht man am besten, wenn man es formalisiert:

Fx : x läuft schief
Gx : x gehört zur Gruppe
Hxy : x trägt die Schuld an y

| 1 | (1) | $\forall x(Fx \to \exists y(Gy \,\&\, Hyx))$ | Annahme |
| ? | (2) | $\forall y(Gy \to \exists x(Fx \,\&\, Hyx))$ | ? |

Selbst wenn es nun keine logische Regel gibt, deren *einmalige* Anwendung uns von (1) zu (2) führt, könnte es nicht gleichwohl ein Argument mit *mehreren* Beweisschritten geben, das die fragliche Folgebeziehung beweist? Die fragliche Folgebeziehung ist:

? $\quad \forall x(Fx \to \exists y(Gy \,\&\, Hyx)) \vdash \forall y(Gy \to \exists x(Fx \,\&\, Hyx)) \quad$?

Um diese Frage zu beantworten, müssen wir nur überprüfen, ob sich diese Folgebeziehung mit Hilfe der aussagen- und prädikatenlogischen Grundregeln beweisen lässt. Denn jede abgeleitete Regel kann mit Hilfe dieser Grundregeln hergeleitet werden. Bei dieser Überprüfung werden wir das Pferd von hinten aufzäumen und uns zunächst fragen, woraus wir in einem letzten Schritt die

Konklusion ableiten könnten. Da die Konklusion kein Teilsatz der Ausgangsprämisse und die Ausgangsprämisse kein Teilsatz der Konklusion ist, kommt für den letzten Schritt nur eine ∀-Einführung in Frage. Der letzte Schritt sähe also so aus:

1	(6)	$Gb \to \exists x(Fx \ \& \ Hbx)$	?
1	(7)	$\forall y(Gy \to \exists x(Fx \ \& \ Hyx))$	6, ∀-Einführung

Als nächstes fragen wir uns, woraus wir die Prämisse (6) gewinnen könnten. Wir wissen bereits, dass die Anwendung der ∀-Einführungsregel nur dann legitim ist, wenn diese Prämisse von keinerlei speziellen Annahmen über den beliebigen Gegenstand b abhängt. Zugleich bemerken wir, dass Prämisse (6) kein Teilsatz der Ausgangsprämisse und die Ausgangsprämisse kein Teilsatz der Prämisse (6) ist. Prämisse (6) muss demzufolge mittels der →-Einführungsregel gewonnen werden. Also müssen wir uns die Frage vorlegen, wie wir aus der Ausgangsprämisse und dem Antezedens von (6) auf das Konsequens von (6) schließen könnten.

1	(1)	$\forall x(Fx \to \exists y(Gy \ \& \ Hyx))$	Annahme
2	(2)	Gb	Annahme
1,2	(5)	$\exists x(Fx \ \& \ Hbx)$	?
1	(6)	$Gb \to \exists x(Fx \ \& \ Hbx)$	2, 5, →-Einführung
1	(7)	$\forall y(Gy \to \exists x(Fx \ \& \ Hyx))$	6, ∀-Einführung

Keine der Prämissen (1), (2) oder (5) taucht in den jeweils anderen als Teilsatz auf. Wir wissen also bereits, dass uns aussagenlogische Regeln allein noch nicht von (1) und (2) zu (5) führen können. Also ist das Einzige, was wir zunächst tun können, prädikatenlogische Regeln anzuwenden:

1	(1)	$\forall x(Fx \to \exists y(Gy \ \& \ Hyx))$	Annahme
2	(2)	Gb	Annahme
1	(3)	$Fa \to \exists y(Gy \ \& \ Hya)$	1, ∀-Beseitigung
2	(4)	$\exists xGx$	2, ∃-Einführung
1,2	(5)	$\exists x(Fx \ \& \ Hbx)$	?
1	(6)	$Gb \to \exists x(Fx \ \& \ Hbx)$	2, 5, →-Einführung
1	(7)	$\forall y(Gy \to \exists x(Fx \ \& \ Hyx))$	6, ∀-Einführung

Aber damit hat sich die ganze Angelegenheit auch schon erledigt. Denn mehr Annahmen dürfen wir laut Voraussetzung nicht ins Spiel bringen – das Konditional aus Zeile (3) können wir also nicht beseitigen – und alles, was uns der Existenzsatz aus Zeile (4) abzuleiten erlaubt, können wir bereits aus Zeile (2) ableiten – eine ∃-Beseitigung liefe also ins Leere. Es gibt nun aber keine Regel, die den Übergang von den Zeilen (1) bis (4) zu Zeile (5) legitimierte. Das Argument *Sippenhaft* ist also ungültig.

Was ist, intuitiv gesprochen, schiefgegangen? Ganz einfach: Ein Unschuldslamm mag Mitglied einer Gruppe sein – z. B. einer Reisegruppe – deren andere Mitglieder allesamt schwarze Schafe sind. Aber nur weil das Unschuldslamm mit schwarzen Schafen reist, wird es nicht zum schwarzen Schaf. Deswegen folgt aus der Tatsache, dass jedes Detail des Desasters auf die Kappe von Mitgliedern der Reisegruppe geht, noch keineswegs, dass jedes Mitglied dieser Reisegruppe eine

Teilschuld trifft. Der Fehler von *Sippenhaft* liegt in einer Verwechslung von Sätzen der Form »$\forall \underline{x} \exists \underline{y} Kxy$« mit Sätzen der Form »$\forall \underline{y} \exists \underline{x} Kxy$«. (Hier deutet die Unterstreichung den kleinen, aber feinen Unterschied an.)

Eine andere Verwechslung liegt der Argumentation zugrunde, die in der folgenden Erwiderung zum Ausdruck kommt:

> **Paranoia**
> Sieh mal, das, was Du hier anführst, mag zwar erklären, warum Deine Nachbarn nicht gut auf Dich zu sprechen sind, aber es erklärt doch nicht, warum Deine Autoreifen aufgeschlitzt worden sind und die Post nicht ankommt. – Willst Du etwa behaupten, das alles sei ein purer Zufall? Nichts von dem, was hier in den letzten Jahren passiert ist, ist zufällig passiert. Also muss es doch eine Erklärung geben, die all das erklärt, was hier in den letzten Jahren passiert ist.

Den Fehlschluss, der in *Paranoia* am Werk ist, trifft man leider häufig an. Welcher Natur dieser Fehlschluss ist, lässt sich wieder am besten dadurch zeigen, dass man das Argument formalisiert. Dabei gehen wir davon aus, dass das, was hier unter Zufallsgeschehen verstanden wird, ein Geschehen ist, das im intendierten Sinne keine Erklärung besitzt. Wenn nichts zufällig passiert, hat also alles, was passiert, eine Erklärung.

Fx : x ist in den letzten Jahren passiert
Gyx : y ist eine Erklärung für x

1	(1)	$\forall x(Fx \to \exists y(Gyx))$	Annahme
1	(2)	$\forall x \exists y(Fx \to Gyx)$	1, Exportation
?	(3)	$\exists y \forall x(Fx \to Gyx)$	?

Dem Anspruch nach müsste Zeile (3) aus Zeile (2) folgen. Aber das tut sie einfach nicht. Wie wir in Kapitel 19 bereits gesehen haben, gilt zwar die nachstehende Folgebeziehung:

> **(einseitige) Quantoren-Vertauschung**
>
> $\exists x \forall y Fxy \vdash \forall y \exists x Fxy$

Aber die umgekehrte Beziehung gilt eben nicht. Man kann z. B. nicht aus der Tatsache, dass jeder eine Mutter hat, folgern, dass es jemanden gibt, der eines jeden Mutter ist. Die Argumentation in *Paranoia* ist also logisch ungültig. Und die Verwechslung, die *Paranoia* antreibt, ist die Verwechslung zwischen Sätzen der Form »$\forall x \exists y Fxy$« und Sätzen der Form »$\exists y \forall x Fxy$«. Nur wenn man so unvorsichtig ist zu denken, die Wahrheit von Sätzen beider Formen liefe letztlich auf dasselbe hinaus, wird man darauf verfallen, Sätze der Form »$\exists y \forall x Fxy$« aus Sätzen der Form »$\forall x \exists y Fxy$« zu folgern.

Damit kommen wir zum Abschluss unserer Betrachtung logischer Fehlschlüsse. Wir haben in manchen Fällen gesehen, dass uns die logische Rekonstruktion umgangssprachlicher Argumente dabei helfen kann, den Anschein von Gültigkeit, den diese Argumente erwecken, zu durchbrechen, den Dingen auf den Grund zu gehen und aufzudecken, dass diese Argumente ihrem Anspruch nicht gerecht werden. Damit hat sich die von uns schrittweise entwickelte Logik als Leitfaden der Kritik bewährt.

24. Überzeugen oder Überreden?

Die Leitfrage des vierten und letzten Teils dieser Einführung in die Logik lautet »Wann kann ein Argument überzeugen?«. Um ansatzweise zu klären, worauf diese Frage zielt, werden wir in diesem Kapitel zunächst den Vorgang des **Überzeugens** von dem Vorgang des bloßen **Überredens** unterscheiden. Vor dem Hintergrund dieser Unterscheidung werden wir dann in den folgenden Kapiteln Kriterien dafür entwickeln, wann ein Argument überzeugen kann. Diese Kriterien liefern uns zugleich ein besseres Verständnis dessen, was mit der Rede von überzeugenden Argumenten überhaupt gemeint ist. In gewisser Hinsicht müssen wir also die Frage »Wann kann ein Argument überzeugen?« bereits beantworten, um zu einem hinreichend präzisen Verständnis davon zu gelangen, wonach sie eigentlich fragt. Diese Eigentümlichkeit teilt unsere Leitfrage mit anderen philosophischen Fragen, deren Beantwortung in der Explikation von Begriffen besteht, von denen sie selbst Gebrauch machen.

Wir werden uns also in diesem und den nachfolgenden Kapiteln unter anderem um eine Explikation des Begriffs der **Überzeugungskraft** bemühen. Jedoch sollte gleich zu Beginn darauf hingewiesen werden, dass es uns hier nur darum gehen wird, *notwendige* Bedingungen für die Überzeugungskraft von Argumenten anzugeben, und nicht etwa darum, dafür hinreichende Bedingungen zu formulieren. Mit anderen Worten wird es uns nur um die Formulierung von wahren Sätzen der folgenden Form gehen:

»Wenn ein Argument überzeugend ist, dann hat es Eigenschaft F«.

Dabei werden wir am Ende bewusst offen lassen, ob sich auf Grundlage all dieser Sätze dann ein wahrer Satz der folgenden Form spezifizieren lässt, der eine hinreichende Bedingung formuliert:

»Wenn ein Argument die Eigenschaften F_1 ... F_n hat, dann ist es überzeugend«.

Trotzdem wird unsere Suche nach weiteren, für die Überzeugungskraft eines Arguments notwendigen Bedingungen häufig ihren Ausgang von der Frage nehmen, ob die bis dahin identifizierten notwendigen Bedingungen zusammengenommen auch hinreichend sind. Sofern unsere Suche erfolgreich ist, erhält diese Ausgangsfrage natürlich eine negative Antwort. Allerdings werden wir unsere

Suche irgendwann schlicht abbrechen, ohne neuerlich eine Frage dieser Art zu stellen. Darum können wir nie beanspruchen, eine hinreichende Bedingung für die Überzeugungskraft von Argumenten angegeben zu haben.

Strenggenommen wird uns das in Aussicht gestellte argumentationstheoretische Erweiterungsset unseres logischen Werkzeugkastens also bestenfalls mit Kriterien ausstatten, anhand derer wir erkennen können, dass ein gegebenes Argument *nicht* überzeugt, sofern es nämlich eine bestimmte Eigenschaft *nicht* hat. (Haben wir den letztgenannten Umstand erkannt, brauchen wir anschließend nur noch den Modus tollendo tollens anzuwenden.) Weist ein Argument hingegen alle von uns genannten Eigenschaften auf, dann ist damit allein noch nicht bereits garantiert, dass es auch Überzeugungskraft besitzt. (Uns fehlt das erforderliche Konditional, um mittels Modus ponendo ponens von dem Vorliegen dieser Eigenschaften auf die Überzeugungskraft eines Arguments zu schließen.) Wir können also nicht erwarten, eine Bauanleitung für überzeugende Argumente an die Hand zu bekommen. Doch schon Auskünfte darüber, welche Bedingungen Argumente mindestens erfüllen müssen, um überzeugen zu können, sind eine große Hilfe. Und zwar nicht nur dann, wenn es darum geht, Argumente zu kritisieren, sondern auch dann, wenn es darum geht, selber Argumente zu konstruieren. Obwohl sie keine Erfolgsgarantie geben, können uns solche Kriterien nämlich immer noch dazu anleiten, bestimmte Quellen des Misserfolgs von vornherein auszuschalten.

Ein Argument besitzt nur in dem Maße Überzeugungskraft, in dem es als Mittel taugt, jemanden von seiner Konklusion zu *überzeugen*. Dass ein Argument ein geeignetes Mittel ist, jemanden dazu zu *überreden*, der Konklusion zuzustimmen, zeigt hingegen noch nicht, dass es Überzeugungskraft besitzt. Denn der Vorgang des Überzeugtwerdens unterscheidet sich von dem des bloßen Überredetwerdens. So wie man sich einen Gebrauchtwagen aufquatschen lässt, den zu kaufen man nie beabsichtigte und für dessen Kauf auch gar nichts spricht, so lässt man sich manchmal Meinungen aufschwatzen, mit denen man bisher nicht einmal liebäugelte und für die auch gar nichts spricht. In solchen Fällen wird man zur Zustimmung bloß überredet, ohne von dem, dem man zustimmt, wirklich überzeugt zu werden. Denn überzeugt zu werden, setzt mindestens voraus, dass es **Gründe** für das gibt, wovon man überzeugt wird. Es sind nämlich letzten Endes diese Gründe, die die »Überzeugungsarbeit« leisten.

Allerdings ist es für das Überzeugtwerden nicht allein entscheidend, dass es etwas gibt, was für die Meinungen spricht, die man sich zu Eigen macht. In der Tat kann es sehr gute Gründe geben, sich bestimmte Meinungen zu Eigen zu machen. Solange man sich aber von anderen zur Zustimmung bewegen lässt, ohne diese Gründe überhaupt zur Kenntnis zu nehmen oder ohne sich die fraglichen Meinungen dieser Gründe wegen zu Eigen zu machen, so lange ist diese Meinungsbildung das Ergebnis eines bloßen Überredetwerdens. Denn überzeugt zu werden, impliziert nicht nur, dass es Gründe für die fraglichen Meinungen gibt, sondern auch, dass man diese Gründe als solche identifiziert und dass man sich die fraglichen Meinungen *auf dieser Grundlage* bildet.

Manche besitzen das Talent, unter Aufbietung verschiedenster rhetorischer Mittel anderen die kritische Distanz zu nehmen, die für eine nüchterne und weitestgehend unvoreingenommene Beurteilung der verfügbaren Gründe und ihrer Stärke erforderlich wäre. Dabei braucht es diesen Verführern selbst weder bewusst zu sein, was sie da tun, noch müssen sie dabei zwangsläufig etwas Falsches sagen. Doch bei aller Aufrichtigkeit und Wahrheitstreue gelingt es ihnen dennoch nicht, andere zu überzeugen. Denn selbst wenn die verfügbaren Gründe tatsächlich stark genug sind und man tatsächlich dieser Gründe wegen zu der in Rede stehenden Meinung kommt, so kann gleichwohl nicht die Rede davon sein, man habe sich von der Richtigkeit dieser Meinung überzeugen lassen, solange der Blick auf die Gründe getrübt und die Beurteilung ihrer Stärke das Ergebnis von Vorurteilen, Augenwischerei oder rein subjektiven Vorlieben ist. Denn im Gegensatz zum bloßen Überredetwerden ist es für das Überzeugtwerden nun einmal erforderlich, dass man bei der Meinungsbildung von solchen Faktoren bewusst absieht und in aller Nüchternheit und so *unvoreingenommen* wie irgend möglich abwägt, was dafür- und was dagegenspricht, sich der relevanten Meinung anzuschließen. Diese nüchtern-distanzierte Abwägung muss dabei ein wirksames Moment im Meinungsbildungsprozess sein.

Das Überzeugtwerden weist also im Gegensatz zum bloßen Überredetwerden immer zumindest die folgenden vier Merkmale auf: Wann immer man von einer Meinung überzeugt wird,

- gibt es Gründe, die für diese Meinung sprechen,
- erkennt man, dass es diese Gründe gibt,
- bewahrt man kritische Distanz, aus der man so unvoreingenommen wie möglich die Güte dieser Gründe beurteilt,
- bildet man sich die fragliche Meinung, weil man erkennt, dass es diese Gründe gibt, und weil man in der genannten Weise die Güte dieser Gründe beurteilt.

Wann kann nun ein *Argument* als Mittel dazu dienen, jemanden in diesem Sinne davon zu überzeugen, die Konklusion des Arguments für wahr zu halten? Ein Argument besteht jeweils aus einer Menge von Prämissen und einer Konklusion, wobei das Argument den Übergang von den Prämissen zur Konklusion vollzieht. Irgendwo im Prozess des Überzeugtwerdens muss demnach der Übergang von den Prämissen zur Konklusion eine wesentliche Rolle dabei spielen können, dass jemand zu der begründeten Meinung gelangt, die Konklusion sei wahr.

Logisch gültige Argumente zeichnen sich dadurch aus, dass die Wahrheit ihrer Prämissen die Wahrheit ihrer Konklusion verbürgt: Sind alle Prämissen wahr, dann ist – was immer sonst noch der Fall sein mag oder nicht der Fall sein mag – die Konklusion jedenfalls auch wahr. Es war ein weiteres Charakteristikum logisch gültiger Argumente, dass sich diese logische Folgebeziehung zwischen Prämissen und Konklusion **a priori** feststellen lässt. Wir hatten vor dem Hintergrund dieser Überlegungen gesagt, dass Gründe für die Prämissen eines logisch gültigen Arguments immer auch Gründe für dessen Konklusion sind. Nun hatten wir bereits in Kapitel 2 gesehen, dass dieser Umstand begründungstechnisch von Vorteil sein kann, auch wenn die Wahrheit der Prämissen – wie im Regelfall – mehr erfordert als die Wahrheit der Konklusion. Denn Argumente bestehen meist aus mehr als nur einer Prämisse, und die jeweilige Begründung der einzelnen Prämissen mag oftmals leichter fallen als eine direkte Begründung der Konklusion. Folgt die

Konklusion logisch aus den Prämissen, können wir sie auf diesem indirekten Weg bequem begründen, auch wenn ihre direkte Begründung aussichtslos erscheinen sollte. Denn ist jede einzelne Prämisse begründet, brauchen wir keine weiteren Gründe anzuführen, um zu einer Begründung der Konklusion zu gelangen. Wir brauchen die Prämissen nur noch zu kombinieren und aus ihnen die Konklusion logisch zu folgern.

Es liegt darum nahe, logische Gültigkeit als eine notwendige Bedingung für die Überzeugungskraft von Argumenten zu postulieren, indem man die Rolle von Argumenten im Überzeugungsprozess wie folgt näher bestimmt:

Ein Argument dient nur insofern als Mittel, jemanden von seiner Konklusion zu überzeugen, als es im Kontext seiner Anwendung die Begründung der Konklusion auf die Begründung der Prämissen zu *reduzieren* erlaubt, indem es einen Weg vorzeichnet, auf dem man jedenfalls und ohne weitere Begründungslasten von den begründeten Prämissen zur begründeten Konklusion gelangt.

Im letzten Kapitel hatten wir logische Fehlschlüsse kennen gelernt, nämlich logisch ungültige Argumente, die gleichwohl den Anspruch erhoben, logisch gültig zu sein. Diesen Argumenten fehlte in der Tat jede Überzeugungskraft. Damit ist aber noch nicht bereits erwiesen, dass ein Argument nur dann überzeugen kann, wenn es auch logisch gültig ist. Es gibt viele Argumente – sogenannte **induktive Argumente** – deren Konklusion keine logische Folge der Gesamtheit ihrer Prämissen ist, die aber des ungeachtet überzeugend sind, insofern die Wahrheit der Prämissen die Konklusion wahrscheinlich macht. Ein Beispiel hierfür ist das folgende Argument:

> Heute ist die Sonne aufgegangen.
> Gestern ist die Sonne aufgegangen.
> Vorgestern ist die Sonne aufgegangen.
> Vorvorgestern ist die Sonne aufgegangen.
> ...
> Also geht morgen die Sonne auf.

Wie weit wir auch in der Zeit zurückgehen, aus der Wahrheit der Konjunktion aller Prämissen wird niemals logisch folgen, dass die Konklusion ebenfalls wahr ist. Denn es ist ja zumindest denkmöglich, dass dank einer kosmischen Veränderung die Sonne morgen nicht mehr aufgeht, obwohl sie bislang jeden Tag aufgegangen ist. Die Begründung der Konklusion reduziert sich demnach nie vollständig auf die Begründung der Prämissen. Oder zumindest ist der vorgezeichnete Weg, der von den begründeten Prämissen zur begründeten Konklusion führt, keineswegs immer frei von zusätzlichen Begründungslasten. Führte jemand Gründe dafür an, kosmische Veränderungen der genannten Art zu erwarten, so müssten wir diese Gründe erst einmal entkräften. Trotzdem ist das genannte Argument – so wie die Dinge nun einmal liegen – durchaus überzeugend. Denn dass die Sonne in der Vergangenheit jeden Tag von neuem aufgegangen ist, macht es sehr *wahrscheinlich*, dass sie es auch morgen tut, zumal wir gar keinen Grund zu der Vermutung haben, es könnte derart gravierende kosmische Veränderungen geben, die dies verhinderten. Unsere vorläufige Bestimmung der Rolle, die Argumente beim Überzeugen spielen können, kann demnach nicht uneingeschränkt gelten.

Im Unterschied hierzu waren die **logisch ungültigen Argumente**, die wir im vorhergehenden Kapitel kennen gelernt haben, keineswegs überzeugend. Denn im Gegensatz zu dem soeben genannten induktiven Argument erhoben sie den Anspruch, logisch gültig zu sein. Das heißt: Zumindest dem Anspruch nach sollten ihre Prämissen die Wahrheit ihrer Konklusion nicht bloß wahrscheinlich machen, sondern verbürgen. Und sobald ein Argument mit diesem Anspruch verbunden ist, kann es nur dann überzeugen, wenn sich dieser Anspruch auch einlösen lässt. Warum? Nun, weil der Anspruch auf logische Gültigkeit immer auch der Anspruch darauf ist, dass sich die Begründung der Konklusion auf die Begründung der Prämissen reduzieren lässt. Sofern uns ein Argument, mit dem dieser Anspruch verbunden wird, von seiner Konklusion überzeugen soll, bemisst sich sein diesbezüglicher Erfolg daran, ob es unmöglich ist, über Gründe für die Prämissen zu verfügen, ohne über Gründe für die Konklusion zu verfügen.

Argumente, die sich den Anstrich geben, logisch gültig zu sein, können nur dann überzeugen, wenn sie tatsächlich logisch gültig sind. Für solche Argumente ist logische Gültigkeit also eine notwendige Bedingung ihrer Überzeugungskraft. Es gilt also dementsprechend:

> Ein Argument, das logische Gültigkeit beansprucht, ist nur dann ein Mittel, jemanden von seiner Konklusion zu überzeugen, wenn es tatsächlich logisch gültig ist und also im Kontext seiner Anwendung die Begründung der Konklusion auf die Begründung der Prämissen zu reduzieren erlaubt, indem es einen Weg vorzeichnet, auf dem man jedenfalls und ohne weitere Begründungslasten von den begründeten Prämissen zur begründeten Konklusion gelangt.

Dass logische Gültigkeit für die Überzeugungskraft eines solchen Arguments jedoch keineswegs hinreichend ist, erhellt schon daraus, dass ein Argument logisch gültig sein kann, obwohl rein gar nichts für seine Prämissen spricht, ja diese Prämissen sogar offenkundig falsch sind. Die **Überzeugungskraft eines Arguments**, so hatten wir gesagt, bemisst sich daran, in welchem Maße es als Mittel taugt, uns **von seiner Konklusion zu überzeugen**. Ein Argument kann uns nur dann von seiner Konklusion überzeugen, wenn es uns Gründe für diese Konklusion liefert. Solche Gründe kann es uns jedoch nur liefern, wenn bereits etwas für seine Prämissen spricht. Hiervon ausgenommen sind allein solche Argumente, die Theoreme beweisen, deren Konklusionen also von keinerlei Annahmen abhängen. Jedes andere Argument, das den Anspruch erhebt, logisch gültig zu sein, ist dementsprechend nur dann überzeugend, wenn es etwas gibt, das für seine Prämissen spricht. Der Nachweis, dass ein gegebenes Argument seinem Anspruch auf logische Gültigkeit gerecht wird, verrät jedoch noch gar nichts darüber, welche Einstellung man hinsichtlich seiner Prämissen einnehmen sollte. Dementsprechend verrät uns dieser Nachweis ebensowenig darüber, welche Einstellung man im Hinblick auf seine Konklusion einnehmen sollte.

Nun liegt es nahe, neben der logischen Gültigkeit eines Arguments außerdem seine **Schlüssigkeit** zu fordern, damit es als überzeugend gelten könne. Denn was könnte für die Prämissen sprechen, wenn nicht ihre Wahrheit? Und bedarf es nicht sowieso der Wahrheit der Prämissen, um aus ihnen in verlässlicher Weise Wahres zu folgern? So berechtigt diese Fragen auch sein mögen, die nahegelegte Anforderung an überzeugende Argumente schießt deutlich übers Ziel hinaus. Ein Argument mag nämlich auch dann überzeugen, wenn es tatsächlich auf eine falsche Konklusion führt. Denn die Prämissen eines Arguments mögen zu einem bestimmten Zeitpunkt wohlbegründet sein, obwohl sich später herausstellt, dass manche von ihnen tatsächlich falsch sind und stets falsch waren. Und es ist überhaupt nicht einzusehen, warum ein logisch gültiges Argument, dessen Prämissen wohlbegründet sind, nicht mehr sein kann als ein Instrument bloßer Überredungskunst.

In der Tat gibt uns die Geschichtsschreibung unserer eigenen kognitiven Anstrengungen darin recht, auch solche Argumente als überzeugende Argumente anzuerkennen, deren Prämissen wohlbegründet, wenngleich tatsächlich falsch sind. Wenn wir uns in der Vergangenheit etwa dazu haben bewegen lassen, der Konklusion eines Arguments zuzustimmen, die sich heute als falsch herausstellt, werden wir uns in dem Maße gegen den Vorwurf verwahren, wir hätten uns bloß bequatschen lassen, in dem wir uns damals von Gründen leiten ließen. Denn dass sich die Gründe, die wir damals für die Prämissen hatten, heute als irreführend herausstellen, bedeutet weder, dass sie keine eigentlichen Gründe waren, noch, dass wir voreingenommen oder unkritisch waren, als wir ihre Güte beurteilten. Die damalige Beweislage mag schlicht keine andere Haltung zugelassen haben – oder doch zumindest keine andere Haltung privilegiert haben – als die, sich auf die Prämissen und damit auch auf ihre Konklusion festzulegen.

Ebensowenig ist die Schlüssigkeit eines Arguments jedoch eine hinreichende Bedingung für seine Überzeugungskraft. Denn die Wahrheit der Prämissen allein garantiert noch nicht, dass wir uns ihrer Wahrheit anhand von *Gründen* vergewissern können. Für das Überzeugtwerden ist es nun aber gerade entscheidend, dass einem solche Gründe zur Verfügung stehen. In der Tat werden wir in Kapitel 25 drei Arten von logisch gültigen Argumenten kennenlernen, die auch unter der Voraussetzung ihrer Schlüssigkeit jegliche Überzeugungskraft vermissen lassen.

Ob es Gründe für die Prämissen eines logisch gültigen Arguments gibt und wie gut diese Gründe sind, hängt offenkundig von der jeweiligen Beweislage ab und kann nicht immer allgemein und kontextunabhängig oder gar a priori beantwortet werden. In diesem Sinne ist die Überzeugungskraft von Argumenten – anders als ihre logische Gültigkeit – keine absolute Eigenschaft dieser Argumente, zumindest dann nicht, wenn man Argumente als aus Sätzen gebildete Strukturen begreift. Es empfiehlt sich deshalb, statt Argumente einzelne **Anwendungen von Argumenten** in den Blick zu nehmen. Allerdings werden wir es im Folgenden ausschließlich mit Argumenten zu tun haben, von denen bereits unabhängig vom Kontext feststeht, dass keine ihrer Anwendungen Überzeugungskraft besitzt. Allein aus diesem Grund werden wir unsere bisherige Redeweise bis auf weiteres beibehalten. Wir werden sie erst dann in der genannten Weise anpassen, wenn wir uns in Kapitel 26 der Formulierung allgemeiner Kriterien für Überzeugungskraft zuwenden.

Bevor wir jedoch Kapitel 25 in Angriff nehmen und logisch gültige und potentiell schlüssige, aber gleichwohl kraftlose Argumente betrachten, sei an dieser Stelle noch eine ergänzende Bemerkung zu der Rolle gemacht, die überzeugende Argumente beim Vorgang des Überzeugens spielen können müssen. Wir hatten festgehalten, dass für die angemessene Einschätzung der Güte oder Schlagkraft von Gründen eine gewisse Unvoreingenommenheit erforderlich ist. Es soll nun noch einmal versucht werden zu präzisieren, worauf dies beim Einsatz von Argumenten unter anderem hinausläuft:

> Wenn ein Argument im Kontext seiner Anwendung dazu beitragen kann, eine Person von seiner Konklusion zu überzeugen, dann darf die Zustimmung, zu der es diese Person gegebenenfalls veranlasst, nicht davon abhängen, dass die betreffende Person der Konklusion bereits zustimmt, bevor sie den von dem Argument vorgezeichneten Schluss auf die Konklusion zieht.

Mit anderen Worten: Die Anwendung eines Arguments besitzt nur dann Überzeugungskraft, wenn es möglich ist, auf seiner Grundlage *zum ersten Mal* zu der begründeten Meinung zu gelangen, die Konklusion sei wahr. Noch anders gewendet: Ein Argument kann im Kontext seiner Anwendung nur dann von seiner Konklusion überzeugen, wenn es ebenso jemanden hiervon überzeugen kann, der bis dahin zur Konklusion noch gar keine positive Einstellung eingenommen hat. Dies scheint trivial; und Entsprechendes trifft natürlich auch auf alle anderen Überzeugungsmittel zu. Aber im Fall von Argumenten entfaltet diese Anforderung einige interessante Facetten, welche die Beziehungen betreffen, die zwischen der Konklusion, den Prämissen und den Gründen, die sich für diese Prämissen anführen lassen, bestehen, und die jeweils beim Namen zu nennen keine ganz so triviale Angelegenheit mehr ist.

Wie wir in Kapitel 26 sehen werden, lässt sich diese allgemeine Anforderung dementsprechend ausdifferenzieren und präzisieren. Wir gelangen so zu drei voneinander verschiedenen Kriterien für die Überzeugungskraft von Argumenten. Zunächst wollen wir jedoch im nachfolgenden Kapitel 25 anhand ausgewählter Beispielargumente plausibilisieren, dass gelungenes Argumentieren entsprechender Kriterien bedarf.

25. Kraftlose Argumente

In diesem Kapitel werden wir **drei Typen von Argumenten** kennenlernen, die zwar logisch gültig und sogar potentiell schlüssig sind, von deren mangelnder Überzeugungskraft wir uns aber bereits vorab vergewissern können. Die angeführten Beispiele sollen uns dann dabei anleiten, im nachfolgenden Kapitel gezielt Kriterien dafür zu formulieren, wann allein ein Argument überzeugen kann.

25.1 Grob-zirkuläre Argumente

In die erste Kategorie logisch gültiger (und unter Umständen sogar schlüssiger) Argumente, denen jegliche Überzeugungskraft abgeht, gehören **grob-zirkuläre Argumente**. Grob-zirkuläre Argumente zeichnen sich dadurch aus, dass eine ihrer Prämissen mit der Konklusion entweder identisch oder aber bedeutungsgleich ist. Diese Argumente heißen zirkulär, weil man, um eine ihrer Prämissen für wahr zu halten, bereits ihre Konklusion für wahr halten muss, sie aber (in entsprechenden Anwendungskontexten) den Anschein erwecken, als könne man sich auf dem von ihnen vorgezeichneten Weg allererst von der Konklusion überzeugen. Bei diesem Unterfangen drehte man sich also im Kreise. *Gutgläubig* ist das Paradebeispiel eines grob-zirkulären Arguments:

> **Gutgläubig**
> Der Papst ist aufrichtig. Also lügt der Papst nicht.

Dieses Argument ist sicherlich logisch gültig: Ist seine Prämisse wahr, dann ist – ganz gleich, was sonst noch der Fall oder nicht der Fall sein mag – seine Konklusion ebenfalls wahr. Dementsprechend ist jeder Grund für die Prämisse ebenfalls ein Grund für die Konklusion. Es lassen sich zudem problemlos Szenarien denken, in denen die Prämisse dieses Arguments außerdem wahr ist. Doch auch unter diesen Umständen – unter Umständen also, unter denen das Argument schlüssig ist – besitzt *Gutgläubig* keinerlei Überzeugungskraft. Natürlich mag man sich davon überzeugen lassen können, dass der Papst aufrichtig ist und also nicht lügt. Trotzdem kann dieses Argument auch dann nicht dazu dienen, sich von etwas zu überzeugen, von dem man nicht bereits überzeugt ist, noch bevor man den Übergang von seiner Prämisse zu seiner Konklusion vollzieht. *Gutgläubig* kann bestenfalls dazu dienen herauszustellen, worauf man sich festlegt, wenn man sich auf die Wahrheit seiner Prämisse festlegt. Jemand, der den Zweifel hegt, der Papst sei ein Lügner, wird sich auch nicht ansatzweise dadurch vom Gegenteil überzeugen lassen, dass man ihm *Gutgläubig* vorlegt und ihm versichert, die Prämisse sei wohlbegründet. Und hat sich ein solcher Zweifler erst einmal davon überzeugt, dass die Prämisse wohlbegründet ist, dann hat er an der Schlussfolgerung, die *Gutgläubig* vollzieht, gar kein Interesse mehr: Sein Zweifel ist dann bereits gestillt.

Dass die Schlussfolgerung, die das Argument *Gutgläubig* vollzieht, keinen Beitrag leistet, sobald es darum geht, jemanden von seiner Konklusion zu überzeugen, liegt daran, dass die beiden Sätze »Der Papst ist aufrichtig« und »Der Papst lügt nicht« zwar eine jeweils verschiedene aussagenlogische Form aufweisen – im Gegensatz zum erstgenannten Satz ist der zweitgenannte Satz eine Negation – aber gleichwohl dasselbe ausdrücken – aufrichtig zu sein, heißt eben nicht mehr und nicht weniger, als nicht zu lügen. Demzufolge hat *Gutgläubig* gegenüber Argumenten der folgenden Form keine nennenswerten Vorzüge:

A
Also A.

In der Tat beruht der Nachweis der logischen Gültigkeit von *Gutgläubig* genau darauf, dass es sich dank der Bedeutungsgleichheit von Prämisse und Konklusion in ein Argument dieser Form übersetzen lässt. Dass Argumente dieser Form logisch gültig sind, lässt sich problemlos mit aussagenlogischen Mitteln beweisen:

1	(1)	A	Annahme
	(2)	A → A	Theorem, Beweis 16
1	(3)	A	1, 2, MPP

Das Argument *Gutgläubig* ist als Überzeugungsmittel offenkundig ungeeignet. Eine etwas elaboriertere Variante grob-zirkulären Räsonnements wird durch das folgende Argument beispielhaft vorgeführt:

> **Homophob**
> Keinem Homosexuellen darf erlaubt werden, auf verantwortungsvollem Regierungsposten zu arbeiten. Deshalb wird jeder, der auf einem solchen Posten arbeitet und als homosexuell entlarvt wird, seinen Job verlieren. Dementsprechend wird jeder Homosexuelle auf einem solchen Posten alles tun, nur um seine Homosexualität zu verheimlichen, und dadurch erpressbar sein. Folglich darf Homosexuellen keinesfalls Zugang zu verantwortungsvollen Regierungsposten gestattet werden.

(Quelle: www.infidels.org/news/atheism/logic.html#begging, 2004). Anders als *Gutgläubig* besteht *Homophob* aus mehr als nur einer Prämisse und umfasst mehr als nur einen Beweisschritt. Im Gegensatz zu *Gutgläubig* kann dieses Argument jedoch nicht schon dadurch als logisch gültig erwiesen werden, dass man Bedeutungsgleichheiten ausschlachtet. Vielmehr weist *Homophob* das auf, was in Kapitel 2 eine argumentative oder logische Lücke genannt wurde. Allerdings lassen sich diese Lücken unter Zuhilfenahme zusätzlicher allquantifizierter Prämissen schließen, deren Wahrheit und deren Begründetheit wir zum Zwecke unserer Betrachtungen durchaus annehmen dürfen. Die Kraftlosigkeit des Arguments liegt nicht etwa darin begründet, dass es diese Lücken aufweist oder dass sich kein passendes Set von Lückenschließern begründen lässt. Vielmehr vermag *Homophob* auch dann nicht von seiner Konklusion zu überzeugen, wenn wir es vervollständigen und schlicht voraussetzen, es gebe für die erforderlichen Zusatzprämissen gute Gründe. Denn so wie im Fall von *Gutgläubig* taucht auch hier das, was die Konklusion besagt, bereits in Form einer Prämisse auf. Wenn sich jemand durch dieses Argument dazu bewegen lässt, der Konklusion zuzustimmen, dann wird diese Zustimmung also notgedrungen davon abhängen, dass er das, was die Konklusion besagt, bereits akzeptiert hat, noch bevor er im Einklang mit dem Argument auf die Konklusion schließt. Denn wenn er nicht einmal die Prämissen des Arguments akzeptiert, dann kann auch keine Rede davon sein, er gelange auf dem von dem Argument vorgezeichneten Weg zu dessen Konklusion. Akzeptiert er jedoch alle Prämissen, dann wird er auf diesem Weg nicht zum ersten Mal dahingelangen, dem, was die Konklusion besagt, zuzustimmen. *Homophob* taugt demnach nicht als Mittel dafür, jemanden davon zu überzeugen, dass Homosexuellen keinesfalls Zugang zu verantwortungsvollen Regierungsposten gestattet werden darf.

25.2 Subtil-zirkuläre Argumente

Die zweite Gruppe zwar potentiell schlüssiger, jedoch kraftloser Argumente, der wir uns hier zuwenden wollen, ist die Gruppe der **subtil-zirkulären Argumente**. Subtil-zirkuläre Argumente unterscheiden sich von grob-zirkulären Argumenten darin, dass in ihnen das, was die Konklusion besagt, nicht bereits in Form einer der Prämissen auftaucht. Trotzdem sind sie zirkulär, weil man im Verlauf des Begründungsprozesses, den diese Argumente vorzeichnen, an irgendeiner Stelle bereits der Konklusion zustimmen muss, um diesen Prozess bis zum Ende zu durchlaufen. Worin die Zirkularität dieser Argumente besteht, ist nicht ganz so einfach zu sagen. Das folgende Beispiel eines subtil-zirkulären Arguments mag jedoch ansatzweise verdeutlichen, worin die fragliche Zirkularität besteht:

> **Thermohöhenmesser**
> Das Wasser hat jetzt eine Temperatur von rund 100 Grad Celsius. Denn es siedet. Wenn das Wasser aber bei einer Temperatur von rund 100 Grad Celsius siedet, dann befinden wir uns etwa auf Höhe des Meeresspiegels. Also befinden wir uns etwa auf Höhe des Meeresspiegels.

Auch dieses Argument weist so, wie es dasteht, logische Lücken auf. Allerdings ist relativ offensichtlich, wie wir diese Lücken schließen können:

1	(1)	Wenn das Wasser siedet, dann hat es eine Temperatur von rund 100 Grad Celsius.	Annahme
2	(2)	Das Wasser siedet.	Annahme
3	(3)	Wenn das Wasser siedet und eine Temperatur von rund 100 Grad Celsius hat, dann befinden wir uns etwa auf Höhe des Meeresspiegels.	Annahme
1,2	(4)	Das Wasser hat eine Temperatur von rund 100 Grad Celsius.	1, 2, MPP
1,2	(5)	Das Wasser siedet und hat eine Temperatur von rund 100 Grad Celsius.	2, 4, &-Einf.
1,2,3	(6)	Wir befinden uns etwa auf Höhe des Meeresspiegels.	3, 5, MPP

Dieses Argument, das insgesamt drei Beweisschritte umfasst, ist aussagenlogisch gültig. Unter der Voraussetzung von Zusatzprämisse (1) lässt sich das Argument *Thermohöhenmesser* also als aussagenlogisch gültig erweisen. Damit wir uns mittels dieses Arguments von der Konklusion überzeugen lassen können, muss freilich gewährleistet sein, dass sich diese Zusatzprämisse begründen lässt. Und hier stoßen wir nun auf ein Problem: Die einzig bekannte Begründung dafür anzunehmen, das Sieden des Wassers sei ein Anzeichen dafür, dass es eine Temperatur von rund 100 Grad Celsius hat, rekurriert auf die Annahme, dass wir uns etwa auf Höhe des Meeresspiegels befinden. Anders formuliert: Nur wenn wir uns etwa auf Höhe des Meeresspiegels befinden, kann das Sieden des Wassers als ein Grund für die Annahme angesehen werden, es habe eine Temperatur von 100 Grad Celsius. Aber es war gerade die These, wir befänden uns etwa auf Höhe des Meeresspiegels, zu deren Begründung wir mit Hilfe des Arguments allererst gelangen wollten. Um die Zusatzprämisse (1) als begründet einstufen zu können, müssen wir also das, was die Konklusion besagt, bereits akzeptieren. Das, was die Konklusion besagt, kann aber nicht durch sich selbst begründet werden. Auch nach seiner Vervollständigung zu einem logisch gültigen Argument ist also *Thermohöhenmesser* als Mittel des Überzeugens ungeeignet.

Ganz ähnlich steht es mit dem folgenden Argument, dessen Zirkularität noch deutlicher ins Auge sticht:

> **Fata Morgana**
> Am Horizont zieht eine Karawane vorbei. Denn man kann einen dunklen Streifen am Horizont sehen. Wenn da aber eine Karawane vorbeizieht, dann ist das, was am Horizont zu sehen ist, keine bloße Luftspiegelung, die meine Sinne täuscht. Also ist das, was da am Horizont zu sehen ist, keine bloße Luftspiegelung, die meine Sinne täuscht.

Auch hier bedürfen wir einer Zusatzprämisse, um logische Gültigkeit herzustellen. Diese Zusatzprämisse lautet:

> Wenn man einen dunklen Streifen am Horizont sehen kann, dann zieht am Horizont eine Karawane vorbei.

Welche Gründe könnte es geben, dieser Prämisse Glauben zu schenken, wenn nicht Gründe, die unter anderem die These legitimieren, auf bloßen Luftspiegelungen beruhende Sinnestäuschungen könnten getrost ausgeschlossen werden? Denn solange solche Sinnestäuschungen nicht ausgeschlossen werden können, kann man am Horizont wahrgenommene dunkle Streifen nicht ohne weiteres als untrügliches Indiz dafür werten, dass am Horizont tatsächlich eine Karawane vorbeizieht. Dass man derartige Streifen als ein solch untrügliches Indiz werten kann, ist nun gerade das, was die Zusatzprämisse behauptet. Sofern diese Zusatzprämisse begründet ist, muss also bereits ausgeschlossen werden können, dass mit Luftspiegelungen zu rechnen ist, die meine Sinne täuschen. In das Zugeständnis, die Zusatzprämisse sei begründet, fließt also immer schon die Zustimmung zu der dann geschlussfolgerten These ein, das, was am Horizont zu sehen sei, täusche meine Sinne jedenfalls nicht.

Beispiele für eher philosophisch motivierte Argumente, deren Kraftlosigkeit sich jedoch in strukturell analoger Weise manifestiert, sind die folgenden beiden anti-skeptischen Argumente:

> **Zweifellos I**
> Dort steht ein Baum. Dies verraten mir meine Sinne. Wenn dort aber tatsächlich ein Baum steht, dann gibt es eine physikalische Wirklichkeit, und nicht alles ist ein bloßer Traum. Denn Bäume sind nun einmal physikalische Gegenstände. Also gibt es eine physikalische Wirklichkeit, und nicht alles ist ein bloßer Traum.

> **Zweifellos II**
> Hier stand einmal vor rund zwei Millionen Jahren ein Wald. Dies verraten mir die Spuren im Gestein. Wenn hier aber vor rund zwei Millionen Jahren tatsächlich ein Wald stand, dann ist die Vergangenheit real und keine bloße Konstruktion aus dem, was wir Spuren der Vergangenheit nennen. Also ist die Vergangenheit real und keine bloße Konstruktion aus dem, was wir Spuren der Vergangenheit nennen.

Während *Zweifellos I* den Anspruch erhebt, den Außenweltskeptizismus zu widerlegen, schickt sich *Zweifellos II* an, Zweifel an der Realität der Vergangenheit auszuräumen. Um eine Prämisse vervollständigt haben sie die folgende logische Form:

1	(1)	A → B	Annahme
2	(2)	A	Annahme
1,2	(3)	B	1, 2, MPP
4	(4)	B → C	Annahme
1,2,4	(5)	C	3, 4, MPP

Beide Argumente gehen davon aus, dass bestimmte Sachverhalte – Sinneseindrücke bzw. Formationen im Gestein – verlässlich Auskunft über die Beschaffenheit einer Wirklichkeit geben, deren Existenz sie dann daraus folgern. Und beide Argumente sind kraftlos, weil ausschließlich unter der Voraussetzung, *dass* die fragliche Wirklichkeit auch existiert, davon ausgegangen werden kann, dass uns die genannten Sachverhalte etwas darüber verraten können, *wie* diese Wirklichkeit beschaffen ist. Um uns im ersten Beweisschritt auf alle dafür erforderlichen Prämissen stützen zu können, müssen wir demnach die Konklusion des zweiten Beweisschritts schon akzeptieren. Die Hintereinanderschaltung beider Beweisschritte taugt demnach kaum als ein Mittel dafür, uns von dieser Konklusion allererst zu überzeugen.

25.3 Dogmatische Argumente

Die letzte Kategorie von kraftlosen, wenngleich potentiell schlüssigen Argumenten, mit der wir uns hier beschäftigen wollen, ist die der **dogmatischen Argumente**. Hier erscheint die Konklusion zwar nicht als eine der Prämissen – wie bei den grob-zirkulären Argumenten. Und das jeweilige Zugeständnis, dass die Prämissen begründet sind, setzt auch nicht bereits die Zustimmung zur Konklusion voraus – wie bei den subtil-zirkulären Argumenten. Und dennoch ist etwas an der Annahme faul, die Konklusion ließe sich auf dem Weg über eine Begründung der Prämissen ihrerseits begründen. Ein Beispiel für dogmatische Argumente ist das folgende Argument:

> **Vernagelt**
> Wie ich aus der Internationalen Unabhängigen Zeitung erfahren habe, gibt es eine weltweite Verschwörung von global operierenden Lebensmittelherstellern, die sich gegen die Armen dieser Welt richtet. Alle anderslautenden Berichte in anderen Medien, die entweder nahelegen, es gebe keine derartige Verschwörung, oder schlicht so tun, als existierte eine derartige Verschwörung nicht, sind folglich irreführend, und man sollte ihnen darum in dieser Hinsicht keinen Glauben schenken. In der Tat gehören alle in anderen Medien erschienenen Berichte in eine der beiden Kategorien: Entweder legen sie nahe, es gebe keine Verschwörung, oder sie tun so, als existierte keine solche Verschwörung. All diese Berichte sind also irreführend, und man sollte ihnen dementsprechend in dieser Hinsicht keinen Glauben schenken. Damit erweist sich einmal mehr, dass die IUZ die einzige wirklich verlässliche Zeitung auf diesem Planeten ist.

Dieses Argument schlachtet zunächst den Umstand aus, dass aus der Wahrheit einer Aussage A folgt, dass alle verfügbaren Gründe, die gegen A oder wenigstens nicht für A sprechen, in dem Sinne irreführend sind, als A ihrer ungeachtet wahr ist. Der erste Teil des Arguments lässt sich in diesem Sinne wie folgt formalisieren und prädikatenlogisch legitimieren:

1	(1)	A	Annahme
2	(2)	(Fa v Ga) & ~A	Annahme
2	(3)	~A	2, &-Beseitigung
1,2	(4)	A & ~A	1, 3, &-Einführung
1	(5)	~((Fa v Ga) & ~A)	2, 4, RAA
1	(6)	(Fa v Ga) → A	5, Folge, **Beweis 11b**
1	(7)	$\forall x$((Fx v Gx) → A)	6, $\forall$-Einführung

Hier ist A die Aussage, es gebe eine weltweite Verschwörung von global operierenden Lebensmittelherstellern, die sich gegen die Armen dieser Welt richtet. »Fx« steht für das komplexe Prädikat »x spricht entweder dagegen oder lässt unerwähnt, dass A wahr ist«; und »Gx« steht für »x erscheint in der IUZ«.

Im zweiten Teil von *Vernagelt* wird dann aus diesem Zwischenergebnis und der Tatsache, dass – bis auf den Bericht in der IUZ – alle verfügbaren Gründe tatsächlich gegen oder doch zumindest nicht für A sprechen, gefolgert, dass diese Gründe irreführend sind, dass also A ihrer ungeachtet wahr ist. Diesen zweiten Teil des Arguments können wir dementsprechend in prädikatenlogisch legitimierter Weise so darstellen:

1	(7)	$\forall x((Fx \lor Gx) \to A)$	6, $\forall$-Einführung
8	(8)	$\forall x(Fx \lor Gx)$	Annahme
1	(9)	$(Fb \lor Gb) \to A$	7, $\forall$-Beseitigung
8	(10)	$Fb \lor Gb$	8, $\forall$-Beseitigung
1,8	(11)	A	9, 10, MPP

Der dritte Teil besteht dann nur noch aus der Folgerung, dass die IUZ verlässlich ist, weil erstens A wahr und zweitens die IUZ verlässlich ist, sofern A wahr ist. Wir stellen dies etwas verkürzt so dar:

1,8	(11)	A	9, 10, MPP
12	(12)	$A \to Hm$	Annahme
1,8,12	(13)	Hm	11, 12, MPP

Hier steht »Hx« für »x ist verlässlich«, und »m« bezeichnet die Internationale Unabhängige Zeitung.

Das Argument als Ganzes ist sicherlich logisch gültig. Allerdings ist danach zu fragen, unter welchen Bedingungen wir sowohl über Gründe für Prämisse (1) als auch über Gründe für Prämisse (8) verfügen. Und hier tritt zutage, warum *Vernagelt* jede Überzeugungskraft abgeht. Denn selbst wenn wir zugestehen, dass Prämisse (1) durch den Zeitungsbericht in der IUZ gestützt wird, so reicht diese Stützung nicht mehr aus, wenn alle anderen Medienberichte Prämisse (1) entweder leugnen oder schlicht unerwähnt lassen. Das heißt, selbst wenn wir von einer Beweislage ausgehen, im Hinblick auf die zunächst alles für Prämisse (1) und nichts gegen sie spricht, verschiebt sich diese Beweislage zuungunsten dieser Prämisse, sobald mehr und mehr Informationen zugänglich werden, die gegen sie sprechen. Kurz gesagt, selbst wenn die Wahrheit von A durchaus impliziert, dass alle gegenteiligen Aussagen irreführend sind, so kann die schiere Verfügbarkeit solcher gegenteiligen Aussagen durchaus unsere Berechtigung untergraben, A für wahr und diese Aussagen demzufolge für irreführend zu halten. Wer immer das Argument *Vernagelt* ernsthaft vorbringt, bezeugt damit allein sein dogmatisches Festhalten an einer These, für die (mittlerweile) so gut wie nichts mehr spricht. Auf diesem Weg dann auch noch die Verlässlichkeit der einzig verbleibenden Quelle nachweisen zu wollen, die diese These propagiert, ist dann einfach der Gipfel dogmatischer Willkür.

Ebenso voreingenommen und willkürlich erscheint das nachstehende Argument, das wie sein Vorgänger auch einen relativ schwachbrüstigen Grund für die Wahrheit einer These als hinreichend dafür nimmt, ausgehend von der Wahrheit der so begründeten These auf die Unglaubwürdigkeit aller Gegengründe zu schließen, gleichgültig wie zahlreich und schwerwiegend diese Gegengründe auch sein mögen:

> **Ungericht**
> Die gestrige Zeugenaussage, an deren Zuverlässigkeit zu zweifeln kein Grund bestand, hat dieses Gericht hinlänglich davon überzeugt, dass der Angeklagte unschuldig ist. Wenn aber der Angeklagte tatsächlich unschuldig ist, wovon

> sich dieses Gericht ja bereits gestern hat überzeugen können, dann sagen alle heute vernommenen Zeugen, die den Angeklagten belasten, ob nun wissentlich oder unwissentlich, die Unwahrheit. Dieses Gericht sollte sich darum durch die heutigen Zeugenaussagen nicht von seiner wohl fundierten Überzeugung abbringen lassen.

Dass sowohl *Vernagelt* als auch *Ungericht* darin scheitern, uns von ihren Konklusionen zu überzeugen, liegt einfach daran, dass nicht ohne weiteres alle ihre Prämissen zugleich als hinreichend gut begründet gelten können. Das einzige Motiv, das einen dazu verleiten mag, ohne weiteres anzunehmen, alle Prämissen ließen sich zugleich begründen, ist eine Voreingenommenheit zugunsten der Konklusion. Wenn bis auf eine Zeitung die ganze Presse leugnet, dass es eine Verschwörung von Lebensmittelherstellern gibt, dann reicht ein Bericht dieser Zeitung nicht aus, um die These zu begründen, es gebe eine derartige Verschwörung. Hält man an dieser Begründung gleichwohl fest, so kann das nur das Ergebnis des Vorurteils sein, die fragliche Verschwörungsthese sei jedenfalls wahr. Und wenn bis auf die erste Zeugenaussage alle anderen Zeugenaussagen die Unschuld des Angeklagten bestreiten, dann reicht diese Zeugenaussage allein nicht länger aus, die Unschuld des Angeklagten zu belegen. Natürlich mag es sich so treffen, dass der erste Zeuge der Kronzeuge ist – vielleicht, weil er der einzige Augenzeuge ist – und dass alle anderen Zeugen entweder lügen oder zumindest unzuverlässig sind. Aber diese zusätzlichen Informationen sind jedenfalls nötig, damit die Konklusion des Gerichts als begründet gelten kann. Ohne sie scheint die Argumentation des Gerichts nicht mehr als ein Ausdruck bloßer Willkür zu sein – nämlich der willfährigen Entscheidung, dem ersten Zeugen mehr zu trauen als denen, die nach ihm vernommen werden. Vollkommen beliebig ist diese Argumentation nur dann nicht, wenn das Gericht in seinem Urteil bereits voreingenommen ist. Überzeugender wird seine Argumentation darum freilich auch nicht.

26. Bedingungen der Überzeugungskraft

Zum Abschluss sollen nun kurz **drei notwendige Bedingungen für die Überzeugungskraft** von Argumenten formuliert werden, die die Ergebnisse des vorigen Kapitels noch einmal auf den Punkt bringen. Dazu treffen wir zunächst folgende Festsetzungen: Sei *ARG* ein beliebiges logisch gültiges Argument, das aus den Prämissen $P_1 \ldots P_n$ und der Konklusion C besteht. Ferner seien $e_1 \ldots e_n$ diejenigen Gründe, die im Rahmen einer Anwendung von *ARG* jeweils für die Prämissen $P_1 \ldots P_n$ ins Feld geführt werden.

1. Die erste der drei Bedingungen, die hier genannt werden sollen, ist dazu gedacht, grob-zirkuläre Argumente als kraftlos zu brandmarken. Sie lautet wie folgt:

> (Ü1) Eine Anwendung von *ARG* ist nur dann überzeugend, wenn es im Zuge der Anerkenntnis, dass e_j ein Grund für P_j ist, nicht notwendigerweise erforderlich ist, bereits anzuerkennen, dass *C begründet* ist (mit $1 \leq j \leq n$).

Bedingung (Ü1) wird von grob-zirkulären Argumenten klarerweise verletzt. Denn sofern die Konklusion grob-zirkulärer Argumente als eine der Prämissen fungiert oder doch zumindest mit einer der Prämissen bedeutungsgleich ist, kann die Anerkenntnis der Begründetheit der fraglichen Prämisse nicht ohne das Zugeständnis auskommen, dass die Konklusion begründet ist.

Wir müssen hier jedoch aufpassen, dass wir nicht das Kind mit dem Bade ausschütten und alle logisch gültigen Argumente als kraftlos ausweisen, deren Prämissenmenge aus nur einer Prämisse besteht. Ein Beispiel für ein solch simples Argument ist das folgende:

> César tanzt Salsa.
> Also tanzt jemand Salsa.

Manchmal können Argumente dieser Art durchaus dazu dienen, uns von ihrer Konklusion zu überzeugen. Muss ich nun aber nicht bereits anerkennen, dass die Konklusion begründet ist, wenn ich anerkenne, dass ich einen Grund für die Prämisse habe? Nicht notgedrungen. Natürlich verbürgt die logische Gültigkeit des genannten Arguments, dass ein Grund für die Prämisse immer auch ein Grund für die Konklusion ist. Aber ich muss die Existenzgeneralisierung, in der dieses Argument besteht, nicht schon vollzogen haben, um anzuerkennen, dass ich über einen Grund für die Prämisse verfüge. Bevor ich den Schluss gezogen habe und so von der speziellen Prämisse über César zu dem allgemeinen Existenzsatz gekommen bin, mag ich gar keine klare Vorstellung davon haben, wie der Existenzsatz zu begründen wäre. Anders sieht es aus, wenn die Konklusion mit einer Prämisse identisch bzw. bedeutungsgleich ist. Dann kann man keine Vorstellung davon haben, wie die relevante Prämisse zu begründen ist, ohne bereits ganz unabhängig von dem fraglichen Argument eine Vorstellung davon zu haben, wie die Konklusion zu begründen ist.

2. Die zweite Bedingung, an die die Überzeugungskraft von Argumenten zu knüpfen ist, soll dazu dienen, subtil-zirkuläre Argumente aus dem Rennen zu schlagen:

> (Ü2) Eine Anwendung von *ARG* ist nur dann überzeugend, wenn es im Zuge der Anerkenntnis, dass e_j ein Grund für P_j ist, nicht notwendigerweise erforderlich ist, bereits anzuerkennen, dass *C wahr* ist (mit $1 \leq j \leq n$).

Die im vorherigen Kapitel genannten Beispiele für subtil-zirkuläre Argumente waren allesamt dadurch aufgefallen, dass ihre logische Gültigkeit einer konditionalen Zusatzprämisse bedurfte, deren Begründung nur unter ausdrücklicher Voraussetzung der jeweiligen Konklusion bzw. dem ausdrücklichen Ausschluss von deren Negation zu haben war. Denn nur unter dieser Voraussetzung konnte das Vorliegen des Antezedens als hinreichender Grund für das Vorliegen des Konsequens dieser konditionalen Zusatzprämisse angesehen werden. Und es war gerade dieser Umstand, der diese Argumente für Überzeugungszwecke untauglich machte. Bedingung (Ü2) trägt dem Rechnung.

3. Die dritte und letzte Anforderung an überzeugungskräftige Argumente, die wir hier nennen wollen, lautet:

> (Ü3) Eine Anwendung von *ARG* ist nur dann überzeugend, wenn e_j auch unter der Voraussetzung als hinreichender Grund für P_j gelten kann, dass e_k ebenfalls ein hinreichender Grund für P_k ist und dass es keine über $e_1 \ldots e_n$ hinausgehenden Gründe gibt, die sich zur Begründung von *C* anführen ließen (mit $1 \leq j \leq n$ und $1 \leq k \leq n$).

Bedingung (Ü3) sorgt dafür, dass dogmatische Argumente aus der Menge der überzeugungskräftigen Argumente ausscheiden. Denn es zeichnete die von uns diskutierten dogmatischen Argumente gerade aus, dass die gleichzeitige Begründetheit ihrer Prämissen nur unter der Voraussetzung unabhängiger Gründe für ihre Konklusion behauptet werden konnte – also von Gründen, ohne deren Nachweis das Argument selbst als Ausdruck bloßer Voreingenommenheit zu werten war.

Das in Aussicht gestellte Erweiterungsset unseres logischen Werkzeugkastens ist damit komplett – womit freilich nicht gesagt ist, dieser Werkzeugkasten sei nicht weiter ausbaufähig. Ein solcher Ausbau ist mit Sicherheit möglich und für die argumentativen Ziel- und Zwecksetzungen, von denen eingangs die Rede war, fraglos von großem Interesse. Gleichwohl sind wir damit am Ende unserer Einführung angelangt. Alle weiterführenden Überlegungen würden uns zu tief in die Gefilde der Philosophie der Logik und der Argumentationstheorie hineinführen – tiefer jedenfalls, als dies für eine Einführung in logisch korrektes Argumentieren geboten erscheint.

V. Übungsaufgaben

27. Übungen A – N

Die Aufgaben der folgenden vierzehn Übungsblätter beziehen sich auf die Teile I., II. und III. des Textes (Einübung aussagenlogischer und prädikatenlogischer Regeln). Im Folgenden ist jeweils in Klammern angegeben, welche Textabschnitte zur Lösung der Aufgaben vorausgesetzt werden. Zusätzlich gibt es (in Kapitel 28) drei Klausurvorschläge, für die im Anschluss Musterlösungen angegeben sind (Kapitel 29).

Übung A (nach Kapitel 1)

1. Erklären Sie in eigenen Worten, was folgende Formeln bedeuten:

    (a) $A \vdash B$.
    (b) $\vdash B$.

2. Geben Sie für A bis E umgangssprachliche Einsetzungen an, so dass Folgendes gilt:

    (a) $A \vdash B$
    (b) $C, D \vdash E$

3. Geben Sie ein umgangssprachliches Beispiel an, das die Eigenschaft der Transitivität der logischen Folgebeziehung illustriert.

4. Geben Sie je ein eigenes Beispiel für

    (a) eine symmetrische Beziehung,
    (b) eine asymmetrische Beziehung
    (c) und eine nicht-symmetrische Beziehung an.

    Welcher dieser Beziehungen ähnelt die logische Folgebeziehung? Begründen Sie Ihre Antwort durch geschickte Wahl zweier umgangssprachlicher Beispiele.

5. Geben Sie je ein umgangssprachliches Beispiel an, welches illustriert, dass man

    (a) Wahres korrekt aus Wahrem folgern kann,
    (b) Wahres korrekt aus Falschem folgern kann,
    (c) Falsches korrekt aus Falschem folgern kann.

    Woran liegt es, dass man Falsches nicht logisch korrekt aus Wahrem folgern kann?

6. Geben Sie an, welcher der folgenden Sätze aus welchem anderen Satz (oder aus welchen anderen Sätzen) korrekt gefolgert werden kann:

(a) In Graf von Sindelfingens Reitstall leben sieben Pferde.
(b) In Graf von Sindelfingens Reitstall leben Tiere.
(c) Graf von Sindelfingen ist ein Tierfreund.
(d) Es gibt Pferde.
(e) In Graf von Sindelfingens Reitstall leben sieben Tiere.
(f) In Graf von Sindelfingens Reitstall leben mehr als sechs Pferde.
(g) Es ist nicht der Fall, dass in Graf von Sindelfingens Reitstall weniger als sieben Pferde leben.

Übung B (nach Kapitel 6)

1. Aus welchen Bestandteilen besteht ein Argument? Geben Sie ein einfaches, umgangssprachliches Argument an, und kennzeichnen Sie die Bestandteile.

2. Erklären Sie den Unterschied zwischen einem *logisch gültigen* und einem *schlüssigen* Argument.
   Geben Sie je ein umgangssprachliches Beispiel für

   (a) ein Argument, das gültig aber nicht schlüssig ist,
   (b) ein schlüssiges Argument.

3. Geben Sie ein umgangssprachliches Beispiel für ein Argument an, in dem in mehr als einem Schritt argumentiert wird (d. h. mit mindestens zwei Beweisschritten).

4. Erinnern Sie sich an die Formatvorlage für logisch gültige Argumente. Erläutern Sie kurz in eigenen Worten die Eintragungen in der linken und rechten Spalte dieses Arguments:

	(1) Wenn Thomas nicht stärker als Daniel ist, dann wird er das Klavier nicht in den zweiten Stock tragen können.	Annahme
2	(2) Thomas ist nicht stärker als Daniel.	Annahme
1,2	(3) Also wird Thomas das Klavier nicht in den zweiten Stock tragen können.	1, 2, [logische Regel]

5. Erklären Sie kurz in eigenen Worten die folgenden Begriffe:

   (a) aussagenlogische Verknüpfung
   (b) *a priori*.

   Geben Sie ein Beispiel für einen Satz an, von dessen Wahrheit wir *a priori* wissen können.

6. Geben Sie ein Beispiel für eine Satzverknüpfung an, die nicht wahrheitsfunktional ist, und erläutern Sie kurz, warum sie nicht wahrheitsfunktional ist.

Übung C (nach Kapitel 7.3)

1. Formalisieren Sie die folgenden Aussagen:

   (a) Paris ist die Hauptstadt von Frankreich, und der Eiffelturm steht in London.
   (b) Max mag sowohl Schokolade als auch Gummibärchen.

- (c) Paul und Thomas sind Nachbarn.
- (d) Und es wurde Licht.
- (e) Er kam spät, aber blieb nicht lange.
- (f) Die Vorlesung war spannend und unterhaltsam.

2. Welche dieser Sätze sind geeignete Übersetzungen der Formel A & B ?
   - (a) Ihm war langweilig, weil er nichts zu tun hatte.
   - (b) Sabine ist groß und schlank.
   - (c) Obwohl sie eigentlich schon satt war, aß sie noch ein Stück Torte.
   - (d) Sowohl Karla als auch Penelope haben rote Haare.

3. Das folgende Argument ist aussagenlogisch gültig. Formalisieren Sie die Sätze, und stellen Sie das Argument gemäß der Formatvorlage dar.

> Obwohl Robert ohne Fernseher lebt, kauft er sich am Kiosk das Fernsehprogramm. Er kauft sich also das Fernsehprogramm. Außerdem kauft er noch eine Packung Zigaretten. Also kauft er sowohl eine Packung Zigaretten als auch das Fernsehprogramm.

4. Beweisen Sie, dass die folgende logische Folgebeziehung besteht:

   A & (B & C) ⊢ B & (A & C)

   Machen Sie dabei von den Regeln für die &-Einführung und die &-Beseitigung Gebrauch.

5. Welche dieser Sätze sind Aussagen?
   - (a) Was gibt es heute in der Mensa?
   - (b) Der Mond ist aus grünem Käse.
   - (c) 2+2=5.
   - (d) Beeilen Sie sich bitte!
   - (e) Die Milch ist sauer.

Übung D (nach Kapitel 9.1)

1. Formalisieren Sie die folgenden Sätze, indem Sie die Übersetzungsvorschriften befolgen und die Teilsätze durch Satzbuchstaben ersetzen. Geben Sie anschließend mit Hilfe von Wahrheitstafeln die Wahrheitsbedingungen dieser Sätze an.
   - (a) Es ist nicht der Fall, dass Paul kein Interesse an der Vorlesung hat.
   - (b) Keinesfalls sollten wir weder zum Wahllokal gehen noch unsere Stimme per Briefwahl abgeben.
   - (c) Sabine geht nicht zur Uni, sondern ins Café.
   - (d) Thomas kann Erbsensuppe nicht ausstehen, mag dafür aber Linsen- und Kartoffelsuppe umso lieber.

2. Beweisen Sie, dass die genannten logischen Folgebeziehungen bestehen. Sie können dabei von folgenden Regeln Gebrauch machen: &-Einführung, &-Be-

seitigung, Reductio ad absurdum, Doppelte-Negations-Einführung, Doppelte-Negations-Beseitigung, Ex falso quodlibet.

(a) ~~A, (~A & B) ⊢ B & C
(b) ~~(A & (B & ~B)) ⊢ ~(A & (B & ~B))

Kommentieren Sie kurz das Ergebnis von (b). Was fällt Ihnen auf?

3. Überprüfen Sie, ob die folgenden Argumente (a) und (b) logisch gültig sind. Gehen Sie dabei so vor, dass Sie die rechte Spalte Zeile für Zeile zu vervollständigen und dabei für jeden Beweisschritt logische Regeln anzugeben versuchen. (Tipp: Orientieren Sie sich daran, was jeweils in der linken Spalte steht.)

(a) B → (A → C), ~C, B ⊢ ~A
    1   (1)   B → (A → C)
    2   (2)   ~C
    3   (3)   B
    1,3 (4)   A → C
    1,2,3 (5)   ~A

(b) A ⊢ (~(B → C) → ~A) → (~C → ~B)
    1   (1)   A
    2   (2)   ~(B → C) → ~A
    1   (3)   ~~A
    1,2 (4)   ~~(B → C)
    1,2 (5)   B → C
    6   (6)   ~C
    1,2,6 (7)   ~B
    1,2 (8)   ~C → ~B
    1   (9)   (~(B → C) → ~ A) → (~C → ~B)

4. Beweisen Sie, dass die genannte logische Folgebeziehung besteht. Sie können dabei von allen bisher bekannten Regeln Gebrauch machen.

A → (B & C) ⊢ (A → B) & (A → C)

Übung E (nach Kapitel 9.3)

1. Formalisieren Sie die folgenden Sätze, indem Sie die Übersetzungsvorschriften befolgen und die Teilsätze durch Satzbuchstaben ersetzen. Geben Sie anschließend mit Hilfe von Wahrheitstafeln die Wahrheitsbedingungen dieser Sätze an.

   (a) Wenn Klein-Erna Hunger hat, dann schreit sie.
   (b) Leon erwirbt nur dann einen Schein, wenn er sowohl 60% der Punkte erreicht als auch die Klausur bestanden hat.
   (c) Paul findet seine Chefin genau dann unausstehlich, wenn er unausgeschlafen ist.
   (d) Wenn Du nicht aufhörst zu schnarchen, dann müssen wir uns genau dann trennen, wenn wir nicht in eine größere Wohnung ziehen.

2. Geben Sie einen geeigneten Beispielsatz an, und erläutern Sie an ihm kurz, was mit der Rede von *notwendigen* und *hinreichenden Bedingungen* gemeint ist.

3. Geben Sie (unter Annahme normaler Umstände) eine hinreichende Bedingung dafür an, dass Großmutters chinesische Porzellanvase zerbricht. Geben Sie außerdem (unter Annahme normaler Umstände) zwei notwendige, aber nicht hinreichende Bedingungen dafür an, dass das neue Auto von Herrn Meier fahrtüchtig ist. Formulieren Sie anschließend beide Sachverhalte als Konditionalsätze.

4. Das folgende Argument ist *nicht* logisch gültig. Es behauptet eine logische Folgebeziehung, die gar nicht besteht, nämlich: $((\sim A \rightarrow B) \& C), \sim\sim A \vdash \sim B \& C$. Identifizieren Sie den ungültigen Beweisschritt. Geben Sie dann eine allgemeine Regel an, die diesen Beweisschritt legitimieren würde. Zeigen Sie, dass diese Regel ungültig ist, indem Sie ein *umgangssprachliches* Gegenbeispiel konstruieren.

1	(1)	$(\sim A \rightarrow B) \& C$
2	(2)	$\sim\sim A$
2	(3)	A
1	(4)	$\sim A \rightarrow B$
1,2	(5)	$\sim B$
1	(6)	C
1,2	(7)	$\sim B \& C$

5. Das folgende Argument ist aussagenlogisch gültig. Formalisieren Sie die Sätze, indem Sie die Übersetzungsvorschriften befolgen und die Teilsätze durch Satzbuchstaben ersetzen. Stellen Sie das Argument gemäß der Formatvorlage dar. (Tipp: Sie müssen unter anderem von der Annahmeregel Gebrauch machen. Denken Sie daran, dass in einem umgangssprachlichen Argument nicht unbedingt jeder Schritt, den Sie später in der Formatvorlage darstellen sollen, ausformuliert sein muss.)

> Wenn ich mich nicht voll und ganz auf meine Arbeit konzentrieren kann, dann kann ich keinen guten Artikel für unsere Lokalzeitung schreiben. Ohne absolute Ruhe im Haus kann ich mich nicht konzentrieren. Leider herrscht diese Ruhe nur dann, wenn die Nachbarin Meier verreist ist. Sollte Frau Meier also dieses Jahr auf ihren Sommerurlaub verzichten, kann ich den guten Artikel wohl vergessen.

6. Beweisen Sie, dass die genannte logische Folgebeziehung besteht. Machen Sie dabei von folgenden Regeln Gebrauch: Annahmeregel, $\leftrightarrow$-Beseitigung, $\rightarrow$-Einführung, Modus tollendo tollens, Doppelte-Negations-Einführung und Doppelte-Negations-Beseitigung.

   $\sim A \leftrightarrow \sim B \vdash A \leftrightarrow B$

Übung F (nach Kapitel 10.3)

1. Formalisieren Sie die folgenden Sätze, indem Sie die Übersetzungsvorschriften befolgen und die Teilsätze durch Satzbuchstaben ersetzen. Geben Sie anschließend mit Hilfe von Wahrheitstafeln die Wahrheitsbedingungen dieser Sätze an.
   (a) Auf gar keinen Fall geht Cordulas Mann mit ihr in die Oper oder ins Konzert.
   (b) Wir machen nur dann einen Ausflug, wenn das Auto aus der Werkstatt kommt oder es bei der Bahn ein Sonderangebot gibt.
   (c) Wir müssen uns entweder trennen oder noch einmal zusammenraufen.

2. Geben Sie die Wahrheitstafeln für die Formeln A → B und ~A v B an, und kommentieren Sie das Ergebnis.

3. Beweisen Sie, dass die genannte logische Folgebeziehung besteht. Machen Sie dabei von der Annahmeregel, Modus ponendo ponens, der v-Einführungsregel, der v-Beseitigungsregel und der →-Einführungsregel Gebrauch. (Tipp: Bedenken Sie, dass die Aussage, auf die mit der v-Beseitigungsregel geschlossen wird, nicht immer eine einzelne Aussage sein muss, sondern auch eine aussagenlogische Verknüpfung – z. B. selbst eine Disjunktion – sein kann.)

   A → B, C → D ⊢ (A v C) → (B v D)

4. Beweisen Sie, dass die genannte logische Folgebeziehung besteht. Sie können dabei von allen bekannten Regeln Gebrauch machen.

   ~(A v B) ⊢ ~A & ~B

Übung G (nach Kapitel 15.2)

1. Beweisen Sie, dass die genannte logische Folgebeziehung besteht. Machen Sie dabei unter anderem von der →-Einführung und der v-Beseitigung Gebrauch.

   (A → C) & (B → C) ⊢ (A v B) → C

2. Das folgende Argument ist aussagenlogisch gültig. Formalisieren Sie die Sätze, indem Sie die Übersetzungsvorschriften befolgen und die Teilsätze durch Satzbuchstaben ersetzen. Stellen Sie das Argument gemäß der Formatvorlage dar. Machen Sie dabei unter anderem von der v-Einführung und der Annahmeregel Gebrauch.

> Familie Meier fliegt dann und nur dann nach Mallorca, wenn das Weihnachtsgeld nicht gestrichen wird oder die Fähre nach Helgoland ausgebucht ist. Wenn die Fähre nach Helgoland ausgebucht ist, dann fliegt Familie Meier also nach Mallorca.

3. Das folgende Argument ist aussagenlogisch gültig. Formalisieren Sie die Sätze, indem Sie die Übersetzungsvorschriften befolgen und die Teilsätze durch Satzbuchstaben ersetzen. Stellen Sie das Argument gemäß der Formatvorlage

dar. Machen Sie dabei unter anderem von der Annahmeregel und der Reductio ad absurdum Gebrauch.

> Familie Meier fährt nur dann Ski, wenn in den Alpen genug Schnee liegt. Es kann also gar nicht sein, dass Familie Meier Ski fährt und in den Alpen nicht genug Schnee liegt.

4. Erklären Sie jeweils kurz in eigenen Worten, worin sich Namen und Prädikate voneinander unterscheiden und worin sich Eigennamen und definite Kennzeichnungen voneinander unterscheiden. Geben Sie jeweils eigene Beispiele für Eigennamen, definite Kennzeichnungen und Prädikate an.

5. Formalisieren Sie die folgenden prädikatenlogischen Sätze:
   (a) Der älteste Student im Hörsaal hört aufmerksam zu.
   (b) Horst passt nicht auf.
   (c) Sabine strickt einen Pullover.
   (d) Der Typ in der letzen Reihe schläft.

Übung H (nach Kapitel 15.3)

1. Beweisen Sie, dass die genannte logische Folgebeziehung besteht. Machen Sie dabei unter anderem von der v-Beseitigung Gebrauch.

   (A v B) v (A & C) ⊢ (A v C) v (B v C)

2. Das folgende Argument ist aussagenlogisch gültig. Formalisieren Sie die Sätze, indem Sie die Übersetzungsvorschriften befolgen und die Teilsätze durch Satzbuchstaben ersetzen. (Geben Sie dabei an, wie Sie diese Ersetzungen vornehmen.) Stellen Sie das Argument dann gemäß der Formatvorlage dar. Machen Sie dabei unter anderem von der Annahmeregel Gebrauch.

> Der Juwelier wurde von einem Einbrecher oder von seiner eifersüchtigen Ehefrau umgebracht. Seine Frau kann ihn nur dann ermordet haben, wenn sie zur Tatzeit in der Stadt war. Wenn also die Überprüfung ihres Alibis ergibt, dass sie sich zur fraglichen Zeit bei einer Tante auf dem Land aufhielt, dann muss der Juwelier von einem Einbrecher ermordet worden sein.

3. Beweisen Sie das folgende logische Theorem. Machen Sie dabei unter anderem von der →-Einführung Gebrauch.

   ⊢ (B → C) → ((A → B) → (A → C))

4. Gegeben seien die folgenden Paare aussagenlogischer Formeln:
   (a) (A & B) → C   und   A & (B → C)
   (b) (A → B) → C   und   A → (B → C)

Erläutern Sie anhand von Wahrheitstafeln und geeigneter umgangssprachlicher Beispiele, warum die Klammersetzung nicht beliebig erfolgen kann.

5. Formalisieren Sie die folgenden prädikatenlogischen Sätze in zwei Schritten. (Beispiel: Alles fließt. Für jedes x gilt: x fließt. $\forall x Fx$.)
   - (a) Kein Schüler macht gerne Hausaufgaben.
   - (b) Nur Kinder und Rentner zahlen den ermäßigten Preis.
   - (c) Mancher, der zu viel Alkohol trinkt, sieht alles doppelt.
   - (d) Vieles ist nur schwer zu verstehen.

Übung I (nach Kapitel 18)

1. Das folgende Argument ist aussagenlogisch gültig. Formalisieren Sie die Sätze, indem Sie die Übersetzungsvorschriften befolgen und die Teilsätze durch Satzbuchstaben ersetzen. (Geben Sie dabei an, wie Sie diese Ersetzungen vornehmen.) Stellen Sie das Argument dann gemäß der Formatvorlage dar. Machen Sie dabei unter anderem von der ∨-Beseitigungsregel und der Reductio ad absurdum Gebrauch.

> Kommen wir nun zur Todesursache: Wenn Graf von Sindelfingen erdrosselt worden wäre, dann hätte er Würgemale am Hals, und wenn er erschossen worden wäre, dann hätte er irgendwo am Körper eine Schusswunde. Wenn er aber eine Schusswunde oder ein Würgemal hätte, wäre seine Körperoberfläche natürlich nicht unversehrt. Die Obduktion hat aber ergeben, dass der Graf äußerlich völlig unversehrt geblieben ist. Demnach kann es nicht sein, dass er erdrosselt oder erschossen wurde.

2. Formalisieren Sie die folgenden prädikatenlogischen Sätze:
   - (a) Einige Gärtner sind Mörder.
   - (b) Alle Schwäne sind weiß.
   - (c) Kein Golfball ist eckig.
   - (d) Es gibt Schönes.
   - (e) Wale sind Säugetiere.
   - (f) Niemand lebt ewig.
   - (g) Die meisten Gärtner sind keine Mörder.
   - (h) Einige Gärtner sind hilfsbereit und beliebt.

3. Erläutern Sie an einem umgangssprachlichen Beispiel den Unterschied zwischen

   $\exists x(Fx \,\&\, Gx)$ und $\exists x(Fx \rightarrow Gx)$

4. Das folgende Argument ist prädikatenlogisch gültig. Formalisieren Sie die Sätze, indem Sie die generellen Terme systematisch durch Buchstaben ersetzen und dann von der Quantorenschreibweise Gebrauch machen. (Geben Sie dabei an, wie Sie diese Ersetzungen vornehmen.) Ergänzen Sie dann die mitt-

lere Spalte in der unten angegebenen Formatvorlage. (Tipp: Beachten Sie die Eintragungen in der rechten und linken Spalte.)

> Weihnachtsmänner haben lange Bärte. Es gibt Männer, die keine langen Bärte haben. Also sind einige Männer keine Weihnachtsmänner.

1	(1)	Annahme
2	(2)	Annahme
3	(3)	Annahme
3	(4)	3, &-Beseitigung
3	(5)	3, &-Beseitigung
1	(6)	1, ∀-Beseitigung
1,3	(7)	5, 6, MTT
1,3	(8)	4, 7, &-Einführung
1,3	(9)	8, ∃-Einführung
1,2	(10)	2,3,9, ∃-Beseitigung

Übung J (nach Kapitel 18)

1. Das folgende Argument ist prädikatenlogisch gültig. Formalisieren Sie die Sätze, indem Sie die singulären und generellen Terme systematisch durch Buchstaben ersetzen und dann von der Quantorenschreibweise Gebrauch machen. (Geben Sie dabei an, wie Sie diese Einsetzungen vornehmen.) Stellen Sie das Argument dann gemäß der Formatvorlage dar.

> Alle alten Damen sind ein bißchen schrullig. Miss Marple ist eine Hobbydetektivin und eine alte Dame. Also sind einige Hobbydetektivinnen ein bißchen schrullig.

2. Formalisieren Sie die folgenden Sätze, indem Sie die singulären und generellen Terme systematisch durch Buchstaben ersetzen und dann von der Quantorenschreibweise Gebrauch machen. Stellen Sie das Argument gemäß der Formatvorlage dar und zeigen Sie, warum es *ungültig* ist.

> Sergej ist Stabhochspringer. Weil kein Stabhochspringer 10 Meter hoch springen kann, kann also niemand 10 Meter hoch springen.

3. Beweisen Sie, dass die genannten prädikatenlogischen Folgebeziehungen bestehen. Machen Sie dabei von der ∀-Beseitigungsregel und jeweils einer der beiden aussagenlogischen Regeln Modus ponendo tollens und Modus tollendo ponens Gebrauch.

   (a) ∀x~(Fx & Gx), Fm ⊢ ~Gm
   (b) ∀x(Fx v Gx), ~Fm ⊢ Gm

4. Die angegebene logische Folgebeziehung ist *nicht* gültig. Geben Sie eine Interpretation der Prädikate F und G an, die dies deutlich macht.

$\forall x(Fx \rightarrow Gx), \exists xFx \vdash \forall xGx$

Übung K (nach Kapitel 19)

1. Das folgende Argument ist prädikatenlogisch gültig. Formalisieren Sie die Sätze, indem Sie die generellen Terme systematisch durch Buchstaben ersetzen und dann von der Quantorenschreibweise Gebrauch machen. (Geben Sie dabei an, wie Sie diese Ersetzungen vornehmen.) Stellen Sie das Argument dann gemäß der Formatvorlage dar.

> Keine Ente tanzt Walzer. Kein Offizier ist dem Walzer abgeneigt. Alle Bewohner meines Hühnerstalles sind Enten. Also ist kein Bewohner meines Hühnerstalles ein Offizier. (Lewis Carroll)

2. Beweisen Sie, dass die genannte prädikatenlogische Folgebeziehung besteht. (Tipp: Machen Sie dabei unter anderem von den Interdefinitionen und der ∀-Einführung Gebrauch.)

$\sim\exists x(Fx \;\&\; \sim Gx), \sim\exists x(Hx \;\&\; Gx) \vdash \sim\exists x(Fx \;\&\; Hx)$

3. Zeigen Sie, dass das folgende Argument gültig ist. Formalisieren Sie die Sätze, indem Sie generelle Termini systematisch durch Prädikatbuchstaben ersetzen und von der Quantorenschreibweise Gebrauch machen.

> Wenn alle blaumachen, dann gibt es faule Leute. Da alle blaumachen, sind manche faul.

4. Formalisieren Sie die folgenden prädikatenlogischen Sätze mit mehreren Quantoren. Gehen Sie dabei in zwei Schritten vor. (Beispiel: Jeder liebt jeden. Für jedes x und jedes y gilt: x liebt y. $\forall x\forall yFxy$.)

   (a) An manchen Tagen gelingt Holger gar nichts.
   (b) Nicht jeder scheut keine Mühe.
   (c) Ein Polizist hat jeden Winkel des Hauses abgesucht.
   (d) Einige Kandidaten konnten einige Fragen nicht beantworten.

5. Formalisieren Sie die folgenden prädikatenlogischen Sätze mit mehreren Quantoren:

   (a) Es gibt Filme, die schlechter sind als alle Romanvorlagen.
   (b) Einige Politiker beeinflussen alle Wähler.
   (c) Keine Regel ohne Ausnahme.
   (d) Was sich liebt, das neckt sich.

6. Beweisen Sie, dass die genannte prädikatenlogische Folgebeziehung besteht.

   ∀x(Fx → Gx), ∃x(Hx & ∀y(Gy → ~Ixy)) ⊢ ∃x(Hx & ∀y(Fy → ~Ixy))

   Ergänzen Sie dazu die mittlere Spalte in der unten angegebenen Formatvorlage. Beachten Sie die Eintragungen in der linken und rechten Spalte. (Tipp: Man benötigt zwei verschiedene Ausdrücke für beliebige Gegenstände.)

1	(1)	Annahme
2	(2)	Annahme
3	(3)	Annahme
3	(4)	3, &-Beseitigung
3	(5)	4, ∀-Beseitigung
1	(6)	1, ∀-Beseitigung
7	(7)	Annahme
1,7	(8)	6, 7, MPP
1,3,7	(9)	5, 8, MPP
1,3	(10)	7, 9, → -Einführung
1,3	(11)	10, ∀-Einführung
3	(12)	3, &-Beseitigung
1,3	(13)	11, 12, &-Einführung
1,3	(14)	13, ∃-Einführung
1,2	(15)	2, 3, 14, ∃-Beseitigung

Übung L (nach Kapitel 19)

1. Das folgende Argument ist prädikatenlogisch gültig. Formalisieren Sie die Sätze, indem Sie die singulären und generellen Terme systematisch durch Buchstaben ersetzen und dann von der Quantorenschreibweise Gebrauch machen. (Geben Sie dabei an, wie Sie diese Ersetzungen vornehmen.) Stellen Sie das Argument dann gemäß der Formatvorlage dar. Machen Sie dabei von der ∃-Beseitigung Gebrauch.

   > Manche Frauen mögen Leonardo. Alle Männer mögen jede Frau. Da Leonardo ein Mann ist, gibt es also jemanden, der sowohl Leonardo mag als auch von Leonardo gemocht wird.

2. Beweisen Sie, dass die genannte prädikatenlogische Folgebeziehung besteht.

   ~∃x(Fx & ~(Gx & Hx)), ∃xFx ⊢ ∃xHx

3. Formalisieren Sie die folgenden prädikatenlogischen Sätze mit mehreren Quantoren:

   (a) Nicht jedes Kind isst gerne jede Gemüsesorte.
   (b) Es gibt eine Gemüsesorte, die kein Kind gerne isst.
   (c) Einige Haarfarben sind ganz besonders schrill und stehen nicht jeder Frau.
   (d) Einige Studenten finden manche Aufgaben viel zu schwer.

4. Formalisieren Sie den folgenden Satz mit drei Quantoren. Benutzen Sie dabei die Prädikate »x ist Bestsellerautor«, »x ist eine Bestsellerliste«, »x ist ein Buch«, »x wurde von y geschrieben« und »x steht auf y«.

> Von jedem Bestsellerautor steht mindestens ein Buch, das von ihm geschrieben wurde, auf jeder Bestsellerliste.

Übung M (nach Kapitel 19)

1. Das folgende Argument ist prädikatenlogisch gültig. Formalisieren Sie die Sätze, indem Sie die singulären und generellen Terme systematisch durch Buchstaben ersetzen und dann von der Quantorenschreibweise Gebrauch machen. Machen Sie dabei von folgenden Ausdrücken Gebrauch: »x ist ein Politiker«, »Präsident Bush«, »x besticht y«, »x muss zurücktreten«. Stellen Sie das Argument dann gemäß der Formatvorlage dar. (Tipp: Die Konklusion einer ∃-Beseitigung kann ein beliebiger prädikatenlogischer Ausdruck sein.)

> Jeder Politiker, der Präsident Bush besticht, muss ebenso wie Präsident Bush, den er bestochen hat, zurücktreten. Es gibt einen Politiker, der Präsident Bush besticht. Also muss Bush zurücktreten.

2. Das folgende Argument ist prädikatenlogisch gültig. Formalisieren Sie die Sätze, indem Sie die generellen Terme systematisch durch Buchstaben ersetzen und dann von der Quantorenschreibweise Gebrauch machen. Stellen Sie das Argument dann gemäß der Formatvorlage dar. Machen Sie dabei von der ∃-Beseitigung Gebrauch.

> Manche mögen niemanden, und niemand mag jemanden, der sich selbst nicht mag. Es gibt also einige, die von niemandem gemocht werden.

3. Geben Sie umgangssprachliche Formulierungen der folgenden Formeln an. Benutzen Sie dabei das Prädikat Fxy: x nervt y.

    (a) $\forall x \forall y Fxy$
    (b) $\exists x \exists y Fxy$
    (c) $\exists x \forall y Fxy$
    (d) $\forall x \exists y Fxy$
    (e) $\forall y \exists x Fxy$
    (f) $\exists y \forall x Fxy$

   Zwischen welchen Sätzen bestehen logische Folgebeziehungen?

4. Geben Sie für den folgenden prädikatenlogischen Satz drei verschiedene Formalisierungen an, und zwar:

(a) mit zwei Allquantoren,
(b) mit einem Existenz- und einem Allquantor,
(c) mit zwei Existenzquantoren.

> Nicht jeder Kinogänger findet jeden Horrorfilm gruselig.

Übung N (nach Kapitel 19)

1. Das folgende Argument ist prädikatenlogisch gültig. Formalisieren Sie die Sätze, indem Sie die Übersetzungsvorschriften befolgen. (Geben Sie dabei an, welche Prädikate Sie benutzen.) Stellen Sie das Argument dann gemäß der Formatvorlage dar.

> Spinnen sind nützliche Hausbewohner. Wer also Spinnen tötet, tötet nützliche Hausbewohner.

2. Beweisen Sie die folgenden prädikatenlogischen Theoreme:
   (a) $\vdash \forall x(Fx \to Gx) \to (\forall xFx \to \forall xGx)$
   (b) $\vdash \forall x(Fx \to Gx) \to (\exists xFx \to \exists xGx)$

3. Die angegebenen logischen Folgebeziehungen sind *nicht* gültig. Geben Sie Interpretationen der Prädikate an, die dies deutlich machen.
   (a) $\vdash \forall xFx \lor {\sim}\exists xFx$
   (b) $\exists x(Fx \lor Gx), \exists x{\sim}Fx \vdash \exists xGx$

4. Das folgende Argument ist aussagenlogisch gültig. Formalisieren Sie die Sätze, indem Sie die Übersetzungsvorschriften befolgen und die Teilsätze durch Satzbuchstaben ersetzen. Stellen Sie das Argument gemäß der Formatvorlage dar.

> Das Hallenbad und die Sauna haben genau dann geöffnet, wenn die Bäderbetriebe nicht pleite sind. Die Sauna hat nur dann geöffnet, wenn das Hallenbad offen ist. Wenn also die Bäderbetriebe pleite sind, dann ist die Sauna geschlossen.

28. Klausurvorschläge 1 – 3

Klausurvorschlag 1 (nach Kapitel 18)

1. Die folgenden Argumente sind aussagenlogisch gültig. Formalisieren Sie die Sätze, indem Sie die Übersetzungsvorschriften befolgen und die Teilsätze durch Satzbuchstaben ersetzen. (Geben Sie dabei an, wie Sie diese Ersetzungen vornehmen.) Stellen Sie die Argumente dann gemäß der Formatvorlage dar. Sie dürfen von allen aussagenlogischen Regeln Gebrauch machen.

> (a) Du willst wissen, wie Weihnachten bei uns aussieht? Das Wichtigste vorweg: Wenn der Gänsebraten gelingt, dann ist meine Mutter ausgesprochen gut gelaunt. Sie ist schlecht gelaunt oder schmettert aus voller Kehle Weihnachtslieder. Wenn es einen Familienstreit gegeben hat, dann singt sie natürlich keine Weihnachtslieder. Und auf eines kannst Du Gift nehmen: Wenn Onkel Alfred zu viel trinkt und wenn Tante Ilse wieder gehäkelte Platzdeckchen verschenkt, dann gibt es Streit. Weil die Weihnachtsgans ganz hervorragend gelungen ist, ist es also offensichtlich dieses Jahr nicht der Fall gewesen, dass Onkel Alfred zu viel getrunken und Tante Ilse Platzdeckchen verschenkt hat.

> (b) Paul fährt genau dann in den Weihnachtsferien in die Schweiz, wenn der Schnee dort 2 Meter hoch liegt. Wenn am Mittelmeer die Sonne scheint, dann fliegt er nach Ibiza. Der Wetterbericht sagt, dass in den Weihnachtsferien in der Schweiz 2 Meter Schnee liegen oder am Mittelmeer die Sonne scheint. Paul verbringt seine Ferien also in der Schweiz oder auf Ibiza.

2. Beweisen Sie, dass die genannten aussagenlogischen Folgebeziehungen bestehen. Sie können dabei von allen aussagenlogischen Regeln Gebrauch machen.
    (a) (A → B) & (C v D), (~E → A) ↔ ~F, ~F & ~B ⊢ E v D
    (b) ~A ⊢ ~[((B → C) & (C → D)) & ((B → D) → A)]

3. Beweisen Sie die folgenden aussagenlogischen Theoreme:
    (a) ⊢ ((A → B) & ~B) → ~A
    (b) ⊢ (A → (B & ~B)) → ~A

4. Die folgenden Argumente sind prädikatenlogisch gültig. Formalisieren Sie die Sätze, indem Sie die singulären und generellen Terme systematisch durch Buchstaben ersetzen und dann von der Quantorenschreibweise Gebrauch machen. (Geben Sie dabei an, wie Sie diese Ersetzungen vornehmen.) Stellen Sie die Argumente dann gemäß der Formatvorlage dar. Sie können von allen bekannten Regeln Gebrauch machen.

(a) Alles Pompöse oder Teure gefällt dem Kaiser von China. Tatsächlich gefällt dem Kaiser aber gar nichts. Also ist nichts pompös.

(b) Bis auf die Mittelmeerländer hat Leonie alle Länder der Europäischen Union bereist. Italien ist in der Europäischen Union, wurde aber noch nicht von Leonie bereist. Also muss es am Mittelmeer liegen.

5. Beweisen Sie, dass die genannte prädikatenlogische Folgebeziehung besteht. Sie dürfen dabei von allen bekannten Regeln Gebrauch machen.
$\exists x(Fx \ \& \ {\sim}Gx), \forall x(Fx \to Hx) \vdash \exists x(Hx \ \& \ {\sim}Gx)$

Klausurvorschlag 2 (nach Kapitel 19)

1. Erläutern Sie vor dem Hintergrund des angeführten Beweises und *in wenigen Sätzen*, welche Rolle Annahmen beim Beweisführen spielen können und welche Einstellung zu ihrer Wahrheit oder Falschheit jemand dementsprechend einnehmen kann bzw. einnehmen muss, der den Beweis für schlüssig hält. Nehmen Sie dabei jeweils auf die Zeilen (1), (2), (3) und (7) Bezug.

   Beweis: **A v B ⊢ ~(~A & ~B).**

1	(1)	A v B	Annahme
2	(2)	~A & ~B	Annahme
3	(3)	A	Annahme
2	(4)	~A	2, &-Beseitigung
2,3	(5)	A & ~A	3, 4, &-Einführung
3	(6)	~(~A & ~B)	2, 5, RAA
7	(7)	B	Annahme
2	(8)	~B	2, &-Beseitigung
2,7	(9)	B & ~B	7, 8, &-Einführung
7	(10)	~(~A & ~B)	2, 9, RAA
1	(11)	~(~A & ~B)	1, 3, 6, 7, 10, v-Beseitigung

2. Formalisieren Sie das folgende Argument, indem Sie die Teilsätze systematisch durch Satzbuchstaben ersetzen und die Übersetzungsvorschriften anwenden. Geben Sie dabei bitte an, welche Teilsätze Sie durch welche Satzbuchstaben ersetzen. Beweisen Sie bitte anschließend mit Hilfe aussagenlogischer Regeln, dass das Argument gültig ist, indem Sie es in die Formatvorlage bringen.
   (Tipp: Bedenken Sie dabei, dass in umgangssprachlichen Argumenten nicht unbedingt jeder Beweisschritt, den Sie in der Formatvorlage darstellen müssen, ausformuliert sein muss.)

   > Wenn der Film weder floppt noch ein Skandal wird, dann muss der Produzent auch nicht seinen Hut nehmen. Bleiben die Kassen leer, dann floppt der Film. Aus Erfahrung wissen wir aber, dass, wenn die Kassen nicht leer bleiben, der Film auch kein Skandal wird. Also muss der Produzent, wenn der Film nicht floppt, ebensowenig seinen Hut nehmen.

3. Beweisen Sie, dass die genannte Folgebeziehung tatsächlich besteht.

   A v (B → C) , C → A ⊢ A v ~B

   (Tipp: Es gibt mehrere Wege, dies zu beweisen. Einer davon macht davon Gebrauch, dass aus einem Konditional eine Disjunktion folgt, deren Disjunkte das Konsequens und die Negation des Antezedens sind.)

4. Beweisen Sie, dass die nachstehende Folgebeziehung tatsächlich besteht. Die Anwendung der Folge-Einführungsregel ist dabei *nicht* erlaubt. *Ebensowenig* ist es dabei erlaubt, auf Interdefinitionen zurückzugreifen. Gehen Sie ansonsten

wie gewohnt vor: Wenden Sie prädikaten- und aussagenlogische Regeln an und dokumentieren Sie diese Anwendungen in der Formatvorlage.

$\exists x(Fx \,\&\, {\sim}Gx) \vdash {\sim}\forall x(Fx \to Gx)$

5. Formalisieren Sie zunächst Prämissen und Konklusion des folgenden umgangssprachlichen Arguments, indem Sie die singulären und generellen Terme systematisch durch Buchstaben ersetzen und dann von der Quantorenschreibweise Gebrauch machen. Geben Sie dabei bitte an, welche Terme Sie durch welche Buchstaben ersetzen.

Zeigen Sie bitte anschließend, dass die von dem Argument behauptete Folgebeziehung tatsächlich besteht, indem Sie die mittlere Spalte in der unten angegebenen Formatvorlage ausfüllen. Achten Sie dabei bitte auf die Eintragungen in der linken und in der rechten Spalte.

(Tipp: Formalisieren Sie Prämissen und Konklusion von vornherein so, dass auf sie die in der Formatvorlage genannten prädikatenlogischen Regeln anwendbar sind.)

Niemand ist zu tun verpflichtet, was er nicht tun kann. Manches, was Schröder zu tun verspricht, kann er nicht tun. Also gibt es manches, was Schröder zu tun verspricht, das zu tun er aber nicht verpflichtet ist.

1	(1)	Annahme
2	(2)	Annahme
3	(3)	Annahme
1	(4)	1, ∀-Beseitigung
1	(5)	1, ∀-Beseitigung
3	(6)	3, &-Beseitigung
1,3	(7)	5, 6, MPP
3	(8)	3, &-Beseitigung
1,3	(9)	7, 8, &-Einführung
1,3	(10)	9, ∃-Einführung
1,2	(11)	2, 3, 10, ∃-Beseitigung

Klausurvorschlag 3 (nach Kapitel 19)

1. Erklären Sie in wenigen Sätzen, was ein Theorem ist. Ergänzen Sie dann die linke Spalte der beiden folgenden Beweise und erläutern Sie die Eintragungen vor dem Hintergrund Ihrer Erklärung kurz.

   Beweis 1: ⊢ (A → B) → (~B → ~A)
   (1)   A → B   Annahme
   (2)   ~B   Annahme
   (3)   ~A   1, 2, MTT
   (4)   ~B → ~A   2, 3, →-Einführung
   (5)   (A → B) → (~B → ~A)   1, 4, →-Einführung

   Beweis 2: ⊢ ~((A → ~A) & ~~A).
   (1)   (A → ~A) & ~~A   Annahme
   (2)   A → ~A   1, &-Beseitigung
   (3)   ~~A   1, &-Beseitigung
   (4)   ~A   2, 3, MTT
   (5)   ~~A & ~A   3, 4, &-Einführung
   (6)   ~((A → ~A) & ~~A)   1, 5, RAA

2. Formalisieren Sie das folgende Argument, indem Sie die Teilsätze systematisch durch Satzbuchstaben ersetzen und die Übersetzungsvorschriften anwenden. Geben Sie dabei bitte an, welche Teilsätze Sie durch welche Satzbuchstaben ersetzen. Beweisen Sie bitte anschließend mit Hilfe aussagenlogischer Regeln, dass das Argument gültig ist, indem Sie es in die Formatvorlage bringen.
(Tipp: Bedenken Sie dabei, dass in umgangssprachlichen Argumenten nicht unbedingt jeder Beweisschritt, den Sie in der Formatvorlage darstellen müssen, ausformuliert sein muss.)

> Immanuel oder Sören kommen nur dann zur Philosophenparty, wenn Theodor auch kommt. Es ist jedoch ausgeschlossen, dass sowohl Theodor als auch Hannah auf der Party anzutreffen sind. Wenn also Immanuel kommt, dann bleibt Hannah zu Hause.

3. Beweisen Sie, dass die genannte Folgebeziehung tatsächlich besteht.

   A v (B & C) ⊢ (~A → B) & (~A → C)

4. Beweisen Sie, dass die nachstehende Folgebeziehung tatsächlich besteht. Die Anwendung der Folge-Einführungsregel ist dabei *nicht* erlaubt. *Ebensowenig* ist es dabei erlaubt, auf Interdefinitionen oder Äquivalenzumformungen zurückzugreifen. Gehen Sie ansonsten wie gewohnt vor: Wenden Sie prädikaten- und aussagenlogische Regeln an und dokumentieren Sie diese Anwendungen in der Formatvorlage.

   $\forall x(Fx \to Gx) \vdash \exists x(Fx \& Hx) \to \sim\forall x(Hx \to \sim Gx)$

5. Formalisieren Sie zunächst Prämissen und Konklusion des folgenden umgangssprachlichen Arguments, indem Sie die generellen Terme systematisch durch Buchstaben ersetzen und dann von der Quantorenschreibweise Gebrauch machen. Geben Sie dabei bitte an, welche Terme Sie durch welche Buchstaben ersetzen.
Zeigen Sie bitte anschließend, dass die von dem Argument behauptete Folgebeziehung tatsächlich besteht, indem Sie die mittlere Spalte in der unten angegebenen Formatvorlage ausfüllen. Achten Sie dabei bitte auf die Eintragungen in der linken und in der rechten Spalte.
(Tipp: Formalisieren Sie Prämissen und Konklusion von vornherein so, dass auf sie die in der Formatvorlage genannten prädikatenlogischen Regeln anwendbar sind. Formalisieren Sie »x ist ein ungültiges Argument« sowie »x ist ein überzeugendes Argument« jeweils als ein Prädikat.)

Manche kritisieren jedes ungültige Argument. Niemand kritisiert jedoch ein überzeugendes Argument. Also ist kein ungültiges Argument überzeugend.

1	(1)	Annahme
2	(2)	Annahme
3	(3)	Annahme
3	(4)	3, ∀-Beseitigung
2	(5)	2, ∀-Beseitigung
2	(6)	5, ∀-Beseitigung
7	(7)	Annahme
3,7	(8)	4,7, MPP
3,7	(9)	8, DN-Einführung
2,3,7	(10)	6,9, MTT
2,3	(11)	7,10, →-Einführung
2,3	(12)	11, ∀-Einführung
1,2	(13)	1,3,12, ∃-Beseitigung

29. Musterlösungen

Musterlösung zu Klausurvorschlag 1

Aufgabe 1:

(a) A: Der Gänsebraten gelingt.
B: Meine Mutter ist gut gelaunt.
C: Meine Mutter singt Weihnachtslieder.
D: Es gibt Streit.
E: Onkel Alfred trinkt zu viel.
F: Tante Ilse verschenkt gehäkelte Platzdeckchen.

1	(1)	A → B	Annahme
2	(2)	~B v C	Annahme
3	(3)	D → ~C	Annahme
4	(4)	(E & F) → D	Annahme
5	(5)	A	Annahme
1,5	(6)	B	1, 5 MPP
1,2,5	(7)	C	2, 6 MTP
1,2,5	(8)	~~C	7, DN-Einführung
1,2,3,5	(9)	~D	3, 7, MTT
1,2,3,4,5	(10)	~(E & F)	4, 8, MTT

(b) A: Paul fährt in die Schweiz.
B: In der Schweiz liegt der Schnee 2 Meter hoch.
C: Am Mittelmeer scheint die Sonne.
D: Paul fliegt nach Ibiza.

1	(1)	A ↔ B	Annahme
2	(2)	C → D	Annahme
3	(3)	B v C	Annahme
1	(4)	B → A	1, ↔-Beseitigung
5	(5)	B	Annahme
1,5	(6)	A	4, 5, MPP
1,5	(7)	A v D	6, v-Einführung
8	(8)	C	Annahme
2,8	(9)	D	2, 8, MPP
2,8	(10)	A v D	9, v-Einführung
1,2,3	(11)	A v D	3,5,7,8,10, v-Beseitigung

Aufgabe 2:

(a)
1	(1)	(A → B) & (C v D)	Annahme
2	(2)	(~E → A) ↔ ~F	Annahme
3	(3)	~F & ~B	Annahme
2	(4)	~F → (~E → A)	2, ↔ Beseitigung
3	(5)	~F	3, &-Beseitigung

2,3	(6)	~E → A	4, 5, MPP
1	(7)	A → B	1, &-Beseitigung
3	(8)	~B	3, &-Beseitigung
1,3	(9)	~A	7, 8, MTT
1,2,3	(10)	~~E	6, 9, MTT
1,2,3	(11)	E	10, DN-Beseitigung
1,2,3	(12)	E v D	10, v-Einführung

(b)
1	(1)	~A	Annahme
2	(2)	((B → C) & (C → D)) & ((B → D) → A)	Annahme
2	(3)	(B → D) → A	2, &-Beseitigung
1,2	(4)	~(B → D)	1, 3 MTT
2	(5)	((B → C) & (C → D))	2, &-Beseitigung
2	(6)	B → C	5, &-Beseitigung
2	(7)	C → D	6, &-Beseitigung
8	(8)	B	Annahme
2,8	(9)	C	6, 8, MPP
2,8	(10)	D	7, 9, MPP
2	(11)	B → D	8,10, →-Einführung
1,2	(12)	(B → D) & ~(B → D)	6, 11, &-Einführung
1	(13)	~[((B → C) & (C → D)) & ((B → D) → A)]	2,12, RAA

Aufgabe 3:

(a)
1	(1)	(A → B) & ~B	Annahme
1	(2)	A → B	1, &-Beseitigung
1	(3)	~B	1, &-Beseitigung
1	(4)	~A	2, 3, MTT
	(5)	((A → B) & ~B) → ~A	1, 4, →-Einführung

(b)
1	(1)	A → (B & ~B)	Annahme
2	(2)	A	Annahme
1,2	(3)	B & ~B	1, 2, MPP
1	(4)	~A	2, 3, RAA
	(5)	(A → (B & ~B)) → ~A	1, 4, →-Einführung

Aufgabe 4:

(a) F*x*: *x* ist pompös.
G*x*: *x* ist teuer.
H*x*: *x* gefällt dem Kaiser von China.

1	(1)	$\forall x((Fx \lor Gx) \to Hx)$	Annahme
2	(2)	$\forall x\sim Hx$	Annahme
3	(3)	F*a*	Annahme
1	(4)	(F*a* v G*a*) → H*a*	1, ∀-Beseitigung
3	(5)	F*a* v G*a*	3, v-Einführung

1,3	(6)	Ha	4, 5, MPP
2	(7)	~Ha	2, ∀-Beseitigung
1,2,3	(8)	Ha & ~Ha	6, 7, &-Einführung
1,2	(9)	~Fa	3, 8, RAA
1,2	(10)	∀x~Fx	9, ∀-Einführung

(b) Fx: x ist ein Land der EU.
Gx: x ist ein Mittelmeerland.
Hx: x wurde von Leonie bereist.
m: Italien.

1	(1)	∀x((Fx & ~Gx) → Hx)	Annahme
2	(2)	Fm	Annahme
3	(3)	~Hm	Annahme
1	(4)	(Fm & ~Gm) → Hm	1, ∀-Beseitigung
5	(5)	~Gm	Annahme
2,5	(6)	Fm & ~Gm	2, 5, &-Einführung
1,2,5	(7)	Hm	4, 6, MPP
1,2,3,5	(8)	Hm & ~Hm	3, 7, &-Einführung
1,2,3	(9)	~~Gm	5, 8, RAA
1,2,3	(10)	Gm	9, DN-Beseitigung

Alternative:

1	(1)	∀x((Fx & ~Gx) → Hx)	Annahme
2	(2)	Fm	Annahme
3	(3)	~Hm	Annahme
1	(4)	(Fm & ~Gm) → Hm	1, ∀-Beseitigung
1,3	(5)	~(Fm & ~Gm)	3, 4, MTT
1,3	(6)	~~Gm	2, 5, MPT
1,3	(7)	Gm	6, DN-Beseitigung

Aufgabe 5:

1	(1)	∃x(Fx & ~Gx)	Annahme
2	(2)	∀x(Fx → Hx)	Annahme
2	(3)	Fa → Ha	2, ∀-Beseitigung
4	(4)	Fa & ~Ga	Annahme
4	(5)	Fa	4, &-Beseitigung
2,4	(6)	Ha	3, 5, MPP
4	(7)	~Ga	4, &-Beseitigung
2,4	(8)	Ha & ~Ga	6, 7, &-Einführung
2,4	(9)	∃x(Hx & ~Gx)	8, ∃-Einführung
1,2	(10)	∃x(Hx & ~Gx)	1, 4, 9, ∃–Beseitigung

Alternative:

1	(1)	∃x(Fx & ~Gx)	Annahme
2	(2)	∀x(Fx → Hx)	Annahme
1,2	(3)	∃x(Hx & ~Gx)	1, 2, Folge, **Beweis 30**.

Musterlösung zu Klausurvorschlag 2

Aufgabe 1:

Man macht Annahmen und zieht aus ihnen logische Folgerungen, um herauszufinden, worauf man sich festlegt, wenn man sich auf ihre Wahrheit festlegt. Jemand, der einen Beweis nicht nur für gültig, sondern darüber hinaus für schlüssig hält, legt sich damit auf die Wahrheit der Konklusion fest. Er tut dies, insofern er die Annahmen, von denen die Wahrheit der Konklusion abhängt, für wahr hält. Im obigen Beispiel legt sich der Betreffende also auf die Wahrheit von (11) fest, insofern er die Annahme aus Zeile (1) für wahr hält.

Man kann etwas zum Zweck eines Beweises annehmen, was man letztlich als falsch verwirft. So wird das, was in Zeile (2) steht, zum Zweck einer RAA angenommen, dann aber in Zeile (11) verworfen. Man kann also mehrere Annahmen machen, die zusammen niemals wahr sein können, weil sie zusammen einen Widerspruch ergeben. Jemand, der eine RAA-Anwendung macht, legt sich nicht auf die Wahrheit dessen fest, was im Zuge dieser Anwendung negiert wird. Trotzdem nimmt er es vorübergehend als wahr an. Etwas als wahr anzunehmen, heißt demnach nicht bereits, es für wahr zu halten.

Jemand, der (1) für wahr hält, muss die Annahme aus Zeile (2) als falsch verwerfen.

Man kann etwas zum Zweck eines Beweises annehmen, was man im Zuge des Beweisens wieder aufgibt. So wird das, was jeweils in den Zeilen (3) und (7) steht, zunächst zum Zweck einer v-Beseitigung angenommen, dann aber im letzten Schritt fallengelassen. Jemand, der sich auf die Wahrheit von (1) festlegt und den obigen Beweis führt, macht zwar im Zuge dieses Beweises die in den Zeilen (3) und (7) stehenden Annahmen. Er legt sich aber damit noch nicht bereits auf die Wahrheit von (3) fest. Ebenso wenig ist er damit bereits auf die Wahrheit von (7) festgelegt. Er ist nur darauf festgelegt, dass mindestens eine dieser Annahmen – (3) oder (7) – wahr ist, sofern nämlich die Wahrheit von (1) genau dies erfordert.

Aufgabe 2:

A : Der Film floppt.
B : Der Film wird ein Skandal.
C : Der Produzent muss seinen Hut nehmen.
D : Die Kassen bleiben leer.

Zu beweisen: $(\sim A \,\&\, \sim B) \to \sim C, D \to A, \sim D \to \sim B \vdash \sim A \to \sim C$.

1	(1)	$(\sim A \,\&\, \sim B) \to \sim C$	Annahme
2	(2)	$D \to A$	Annahme
3	(3)	$\sim D \to \sim B$	Annahme
4	(4)	$\sim A$	Annahme
2,4	(5)	$\sim D$	2, 4, MTT
2,3,4	(6)	$\sim B$	3, 5, MPP
2,3,4	(7)	$\sim A \,\&\, \sim B$	4, 6, &-Einführung

1,2,3,4	(8)	~C	1, 7, MPP
1,2,3	(9)	~A → ~C	4, 8, →-Einführung

Aufgabe 3:

1	(1)	A v (B → C)	Annahme
2	(2)	C → A	Annahme
3	(3)	A	Annahme
3	(4)	A v ~B	3, v-Einführung
5	(5)	B → C	Annahme
2,5	(6)	B → A	2, 5, Transitivität
2,5	(7)	A v ~B	6, Folge
1,2	(8)	A v ~B	1, 3, 4, 5, 7, v-Beseitigung

Alternative:

1	(1)	A v (B → C)	Annahme
2	(2)	C → A	Annahme
	(3)	A v ~A	Theorem, **Beweis 19**
4	(4)	A	Annahme
4	(5)	A v ~B	4, v-Einführung
6	(6)	~A	Annahme
1,6	(7)	B → C	1, 6, MTP
1,2,6	(8)	B → A	2, 7, Transitivität
1,2,6	(9)	~B	6, 8, MTT
1,2,6	(10)	A v ~B	9, v-Einführung
1,2	(11)	A v ~B	3, 4, 5, 6, 10, v-Beseitigung

Alternative:

1	(1)	A v (B → C)	Annahme
2	(2)	C → A	Annahme
3	(3)	~(A v ~B)	Annahme
4	(4)	A	Annahme
4	(5)	A v ~B	4, v-Einführung
3,4	(6)	(A v ~B) & ~(A v ~B)	3, 5, &-Einführung
3	(7)	~A	4, 6, RAA
2,3	(8)	~C	2, 7, MTT
1,3	(9)	B → C	1, 7, MTP
1,2,3	(10)	~B	8, 9, MTT
1,2,3	(11)	A v ~B	10, v-Einführung
1,2,3	(12)	(A v ~B) & ~(A v ~B)	3, 11, &-Einführung
1,2	(13)	~~(A v ~B)	3, 12, RAA
1,2	(14)	A v ~B	13, DN-Beseitigung

Aufgabe 4:

1	(1)	∃x(Fx & ~Gx)	Annahme
2	(2)	∀x(Fx → Gx)	Annahme

3	(3)	Fa & ~Ga	Annahme
2	(4)	Fa → Ga	2, ∀-Beseitigung
3	(5)	Fa	3, &-Beseitigung
2,3	(6)	Ga	4, 5, MPP
3	(7)	~Ga	3, &-Beseitigung
2,3	(8)	Ga & ~Ga	6, 7, &-Einführung
3	(9)	~∀x(Fx → Gx)	2, 8, RAA
1	(10)	~∀x(Fx → Gx)	1, 3, 9, ∃-Beseitigung

Aufgabe 5:

m : Schröder.
Kxy : x kann y tun.
Oxy : x ist verpflichtet y zu tun.
Vxy : x verspricht y zu tun.

Zu beweisen: ∀x∀y(~Kxy → ~Oxy), ∃y(Vmy & ~Kmy) ⊢ ∃y(Vmy & ~Omy)

1	(1)	∀x∀y(~Kxy → ~Oxy)	Annahme
2	(2)	∃y(Vmy & ~Kmy)	Annahme
3	(3)	Vma & ~Kma	Annahme
1	(4)	∀y(~Kmy → ~Omy)	1, ∀-Beseitigung
1	(5)	~Kma → ~Oma	1, ∀-Beseitigung
3	(6)	~Kma	3, &-Beseitigung
1,3	(7)	~Oma	5, 6, MPP
3	(8)	Vma	3, &-Beseitigung
1,3	(9)	Vma & ~Oma	7, 8, &-Einführung
1,3	(10)	∃y(Vmy & ~Omy)	9, ∃-Einführung
1,2	(11)	∃y(Vmy & ~Omy)	2, 3, 10, ∃-Beseitigung

Musterlösung zu Klausurvorschlag 3

Aufgabe 1:

Beweis 1:		⊢ (A → B) → (~B → ~A)	
1	(1)	A → B	Annahme
2	(2)	~B	Annahme
1,2	(3)	~A	1, 2, MTT
1	(4)	~B → ~A	2, 3, →-Einführung
	(5)	A → B) → (~B → ~A)	1, 4, →-Einführung
Beweis 2:		⊢ ~((A → ~A) & ~~A)	
1	(1)	(A → ~A) & ~~A	Annahme
1	(2)	A → ~A	1, &-Beseitigung
1	(3)	~~A	1, &-Beseitigung
1	(4)	~A	2, 3, MTT
1	(5)	~~A & ~A	3, 4, &-Einführung
	(6)	~((A → ~A) & ~~A)	1, 5, RAA

Ein Theorem ist die Konklusion eines logischen Beweises, die von keinerlei Annahmen mehr abhängt. Man spricht auch von logisch wahren Sätzen. Alle Annahmen, die im Laufe des Beweises eines Theorems gemacht werden, müssen also im Laufe eben dieses Beweises wieder aufgegeben werden. Dementsprechend müssen Regeln zur Anwendung kommen, die es erlauben, Annahmen aufzugeben. Wie Beweis 1 und Beweis 2 zeigen, sind die →-Einführungsregel und die Regel Reductio ad absurdum Regeln dieser Art.

Aufgabe 2:

A : Immanuel kommt zur Party.
B : Sören kommt zur Party.
C : Theodor kommt zur Party.
D : Hannah kommt zur Party.

Zu beweisen: (A v B) → C, ~(C & D) ⊢ A → ~D

1	(1)	(A v B) → C	Annahme
2	(2)	~(C & D)	Annahme
3	(3)	A	Annahme
3	(4)	A v B	3, v-Einführung
1,3	(5)	C	1, 4, MPP
1,2,3	(6)	~D	2, 5, MPT
1,2	(7)	A → ~D	3, 6, →-Einführung

Aufgabe 3:

1	(1)	A v (B & C)	Annahme
2	(2)	~A	Annahme
1,2	(3)	B & C	1, 2, MTP
1,2	(4)	B	3, &-Beseitigung
1	(5)	~A → B	2, 4, →-Einführung
1,2	(6)	C	3, &-Beseitigung
1	(7)	~A → C	2, 6, →-Einführung
1	(8)	(~A → B) & (~A → C)	5, 7, &-Einführung

Aufgabe 4:

1	(1)	$\forall x(Fx \to Gx)$	Annahme
2	(2)	$\exists x(Fx \& Hx)$	Annahme
3	(3)	$Fa \& Ha$	Annahme
1	(4)	$Fa \to Ga$	1, ∀-Beseitigung
3	(5)	Fa	3, &-Beseitigung
1,3	(6)	Ga	4, 5, MPP
7	(7)	$\forall x(Hx \to {\sim}Gx)$	Annahme
7	(8)	$Ha \to {\sim}Ga$	7, ∀-Beseitigung
3	(9)	Ha	3, &-Beseitigung
3,7	(10)	$\sim Ga$	8, 9, MPP

1,3,7	(11)	Ga &~Ga	6, 10, &-Einführung
1,3	(12)	~∀x(Hx → ~Gx)	7, 11, RAA
1,2	(13)	~∀x(Hx → ~Gx)	2, 3, 12, ∃-Beseitigung
1	(14)	∃x(Fx & Hx) → ~∀x(Hx → ~Gx)	2, 13, →-Einführung

Aufgabe 5:

Fx : x ist ein ungültiges Argument.
Gxy : x kritisiert y.
Hx : x ist ein überzeugendes Argument.

Zu beweisen: ∃x∀y(Fy → Gxy), ∀x∀y(Hy → ~Gxy) ⊢ ∀y(Fy → ~Hy)

1	(1)	∃x∀y(Fy → Gxy)	Annahme
2	(2)	∀x∀y(Hy → ~Gxy)	Annahme
3	(3)	∀y(Fy → Gay)	Annahme
3	(4)	Fb → Gab	3, ∀-Beseitigung
2	(5)	∀y(Hy → ~Gay)	2, ∀-Beseitigung
2	(6)	Hb → ~Gab	5, ∀-Beseitigung
7	(7)	Fb	Annahme
3,7	(8)	Gab	4, 7, MPP
3,7	(9)	~~Gab	8, DN-Einführung
2,3,7	(10)	~Hb	6, 9, MTT
2,3	(11)	Fb → ~Hb	7, 10, →-Einführung
2,3	(12)	∀x(Fx → ~Hx)	11, ∀-Einführung
1,2	(13)	∀x(Fx → ~Hx)	1, 3, 12, ∃-Beseitigung

Literaturverzeichnis

Bucher, Theodor [1998]: *Einführung in die angewandte Logik*, 2. Auflage, Berlin: de Gruyter.
Bühler, Axel [2000]: *Einführung in die Logik*, Freiburg: Alber.
Essler, Wilhelm K. und Martínez Crusado, Rosa F. [1991]: *Grundzüge der Logik. Band 1: Das logische Schließen*, Frankfurt/Main: Klostermann.
Girle, Rod [2000]: *Modal Logics and Philosophy*, Teddington: Acumen.
Hoyningen-Huene, Paul [1998]: *Formale Logik – Eine philosophische Einführung*, Stuttgart: Reclam.
Hughes, G. E. und Cresswell, M. J. [1978]: *Einführung in die Modallogik*, Berlin: de Gruyter.
Hughes, G. E. und Cresswell, M. J. [1996]: *A New Introduction to Modal Logic*, London: Routledge.
Kienzle, Bertram (Hg.) [1994]: *Zustand und Ereignis*, Frankfurt/Main: Suhrkamp.
Kutschera, Franz von [1974]: *Einführung in die Logik der Normen, Werte und Entscheidungen*, Freiburg: Alber.
Lemmon, E. J. [1987]: *Beginning Logic*, 2. Auflage, Boca Raton/Florida: Chapman & Hall/CRC.
Lenk, Hans (Hg.) [1974]: *Normenlogik*, Pullach: UTB.
Priest, Graham [2001a]: *Logic: A Very Short Introduction*, Oxford: Oxford University Press.
Priest, Graham [2001b]: *An Introduction to Non-Classical Logic*, Cambridge: Cambridge University Press.
Salmon, Wesley C. [1983]: *Logik*, Stuttgart: Reclam.
Tetens, Holm [2004]: *Philosophisches Argumentieren – Eine Einführung*, München: Beck.